现代服装设计与工程专业系列教材

服装国际贸易实务

主　编　黄立新
副主编　潘力丰

浙江大學出版社

内容提要

在内容编排上一方面体现国际贸易实务内容的系统性，以必需、够用为度；另一方面体现纺织品服装进出口的具体特点，力求二者内容的有机结合。内容上以服装出口贸易为主线，较系统地介绍了服装贸易术语、服装标的物、运输与保险、货款结算、检验与索赔、进出口贸易磋商与成交等内容，突出理论与实际操作相结合的特点。

本书适用于大中专纺织服装类专业开设国际贸易实务的教材，也可供从事纺织品服装贸易的各类人员学习、参考之用。

图书在版编目（CIP）数据

服装国际贸易实务 / 黄立新主编. —杭州：浙江大学出版社，2005.8（2010.8 重印）
（现代服装设计与工程专业系列教材）
ISBN 978-7-308-04357-1

Ⅰ.服… Ⅱ.黄… Ⅲ.服装—国际贸易—高等学校—教材 Ⅳ.F746.83

中国版本图书馆 CIP 数据核字（2005）第 080802 号

服装国际贸易实务

主　编　黄立新

丛书策划　樊晓燕
责任编辑　王　波
封面设计　俞亚彤
出版发行　浙江大学出版社
（杭州市天目山路 148 号　邮政编码 310007）
（网址：http://www.zjupress.com）
排　　版　杭州好友排版工作室
印　　刷　杭州杭新印务有限公司
开　　本　787mm×1092mm　1/16
印　　张　11
字　　数　268 千
版 印 次　2005 年 8 月第 1 版　2010 年 8 月第 4 次印刷
印　　数　6501—8500
书　　号　ISBN 978-7-308-04357-1
定　　价　17.00 元

现代服装设计与工程专业系列教材

编委会

现代服装设计与工程专业系列教材

- 女装结构设计(上)
- 女装结构设计(下)
- 男装结构设计
- 时装立体构成
- 现代服装制作工艺
- 服装 CAD 应用基础及技巧
- 服装工业样板制作原理与技巧
- 服装国际贸易实务
- 现代服装企业生产管理
- 现代服装材料及应用
- 服装立体裁剪技术
- 服装设备及其运用
- 服装品牌推广与市场营销
- 服装产品表达

序

我国的服装业源于外贸加工，由加工型企业发展起来了一大批大众品牌，目前正在由大众品牌阶段向设计品牌时代过渡，也正力图实现从世界服装生产大国向世界服装强国的转变。改革开放以来，服装产业的快速发展得到了我国各级政府的充分重视，发展环境不断优化，产业集群和大量服装园区的形成与发展，确立了中国服装业在全球的战略地位。但是我国服装产业长期以来依靠低价格及数量取胜，尽管在面料、加工技术方面我国与国际先进水平的差距已经很小，而产品的附加值和科技含量与发达国家相比仍存在很大差距。创国际品牌、提高产品附加值涉及我国服装业的整体发展水平、设计研发能力等，需要深厚的人文底蕴和历史沉淀，更需要大量高素质的专门人才。

中国的高等服装教育源于上世纪80年代初，只有二十余年的历史，尽管已经培养了一批为服装行业服务的优秀人才，但行业的发展与进步更需要有一批能适应行业进步与发展的人才。如何按照行业的发展与学科建设的需求来培养人才，是我们一直在追求的目标。

浙江省是我国服装制造业的重要基地，所拥有的服装“双百强企业”数位居全国首位。目前行业的发展现状是：截至2004年末，全省服装行业国有及销售收入500万元以上企业计2423家，从业人员58.58万人。2004年完成服装生产总量24.66亿件，占全国同行业生产总量的20.85%，产量继续保持全国第二位；实现利润47.93亿元，占全国同行业利润总额的31.43%；上缴利税27.26亿元，占全国同行业的25.73%。近年来，浙江服装产业发展迅速，在国内的影响越来越大，已经形成了一批有影响的服装企业和服装品牌。浙江的服装业在经历了群体化、规模化、集约化、系列化的发展历程之后，产品创新求变、生产配套成龙，初步形成了以名牌西服、衬衫、童装、女装为龙头，以男装生产为主，内衣、休闲装、职业服装、羊绒服装、西裤等配套发展的服装产业格局。在空间布局上，已经逐渐显现出区域性发展的脉络，众多区域性品牌凸显，形成以杭、宁、温、绍、海宁为首，化纤及面料、领带、袜业、纺织服装机械等相关行业区际分工配套的多中心网状格局。应该说，浙江省具有优良的服装产业背景，正在打造国际先进服装制造业基地，发展势态呈现出持续发展的良好趋势。

浙江省有中国最早开设服装专业之一的浙江理工大学(前浙江丝绸工学院)等院校,是培养服装设计师、服装工程师的摇篮。浙江理工大学服装学院经过多年的探索与实践,提出了艺术设计与工程技术相结合、创意设计与产品设计相结合、校内教学与社会实践相结合的服装专业教学思路,形成了自己的鲜明特色。2001年获浙江省教学成果一等奖、国家级教学成果二等奖。服装设计与工程专业被列入浙江省重点建设专业,所属学科是浙江省惟一的重点学科并具有硕士点和硕士学位授予权。为服装行业培养了一大批优秀的适用人才,声誉卓著,社会影响力巨大。

这次由浙江大学出版社和浙江省纺织工程学会服装专业委员会共同组织浙江理工大学、中国美术学院等具有服装专业的相关院校编著"现代服装设计与工程专业系列教材",依托浙江省重点建设专业和重点学科,旨在进一步为中国的高等服装教育及现代服装产业的发展与繁荣作出更大的贡献。参加教材编著的成员是浙江省各院校的骨干教师,多年来一直与服装产业紧密结合,既具有服装产业的实际工作经历,又有丰富的服装理论教学经验。我相信这套系列教材的出版,一定会有助于中国现代高等服装教育的发展,为培养服装行业发展需求与适应21世纪要求的高素质的专门人才服务,同时为我国服装产业的提升与技术进步及增强国际竞争力作出应有的积极贡献。

浙江省重点学科"服装设计与工程"带头人
浙江省重点建设专业"服装设计与工程"负责人
浙江省纺织工程学会服装专业委员会主任委员

邹奉元教授
2005年8月

前言

纺织品服装是我国仅次于机电产品的第二大出口产品,我国对外贸易顺差主要来源于纺织品服装贸易,产品出口额占工业总产值的比重超过50%。我国的纺织品和服装属于劳动密集型产品,在国际贸易中具有较强的优势,但也因此受到一些发达进口国的限制。我国在2001年12月11日已成为世界贸易组织的成员,使我国的纺织服装产品也能融入世界纺织品和服装贸易一体化的进程中,我国纺织服装企业有了更大的市场竞争空间。

为了适应纺织服装生产企业直接参与进出口贸易的需要,纺织、服装专业有必要开设"国际贸易与实务"的有关课程,以适应行业发展的需要。作为"现代服装设计与工程专业系列教材"之一,本书就是在这样的背景下应运而生的。

本书在写作上体现出如下特点:结合纺织服装产品的特点,介绍相关的贸易知识;根据纺织服装生产企业直接进行进出口贸易的需要,介绍对外贸易的具体条款和程序;重点突出纺织服装产品的出口贸易,兼顾纺织服装产品的进口贸易;力求反映与纺织服装产品贸易相关的最新信息;在每章结束时提供一定的思考题,便于同学学习。

本书是浙江省纺织服装类院校合作的结晶,由嘉兴学院黄立新任主编,浙江理工大学潘力丰任副主编,全书共分十二章,其中第一章、第三章、第四章、第五章、第七章、第十二章由黄立新撰写;第六章、第九章、第十章由潘力丰撰写;第八章、第十一章由夏亚芬撰写;第二章由裘玉英撰写。

本书的编写工作得到了浙江大学出版社樊晓燕的大力支持,嘉兴学院国际贸易专业学科带头人、经济学院施敏颖同志给予了许多有益的指导,在此一并表示真诚的谢意!

虽然作者们都有过编写国际贸易实务教材和讲义的经历,但编写适应纺织服装专业要求的教材,还是第一次,因此,我们的付出能否满足纺织、服装教育规律的要求,能否被广大师生所肯定,还有待于实践的检验。

限于编者的水平,书中缺点、疏漏和不妥之处在所难免,希望使用本教材的广大师生和读者随时来信来电批评指正(hlx11@mail.zjxu.edu.cn),以便修订时改正。

编著者

2005年8月

目　录

第一章 绪 论

国际贸易又称世界贸易，是指世界各国、各地区之间所进行的商品交换活动。这里指的商品是广义上的商品，既包括各种有形的、物质性的商品(如货物)，也包括劳务、技术以及其他相关的经济联系与往来。国际贸易是各国之间分工的表现形式，反映了世界各国在经济上的相互依赖。

国际贸易的内容总体上包括三个部分，即国际贸易理论、国际贸易政策和国际贸易实务。国际贸易实务是指国际间的商品交换或买卖活动，包括进口和出口。交换的商品包括货物和服务两类。本教材的内容属于国际贸易实务的范畴，主要介绍货物国际贸易实务，侧重于介绍纺织品服装贸易实务。

服装国际贸易实务是一门主要研究国际间纺织品服装买卖的具体过程及相关活动内容的学科，也是一门具有涉外商务活动特点的实践性很强的综合性应用科学。特别是在中国加入世界贸易组织(WTO)后，国外厂商大量来华投资设厂和从事贸易活动，国内从事国际贸易的厂商和民营服装企业也大量增加，纺织品服装贸易在入世的三年内翻了一番。近年来很多服装类院校均开设了相应的国际贸易课程。为了学好这门课程，首先必须对国际服装买卖的特点、应遵循的原则与所适用的法规以及合同的主要内容和基本做法有所了解。

第一节 国际服装买卖的特点

国际货物买卖是国际贸易中最主要的组成部分。在我国，纺织品服装贸易是货物贸易的第二大出口商品，也是贸易顺差最大的出口商品，因此，研究和了解国际服装买卖的特点，对于扩大出口、增加产品附加值具有重大的意义。

1.国际服装买卖是一项具有涉外性质的商务活动

由于国际服装买卖是一项具有涉外性质的商务活动，故在对外交往中，不仅要考虑经济利益，还应配合外交活动，认真贯彻对外方针政策，切实按国际规范行事，恪守“重合同，守信用”的原则，注意对外树立良好的形象。

2.国际服装贸易比国内贸易更复杂，困难更大

在国际服装买卖中，交易双方处在不同的国家和地区，各国的政治制度、法律体系不同，文化背景互有差异，价值观念也往往有别，在洽谈交易和履约过程中，涉及各自不同的政策措施、法律规定、贸易惯例和习惯做法，情况千差万别、错综复杂，语言不通，法律、风俗习惯不同，贸易障碍多，市场调查不易，了解贸易信用困难，交易技术复杂，交易接洽不便。纺织品服装属敏感型商品，因此更易受国际政治、经济形势和各国政策及其他客观条件变化的影响。

3. 国际服装贸易的风险大

在国际市场上可能产生的风险很多，比较显著的有以下几种：信用风险、汇兑风险、人格风险、政治风险及商业风险。

在国际货物买卖中，交易双方的成交量通常都比较大，而且交易的商品往往需要通过长途运输，在远距离的运输过程中，可能遇到各种自然灾害、意外事件和各种其他外来风险，加之国际市场情况复杂，千变万化，从而更加大了国际货物贸易的风险程度。

在国际货物买卖中，交易双方相距遥远，交易过程的中间环节多，涉及面很广，除了双方当事人外，还涉及各种中间商、代理商以及为国际货物买卖服务的商检、仓储、运输、保险、金融、车站、港口、海关等部门，若一个部门、一个环节出了问题，就会影响整笔交易的正常进行。

4. 国际服装贸易的营销手段多、参与者众

在国际市场上，市场营销的手段除产品、价格、渠道和促销四大营销因素之外，还有政治力量、公共关系以及其他超经济手段等。贸易的参与者也更多，除常规参与者外，立法人员、政府、代理人、政党、有关团体以及一般公众，也被卷入营销活动之中。这样，买卖行动更容易受一些非经济因素影响。

5. 国际货物买卖的市场竞争异常激烈

在国际货物买卖中，一直存在着争夺市场的激烈竞争，有时甚至达到白热化的程度。竞争的形式虽表现为商品竞争、技术竞争和市场竞争，但归根到底，竞争的实质还是人才的竞争。因此，我们必须增强竞争意识，提高外经贸人员的整体素质和竞争能力，才能在国际市场竞争中立于不败之地。

6. 函电往来为主要业务沟通形式

随着信息技术的发展，电话、传真、网上交易、电子邮件等沟通和交易方式得到广泛的应用。

上述特点表明，从事国际商务活动的要求高，难度大，加之国际市场广阔，从业机构和人员情况复杂，易产生争议和欺诈活动，稍有不慎，就可能受骗上当，甚至蒙受严重的经济损失。这就要求国际经贸从业人员，不仅必须掌握国际贸易的基本原理、基本知识和基本技能与方法，而且还应具备开拓创新的能力、驾驭市场的能力和善于应战与随机应变的能力。

第二节　国际服装买卖应遵循的原则与适用的法规

在国际商业活动中，合同(contract)起着十分重要的作用。业务活动的各个具体运转环节，几乎都是通过合同这个形式将有关的当事人联系起来。各国的商法一般都承认：一个依法成立的合同，在当事人之间具有法律效力。正是由于这个原因，合同对买卖双方均有一种无形的约束力(binding force)，使双方当事人各自履行义务，否则就要承担相应的法律责任。

合同是指两个或两个以上的当事人，以发生、变更或消除某种民事法律关系为目的而达成的协议。民事法律关系一般是指依据法律规范在当事人之间形成的民事权利与义务的关系。这种关系主要是指财产所有权的关系、债权关系、继承权关系。由于合同涉及不同的民事法律,因此,合同也就有不同的种类。例如,在商业合同中,就有货物买卖合同、租赁合同、借贷合同、技术转让合同、保险合同及运输合同等。本书所涉及的合同是国际货物买卖合同。

国际货物买卖合同(contract for the international sale of goods)是货物买卖合同中的一种,但它含有涉外因素。这种货物买卖合同,从国与国的关系来看,称之为国际货物的买卖合同。这种合同的主体:从当事人一方来看,另一方当事人是外国人(自然人或法人)或者是受外国法律支配的人。这种合同的客体即货物。从买方当事人来看,货物是存在国外的,货物的交付必须从卖方当事人的国境内运往另一方当事人的国境内,或者第三国境内。这种合同的内容即权利与义务。双方的权利与义务应该是对等的,如果双方当事人发生权利和义务的纠纷或争议,就可能发生法律冲突,从而在解决纠纷时可能出现法律适用(proper law)、法律选择(choice of law)、国际惯例(international practice and customs)的引用等问题。因此,解决国际贸易的纠纷要比解决国内贸易的纠纷复杂得多。

《联合国国际货物销售合同公约》和许多国家的国内法规定,在国际货物买卖中,买卖双方应在平等互利的基础上,本着"契约自由"和"诚实信用"等原则,依法订立合同、履行合同和处理争议。我国合同法规定,当事人在订立合同、履行合同和处理合同纠纷时,应当遵循下列基本原则:

1. 自愿原则

订立合同应当遵循当事人自愿的原则,即当事人依法享有自愿订立合同的权利,违背当事人真实意思的合同无效。当事人必须在法律规定的范围内订立和履行合同,表达意思必须真实可靠。

2. 平等原则

订立、履行合同和承担违约责任时,当事人的法律地位都是平等的,都享有同等的法律保护,任何一方不得将自己的意志强加给另一方,也不允许在适用法律上有所区别。

3. 约因或对价原则

作为一个有效合同应有合法的约因或对价,合同当事人应当遵循该原则确定各方的权利和义务,即在订立、履行和终止合同时遵循公平的原则,做到权利与义务相对应。

4. 合法诚信原则

只有依法订立的合同,才对双方当事人具有法律约束力。当事人订立、履行合同是一种法律行为,有效的合同是一项法律文件。因此,当事人订立、履行合同,应当遵守法律,尊重社会公德,不得扰乱社会经济秩序,损害社会公共利益。当事人在订立、履行合同和行使权力、履行义务时,也应当遵循诚实信用的原则。此项原则将道德规范与法律规范融合为一体,并兼有法律调节与道德调节双重功能。

在国际货物买卖中,交易双方所处国家不同,他们都要遵守各自所在国的国内法。由于各国法律制度不同,对同一问题各国往往有不同的规定,为了解决这种"法律冲突",一般在国内法中规定有冲突规范的办法。我国《合同法》第126条规定:"涉外合同的当事人可以选择处理合同争议所适用的法律,但法律另有规定者除外。涉外合同的当事人没有选择的,适用与合同有密切联系的国家的法律。"

在国际货物买卖中,还必须遵守国家对外缔结或参加的有关国际贸易、国际运输、商标、专利、工业产权与仲裁等方面的条约和协定,如《联合国国际货物销售合同公约》和同各国签订的双边贸易协定与支付协定等。

此外,公认的国际贸易惯例是在国际贸易长期实践的基础上逐渐形成和发展起来的,是人们从事国际货物买卖活动的行为规范和应当遵守的准则,也是国际贸易法律的重要渊源之一。当前在国际贸易中影响很大和广泛使用的国际贸易惯例有国际商会制定的《2000 年国际贸易术语解释通则》和《跟单信用证统一惯例》(1993 年修订本,即第 500 号出版物)。如果买卖合同中作了与国际贸易惯例相抵触的规定,本着法律优先于惯例的原则,在履行合同和处理争议时,应以买卖合同的规定为准。国际贸易惯例本身虽不是法律,它对合同当事人不具有强制性,但买卖双方如果在合同中约定采用某种惯例,则该项惯例就具有强制性,买卖双方都应受其约束。

第三节　国际服装买卖合同的主要内容

国际货物买卖合同是确定合同双方当事人权利与义务的法律依据,也是判断合同是否有效的客观依据。订立一个内容明确、完备的合同,有利于实现当事人订立合同的目的,并对防止和减少以及迅速解决合同争议具有重要的意义。关于合同内容,《联合国国际货物销售合同公约》和各国合同法都有规定。根据我国《合同法》第 12 条的规定,合同一般应包括下列条款:

(1)当事人的名称或者姓名和住所;

(2)标的;

(3)数量;

(4)质量;

(5)价格或报酬;

(6)履行期限、地点和方式;

(7)违约责任;

(8)解决争议的办法。

当事人可以参照各类合同的示范文本订立合同。根据上述规定,卖方的主要义务是按时、按质、按量交付约定的货物,移交与货物有关的单据和转移货物所有权。买方的主要义务是按合同规定支付货物的价款和受领货物。

在双方当事人履行合同的过程中,可能出现某些争议,为了便于处理争议,在合同条款中,通常都规定索赔、不可抗力和仲裁条款。

第四节　国际服装贸易的基本做法

一、进出口贸易的一般业务程序

在进出口贸易中,由于交易方式和成交条件不同,其业务环节也不尽相同。各环节的工作，有的分先后进行，有的先后交叉进行，也有的齐头并进。但是，不论进口或出口交易，一般都包括交易前的准备、磋商与签订合同以及履行合同三个阶段。这是国际贸易实务的实际程序，即以合同为核心形成的业务内容和以业务程序为线索形成的实务操作内容。现将进出口贸易的业务程序分别简介如下。

1.出口贸易的业务程序

(1)交易前的准备

出口交易前的准备工作主要包括下列事项：

1)加强对国外市场与客户的调查研究，选择适销的目标市场和资信好的客户；

2)落实货源和做好备货工作；

3)制定出口商品经营方案或价格方案，以便在对外洽商交易时胸有成竹；

4)开展多种形式的广告宣传和促销活动。

(2)磋商与签订合同

在做好上述准备工作之后，即通过函电联系或当面洽谈等方式，同国外客户磋商交易，当一方的发盘被另一方接受后，交易即告达成，合同就算订立。

(3)出口合同的履行

出口合同订立后，交易双方就要根据重合同、守信用的原则，履行各自承担的义务。如果是按 CIF 条件和信用证付款方式达成的交易，就卖方履行出口合同而言，主要包括下列各环节的工作：

1)认真备货，按时、按质、按量交付约定的货物；

2)落实信用证，做好催证、审证、改证工作；

3)及时租船订舱，安排运输、保险，并办理出口报关手续；

4)缮制、备妥有关单据，及时向银行交单结汇，收取货款。

图 1.1 所示为出口业务流程图。

2.进口贸易的业务程序

(1)交易前的准备

进口交易前的准备工作主要包括下列事项：

1)制定进口商品经营方案或价格方案，以便在对外洽商交易和采购商品时，做到心中有数，避免盲目行事；

2)在对国外市场和外商资信情况调查研究的基础上，并经过货比三家，选择适当的采购市场和供货对象。

(2)磋商与签订进口合同

商订进口合同与商订出口合同的程序与做法基本相同，但应强调指出的是，若属购买高新技术、成套设备或大宗交易，更应注意选配好洽谈人员，组织一个包括有各种专长的专业人员的精明能干的谈判班子，并切实做好比价工作。

(3)进口合同的履行

履行进口合同与履行出口合同的程序相反，工作侧重点也不一样。如果是按 FOB 条件和信用证付款方式成交的，买方履行合同的程序一般包括下列事项：

1)按合同规定向银行申请开立信用证；

2)及时派船到对方口岸接运货物，并催促卖方备货装船；

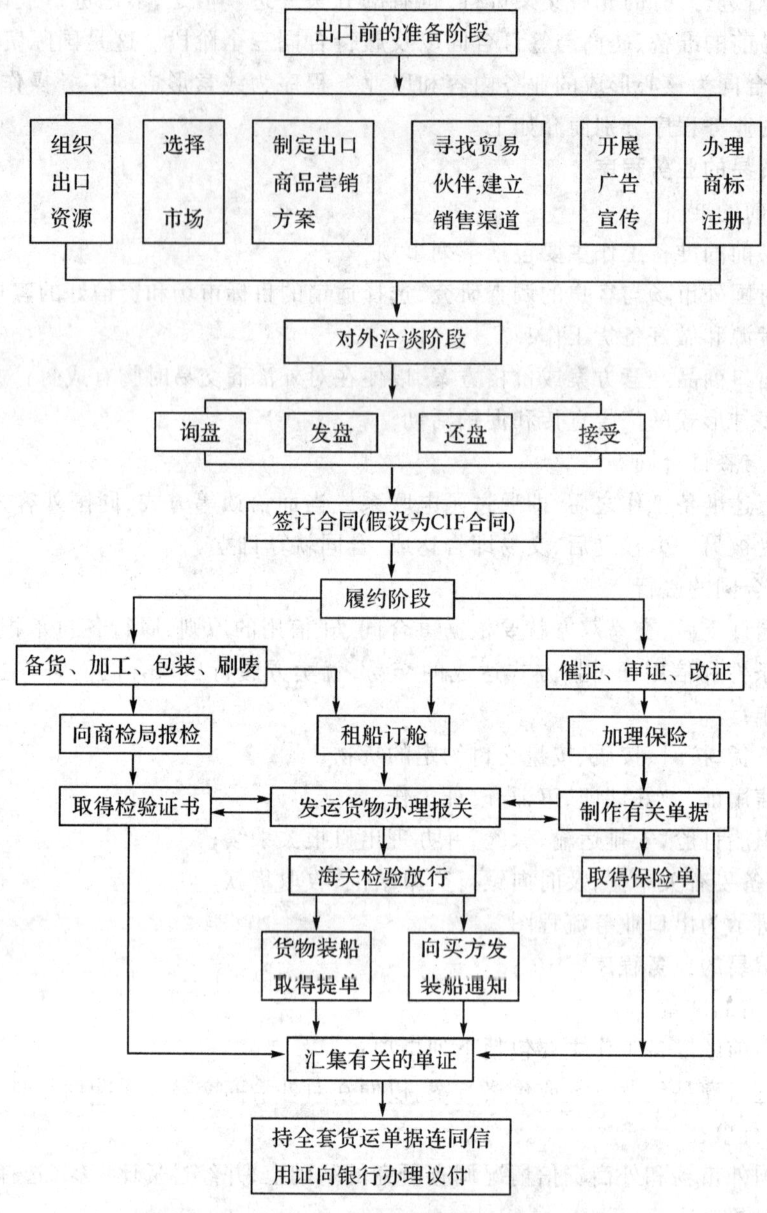

图 1.1　出口业务流程图

3)办理货运保险;

4)审核有关单据,在单证相符时付款赎单;

5)办理进口报关手续,并验收货物。

二、各种国际贸易方式的运用

在国际贸易中,除上述通常使用的单边进口和单边出口贸易这种逐笔售定的贸易方式外,根据市场环境、商品流通渠道、交易条件和贸易习惯等方面的不同,还可采用其他各种贸易方式,如经销、代理、寄售、展卖、招标与投标、拍卖、期货交易、对销贸易和加工贸易等。近年来，随着电子技术的发展和贸易方式、方法的改变，又兴起了电子商务这种新型的贸易方式。每种贸易方式，都有各自的特点，其具体要求和做法各不相同。因此，了解各种贸易方式的特点，学会灵活运用和结合使用各种贸易方式，对发展对外贸易具有重要的意义。

实践表明，我国灵活运用各种贸易方式是很有成效的。例如，为了利用外商的销售渠道，我国生产的轻纺产品、机电产品和工艺品等，在外销时采用经销、代理和寄售等方式，有效地扩大了销路。我们利用招标与投标以及对销贸易的方式，既采购了我国急需的建设物资、生产设备和器材，又扩大了我国产品的出口。为了增加外汇收入，我们还开展了各种形式的加工贸易。此外，期货交易和电子商务也相继发展起来，其运用范围正在扩大。上述这些贸易方式，将在本书有关章节中专门介绍。

三、国际货物贸易争议的预防和处理

在国际货物买卖中，无论通过何种贸易方式达成的交易，在订立合同后，如果合同没有履行，或履约当中一方出现违约情况，致使对方蒙受经济损失，则受损害方有权采取各种必要的救济方法，这就会产生索赔、理赔与处理纠纷的问题。针对合同订立后可能出现这些问题，当事人在订立买卖合同时，即约定不可抗力、索赔和仲裁条款，以明确处理争议的依据和办法。

复习思考题

1. 为什么要学习服装国际贸易的实务知识？在学习本课程时应注意哪些问题？
2. 纺织品服装买卖有哪些特点？
3. 纺织品服装买卖应遵循哪些法律、法规和原则？
4. 服装出口的一般业务操作顺序如何？
5. 请浏览一些外经贸专用网站，搜索有关纺织品服装的外贸信息。

第二章 服装贸易术语

价格作为买卖合同的主要条款之一，是买卖双方交易磋商的中心议题和矛盾的焦点。相对于国内贸易而言，国际贸易中的商品价格的确定要复杂得多，它涉及到计量单位、贸易术语、计价货币、单位价格金额等多项内容。其中最有特色的是贸易术语，它是重要的国际商务惯例之一，被称为“国际贸易的语言”(The Language of International Trade)。要做好服装进出口贸易，正确运用贸易术语是一个不可忽视的重要环节。

第一节 贸易术语与国际贸易惯例

一、贸易术语的含义与作用

通常在国际贸易中，买卖双方相隔距离比较远，货物的顺利交接除了需要双方共同努力，而且还需要银行、商检、运输、保险等部门的合作。在这一过程中，会产生许多复杂问题，如交货地点的确定、风险转移的确认、有关手续与责任的划分、各项费用的负担等。解决这些问题常用的和有效的方法是在国际贸易中采用一定的贸易术语来解决交易各方的权利、责任和义务以及关于货物的风险转移的地点和时间等问题。

贸易术语(trade terms)，又称贸易条件、价格术语(price terms)，是用一个简短的概念或三个字母的外文缩写来表示价格的构成或买卖双方在货物交接中有关手续、费用和风险责任的划分。它是国际贸易中特有的商业术语，大多源于国际贸易惯例，并随着交通运输、保险、通讯的发展而逐步发展。贸易术语的产生，极大地方便和促进了国际贸易的发展，其作用主要体现在以下三个方面：

(1)简化贸易程序与合同内容，缩短谈判时间，有利于国际贸易的发展。

(2)可以表示商品价格的构成，有利于买卖双方推算价格和成本。

(3)明确表明商品风险和所有权转移的界限，有利于解决贸易过程中出现的争议。

因此，贸易术语在国际贸易中被普遍应用。

二、贸易术语和国际贸易惯例

贸易术语的出现给进出口贸易带来了便利，但各国的解释并不统一。为了统一和规范国际贸易交易行为，推进贸易的发展，逐渐形成了国际贸易惯例。国际贸易惯例是指在国际贸易长期实践中具有普遍意义的习惯做法，经国际组织加以编纂、解释后形成的。值得注意的是,国际贸易惯例并不是法律,因此对贸易双方不具有强制性,买卖双方有权在合同中做出与某项惯例不符的规定。如果交易双方约定采用某些国际贸易惯例,并在合同中订明,那么这些惯例便具有了法律约束力。在处理争议方面,可以利用它来避免和消除不同国家和地区的贸易当事人对同一问题的不同看法,所以国际贸易惯例在实践中仍具有重要的指导作用。目前,有关贸易术语的国际贸易惯例主要有以下几种:

1.《1932 年华沙—牛津规则》(Warsaw-Oxford Rules 1932)

《华沙—牛津规则》(简称 W.O. Rules 1932)是由国际法协会制定的。该协会于 1928 年在华沙举行会议,制定了有关 CIF 买卖合同的统一规则,共 22 条,称为《1928 年华沙规则》。后经 1930 年纽约会议,1931 年巴黎会议和 1932 年牛津会议修订,定名为《1932 年华沙—牛津规则》,共 21 条。本规则主要说明 CIF 买卖合同的性质和特点,对买卖双方的费用、责任和风险的划分及所有权转移的方式等问题作了详细的说明。虽然这一规则现在仍得到国际上的承认,但实际上已很少采用。

2.《1941 年美国对外贸易定义修订本》(Revised American Foreign Definitions 1941)

美国九大商业团体于 1919 年在纽约共同制定了《美国出口报价及其缩写条例》,随后便得到世界各国买卖双方的广泛承认和使用。但自该条例出版以后,贸易习惯已有很大变化,因而在 1940 年举行的第 27 届全国对外贸易会议上强烈要求对它作进一步的修订。1941 年 7 月,美国商会、美国进出口协会及全国对外贸易协会所组成的联合委员会通过了《1941 年美国对外贸易定义修订本》。该修订本主要对六种术语作了解释与说明,仅在北美洲和拉丁美洲地区应用,是地区性较强的贸易术语惯例。

(1)**EX(Point of Origin)**——原产地交货,指卖方同意在规定日期或期限内在双方商定的地点将货物置于买方控制之下。

(2)**FOB(Free on Board)**——在运输工具上交货,此术语又可分为六种解释:

1)在内陆指定发货地点的指定内陆运输工具上交货。

2)在内陆指定发货地点的指定内陆运输工具上交货,运费付到指定的出口地点。

3)在内陆指定发货地点的指定内陆运输工具上交货,减除至指定出口地点的运费。

4)在指定出口地点的指定内陆运输工具上交货。

5)指定装运港船上交货。

6)进口国指定内陆地点交货。

(3)**FAS(Free Along Side)**——船边交货(指定装运港),指卖方所报价包括将货物交到海洋轮船边,至船上的装货吊钩可及之处,或交至买方指定的码头。

(4)**C&F(Cost and Freight)**——成本加运费(指定目的地),指卖方所报价格包括货物的成本和将货物运到指定目的地的运输费用。

(5)**CIF(Cost, Insurance and Freight)**——成本加保险费、运费(制定目的地),指卖方所报价格包括货物的成本、海洋运输保险费和将货物运到指定目的地的一切运输费用。

(6)**EX DOCK(Named Port of Importation)**——目的港码头交货,按此术语,卖方所报价格包括货物的成本和将货物运到指定进口港的码头所需的全部费用,并缴纳进口税。

上述六种贸易术语解释中,FOB 的解释与国际商会《2000 年通则》的解释存在明显的差异。因此,在采用该惯例进行贸易时,应特别注意,要在合同中明确贸易术语所依据的惯例。

3.《国际贸易术语解释通则》(International Rules for the Interpretation of Trade Terms)

《国际贸易术语解释通则》(以下简称《通则》)是当前应用范围最广、影响最大的一种国际贸易惯例,已被国际上绝大多数国家所接受。

贸易术语是在国际贸易的长期实践中形成的,因各国对同一的贸易术语往往有不完全相同的解释,这给贸易术语的顺利推行带来了一定的障碍。因此,对国际贸易中普遍采用的贸易术语提供统一的解释显得非常重要。基于这种情况,国际商会(ICC)于 1936 年首次公开了一整套解释贸易术语的国际规则——《国际贸易术语解释通则》,以避免因各国的不同解释而出现的不确定性。该通则于 1953 年、1967 年、1976 年、1980 年先后进行了四次修订。每次修订都对部分术语进行了解释和补充。鉴于电子数据交换(EDI)通信方式的广泛运用以及运输技术的变化,国际商会又于 1989 年 11 月通过了《1990 年国际贸易术语解释通则》(以下简称《1990 年通则》)。

在 20 世纪末,国际商会国际商业惯例委员会在广泛征求各方意见的基础上,通过调查、研究和讨论,对实行了 60 多年的《国际贸易术语解释通则》进行了全面的回顾和总结,同时结合世界上无关税区的发展,电子商务对传统国际贸易的影响不断扩大,国际商会再次对《国际贸易术语解释通则》进行修订,并于 1999 年 9 月公布了《2000 年国际贸易术语解释通则》(以下简称《2000 年通则》),2000 年 1 月 1 日正式开始生效。与《1990 年通则》相比,《2000 年通则》变化较小,它只在两方面作了实质性改变:在 FAS 和 DEQ 术语下办理手续和缴纳关税的义务;在 FCA 术语下办理装货和卸货的义务。

《2000 年通则》中的 13 种贸易术语,使用较多的是 FOB,CFR,CIF 以及在此基础上发展起来的 FCA,CPT,CIP。为了便于记忆,根据买卖双方的义务,可将这 13 种贸易术语划分为四组不同的类型,具体见表 2-1。

表 2-1　贸易术语分类表

E 组:卖方在自己的交货地点将货物交给买方(发货)		
EXW(Ex Works)	工厂交货	适用于各种运输方式
F 组:卖方将货物交至买方指定的承运人(主要运费未付)		
FCA(Free Carrier)	货交承运人	适用于各种运输方式
FAS(Free Alongside Ship)	船边交货	适用于海运及内河运输
FOB(Free On Board)	装运港船上交货	只适用于海运及内河运输
C 组:卖方必须签订运输契约,但货物灭失或损坏的风险及发运后产生的费用卖方不负责任(主要运费已付)		
CFR(Cost and Freight)	成本加运费	只适用于海运及内河运输
CIF(Cost Insurance and Freight)	成本加保险费、运费	只适用于海运及内河运输
CPT(Carriage Paid to)	运费付至	适用于各种运输方式
CIP(Carriage and Insurance Paid to)	运费、保险费付至	适用于各种运输方式
D 组:卖方必须承担货物交至目的地所需的费用和风险(到达)		
DAF(Delivered At Frontier)	边境交货	适用于各种运输方式
DES(Delivered Ex Ship)	目的港船上交货	只适用于海运及内河运输
DEQ(Delivered Ex Quay)	目的港码头交货	只适用于海运及内河运输
DDU(Delivered Duty Unpaid)	未完税交货	适用于各种运输方式
DDP(Delivered Duty Paid)	完税交货	适用于各种运输方式

此外,《2000年通则》采用相互对应的标准化的办法,逐项间隔排列,将每一种贸易术语买卖双方各自承担的义务分别用10个项目列出,如表2-2所示。

表2-2 买卖双方义务对照表

A 卖方义务	B 买方义务
A1 提供符合合同规定的货物	B1 交付货款
A2 许可证、其他许可和手续	B2 许可证、其他许可和手续
A3 运输合同与保险合同	B3 运输合同与保险合同
A4 交货	B4 受领货物
A5 风险转移	B5 风险转移
A6 费用划分	B6 费用划分
A7 通知买方	B7 通知卖方
A8 交货凭证、运输单据或有同等作用的电子信息	B8 交货凭证、运输单据或有同等作用的电子信息
A9 查对、包装、标记	B9 货物检验
A10 其他义务	B10 其他义务

第二节 国际贸易中的六种主要贸易术语

在国际贸易中,根据《2000年通则》共有13种贸易术语,其中FOB,CFR,CIF,FCA,CPT和CIP是六种使用较多的贸易术语。因此,熟悉这六种主要贸易术语的含义、买卖双方的责任,以及在使用中应注意的问题是至关重要的。下面将进行详细介绍。

一、FOB

FOB——Free on Board(...named port of destination),即装运港船上交货(……指定装运港),简称船上交货,俗称"离岸价格"。它是指当货物在指定的装运港越过船舷时,卖方即完成交货;买方从该交货点起,承担一切费用和货物灭失或损失的风险。

该术语仅适用于海运或内河运输。

1.买卖双方各自应承担的责任

卖方责任:

(1)在合同规定的装运港和装运期,将货物装上买方指定的船舶,并及时向买方发出详尽的通知。

(2)承担货物在装运港越过船舷前的一切与货物有关的费用和货物灭失或损坏的风险。

(3)提供出口许可证,办理出口清关手续,并支付关税及费用。

(4)提供商业发票、相关货运单据或相应的电子信息,以便买方接单取货。

(5)根据买方要求,向买方提供必要的投保信息。

买方责任:

(1)租船、订舱、接货、支付运费,并将船名、装货地点和时间及时通知卖方。

(2)承担货物在装运港越过船舷后的一切与货物有关的费用和货物灭失或损坏的风险。

(3)办理保险,支付保险费。

(4)提供进口许可证,办理进口清关手续,支付关税及费用。

(5)按合同规定受领单据和货物,支付货款。

2.使用 FOB 术语应注意的问题

(1)"船舷为界"的确切涵义

在 FOB 术语下当货物在装运港越过船舷时,货物灭失或损坏的风险从卖方转移到买方,即从"装运港船舷"为界划分风险。它意味着货物在装上船以前的风险,包括在装船时货物跌落码头或海中所造成的损失,均由卖方承担;而货物在装上船之后,包括在起航前和在运输过程中发生的损坏或灭失均由买方承担。

(2)装货费用负担问题

在装运港的装货费用主要有装船费以及与装货有关的理舱费和平舱费等,装货费用由何方负担,主要是根据买卖双方在合同中的规定,通常是在 FOB 术语之后列附加条件,从而产生了 FOB 的变形,主要由以下几种:

● **FOB liner terms(班轮条件)**——指所有装船费用如同以班轮装运那样,全部加在运费里,由支付运费的一方(即买方)负担。

● **FOB under tackle(吊钩下交货)**——指卖方仅负责将货物交到买方指派船只的吊钩所及之处,从货物起吊开始的装船费用由买方承担。

● **FOB stowed(理舱费在内)**——指卖方负责将货物装入船舱并承担包括理舱费在内的装货费用。理舱费是指货物进入舱底后,对其进行安置和整理所支付的费用。

● **FOB trimmed(平舱费在内)**——指卖方负责将货物装入船舱并负责包括平舱费在内的装货费用。平舱费是指为保护航行时船身平稳和不损坏船身结构,对大宗散装货进行削平、整理所支付的费用。

● **FOBST(所有费用在内)**——指卖方承担所有装船费用。它只适用于租船情况下,由卖方负责装货作业的情形。

值得注意的是,上述变形只是用以表明装货费用由谁负责,并不改变 FOB 的性质,即以船舷为界划分风险及交货地点。

(3)船货衔接问题

FOB 合同属装运合同,卖方只需按规定的时间或地点完成装运,即视为交货完成。在 FOB 合同中,买方必须负责租船和订舱,并将船名和装船时间通知卖方,而卖方必须负责在合同规定的装船期和装运港,将货物装上买方指定的船只,这就涉及到船货衔接的问题。因为在该贸易术语中,载货船舶是由买方指派的,所以买方指派船舶是卖方装船的先决条件,船货衔接是合同顺利进行的重要环节。所以,买方不仅要准时派船只去装运港,而且必须预先充分地通知卖方。如果买方没有这样做,卖方可以拒绝交货,并索赔损失(如仓储费的增加等)。如果买方这样做了,卖方必须在合同付运时间内准时装毕货物上船,否则买方可拒受货物,并要求索赔由此产生的空舱费、滞期费等各项损失。有时因装运港拥挤买方会委托卖方办理租舱订舱,对此卖方可酌情接受,但运费仍由买方支付,当卖方尽到努力仍租不到船或订不到舱时,卖方概不负责,买方无权毁约或要求损害赔偿。

可见,在 FOB 合同中,买卖双方对船货衔接事项除了要在合同明确规定外,还必须时时加强联系,防止船货脱节。

(4)美国对 FOB 术语的特殊解释

《1941 年美国对外贸易定义修正本》中将 FOB 分为 6 种,其中指定装运港船上交货

"FOB vessel...named port of shipment"与《2000 年通则》中对 FOB 的解释基本相似。使用这一术语时,需注意在 FOB 与装运港之间加上"vessel"字样,否则卖方仅负责在出口国内陆的运输工具上交货,而非装运港船上。例如"FOB New York"意为只要在纽约市某一地点交货即可。"FOB vessel New York"才为纽约港船上交货。不仅如此,卖方必须承担将货物装载于轮船之前的一切灭失或损坏责任,也就是说买卖双方划分风险的地点要延伸到船上,而非船舷。另外在出口结关手续上也有分歧。美国规定卖方只在买方请求并愿意承担费用的情况下,协助买方取得出口证件。这与《2000 年通则》中要求卖方自行出口结关并承担相应费用的解释有差异。

二、CIF

CIF——Cost, Insurance and Freight(...named port of destination),即成本加保险费、运费(……指定目的港)。它是指卖方在规定的装运港和装运期将货物装船,并承担货物越过船舷以前的风险和费用,办理出口货物保险和清关手续,支付自启运港至目的港的运费、保险费;买方则承担货物越过船舷后的一切责任、风险和费用。由于 CIF 术语后跟目的港,所以该术语常被称做"到岸价"。

该术语仅适用于海运或内河运输。

1.买卖双方各自应承担的责任

卖方责任:

(1)按约租船、订舱、发货、装船、支付运费等,并及时向买方发出充分通知。

(2)承担货物在装运港越过船舷之前的一切与货物有关的费用和货物灭失或损坏的风险。

(3)提供出口许可证,办理货物水上运输保险和出口清关手续,支付保险费和关税及费用。

(4)提供商业发票、相关货运单据或相应的电子信息,以便买方接单取货。

买方责任:

(1)承担货物在装运港越过船舷后所产生的一切费用和风险。

(2)取得进口许可证或其他相关文件,办理进口清关手续,并支付关税和费用。

(3)按合同规定受领单据和货物,支付货款。

2.使用 CIF 术语应注意的问题

(1)保险险别的问题

在 CIF 合同中,卖方的责任中包括负责办理货运保险,并须明确保险的险别。不同的投保险别,保险人所承担的责任范围不同,收取的保险费率也不同。在实际业务中,按 CIF 术语成交时,一般都在合同中明确规定具体的投保险别、保险金额等内容。按《2000 年通则》对 CIF 的解释,卖方只需按最低责任的保险险别投保。如果买方有要求,在由买方承担费用的前提下,卖方应在尽可能的情况下投保战争、罢工、暴动和民变险,最低保险金额应为合同规定的价款加 10%(即 110%)。

(2)象征性交货问题

象征性交货(symbolic delivery)指卖方只要按期在约定地点完成装运,并向买方提交包括物权凭证在内的有关单据,就算完成交货义务,而无须保证到货。实际性交货(physical delivery)指卖方要按照合同规定的时间和地点,将符合合同规定的货物提交给买方或其指定人。

从交货方式上看,CIF 是一种典型的象征性交货术语,在这种交货方式下,卖方凭单交货,买方凭单付款。只要卖方按时向买方提交了合同规定的全套合格单据(种类、名称、内容和份数相符的单据),即使货物在运输途中损坏或灭失,买方也必须履行付款义务;反之,如果卖方提交的单据不符合要求,即使货物安全运达目的港,买方有权拒收单据并拒付货款。按 CIF 术语成交,卖方还必须交付与合同相符的货物,即卖方虽然向买方提交了准确完整的单据,但买方收货后发现货物原装数量不足或质量与合同不符,买方照样有权索赔。

(3)卸货费用的负担

对于卸货费用的负担各国港口有不同做法,由船方或收货方或支付运费的一方来负担。如果使用班轮运输,卸货费已包括在运费中。大宗货物的运输要租用不定期轮船,则需要在合同中明确卸货费由谁负担。按《2000 年通则》解释,卸货费的负担是根据运输合同而定的,或记入卖方账户,或记入买方账户。一般是在 CIF 术语后加列附加条件来说明的,具体如下:

● **CIF Liner Terms(班轮条件)**——按班轮运输处理,由支付运输费的一方(卖方)负担。

● **CIF Ex-Ship's Hold (舱底交货)**——由买方自行启舱,承担将货物从舱底起吊到码头的卸货费用。

● **CIF Landed(卸到岸上)**——卖方负责将货卸到岸上,并承担由此引起的费用,含驳船费、码头费等。

CIF 变形只是说明卸货费负担问题,不改变 CIF 的交货地点和风险划分界限。

(4)买卖双方对 CIF 和 FOB 的取舍

通常,出口时选择 FOB 术语或进口时选择 CIF 术语可以省去办理运输和保险的麻烦,而且还能免受运费波动的风险。但在实践中,卖时选择 CIF、买时选择 FOB 的好处更为明显,突出表现在以下两个方面。

1)提高贸易的灵活性和赢利性:当货价大涨大跌时,谁控制了运输谁就占有了有利位置。通常货价以装船日的市价为准,当货价大涨时,CIF 的卖方可尽量拖延装货日期,而 FOB 的买方则可赶紧租船,提早通知装货;反之亦然。在航程较短而结汇较慢的情况下,以 FOB 买货有助于买方实现尽早取货的愿望。

2)减少或避免货损货差甚至被诈骗的危险:采用卖 FOB、买 CIF 时,经常会面临对方与运输、检验等部门勾结利用单据诈骗货物或货款的危险。自行办理运输和保险,可使这样的风险大大缩小,并且通过租用信誉良好的公司,可确保货物安全到达。即使发生货差货损,与本国的保险公司协商处理也比较方便。

三、CFR

CFR——Cost and Freight(...named port of destination),即成本加运费(……指定目的港),又称运费在内价。它是指卖方在规定的装运港和装运期内将货物装船,并承担货物越过船舷以前的风险和费用,办理出口清关手续,支付自启运港至目的港的运费。货物在装船时越过船舷后,风险、费用、责任即由卖方转移至买方。

该术语仅适用于海运或内河运输。

1.买卖双方各自应承担的责任

卖方责任：

(1)按约租船、订舱、发货、装船并支付运费，并及时向买方发出充分通知。

(2)承担货物在装运港越过船舷之前的一切与货物有关的费用和货物灭失或损坏的风险。

(3)提供出口许可证，办理出口清关手续，并支付关税及费用。

(4)提供商业发票、相关货运单据或相应的电子信息，以便买方接单取货。

买方责任：

(1)承担货物在装运港越过船舷后所产生的一切费用和风险。

(2)取得进口许可证或其他相关文件，办理进口清关手续，并支付关税和费用。

(3)按合同规定受领单据和货物，支付货款。

2.使用 CFR 术语应注意的问题

(1)装船通知的问题

按 CFR 术语成交，在货物装船后卖方应按约定或惯常方式及时以电传、传真、电子邮件等方式向买方发出装船通知，以便买方办理投保手续。如果卖方不及时向买方发出装船通知，而使买方未能及时办妥货运保险所造成的后果，则由卖方承担责任，且卖方不能以风险在船舷转移为由免除责任。

(2)CFR 的变形

按 CFR 条件成交时，容易在卸货费上发生争议。为了明确责任和避免纠纷，在实践中是通过 CFR 术语的变形来说明的。

● **CFR Liner Terms(CFR 班轮条件)**——卸货费按班轮办法处理，即买方不负担卸货费。

● **CFR Landed(卸至岸上)**——由卖方负担卸货费，包括因船不能靠岸，用驳船将货物运至岸上支出的驳船费。

● **CFR Under Ship's Tackles(吊钩下交货)**——卖方负责将货物从船舱吊起一直卸到吊钩所及之处(码头或驳船上)的费用，船舶不靠岸时，驳船费用由买方负担。

● **CFR Ex Ship's Hold(舱底交货)**——船到目的港在船上办理交接后，由买方自行启舱，并负担货物从舱底卸到码头的费用。

四、FCA

FCA——Free Carrier(...named place)，即货交承运人(……指定地点)。它是指卖方在规定的时间、地点将货物交给买方指定的承运人就算交货。买方则承担受领货物后所发生的一切费用和风险。

该术语适用于任何运输方式，包括公路、铁路、江河、海洋、航空及多式联运。无论采用哪种运输方式，卖方承担的风险均于货交承运人时转移，同时与保险、运输相关的责任和费用也随之转移。

1.买卖双方各自应承担的责任

卖方责任：

(1)在合同规定的时间、地点，将合同规定的货物置于买方指定的承运人控制下，并及时通知买方。

(2)承担货交承运人之前的一切费用和风险。

(3)自负风险和费用,取得出口许可证或其他官方批准证件,并办理货物出口所需的一切海关手续。

(4)提交商业发票、相关货运单据或具有同等作用的电子信息,以便买方接单取货。

买方责任:

(1)签订承运货物的合同,支付有关的运费,并将承运人名称及有关情况及时通知卖方。

(2)根据买卖合同的规定受领单据和货物并支付货款。

(3)承担受领货物之后所发生的一切费用和风险。

(4)自负风险和费用,取得进口许可证或其他官方证件,并且办理货物进口所需的海关手续。

2.使用 FCA 术语时应注意的问题

(1)交货的问题

根据《2000 年通则》的规定,采用 FCA 术语时,交货地点的规定直接影响装卸货的义务。如果指定交货地点是在卖方所在地,则卖方负责装货,即卖方只要负责将货物装上买方所指定的承运人或代表买方的其他人提供的运输工具时就算完成交货。如果指定地点不是卖方所在地而是在任何其他地点交货,那么卖方只要将置于运输工具上的货物交给买方指定的承运人处置时即完成交货义务。若在指定的地点没有约定具体交货点,且有几个具体交货点可供选择时,卖方可在指定的地点选择最合适其目的地的交货点。

(2)承运人问题

承运人指在运输合同中承担履行铁路、公路、海洋、航空等运输,或承担取得上述运输履行的任何人。《2000 年通则》规定 FCA 术语由买方负责指定承运人并通知卖方,订立自装运地至目的地的运输合同。该承运人可以是拥有运输工具的实际承运人,也可以是运输代理人或其他人。但是,如果买方要求卖方代其与承运人订立合同,卖方可以代理,但须由买方承担风险和费用;同样,卖方也可以拒绝,不过应立即通知买方,以便买方另作安排。

(3)风险转移的问题

在采用 FCA 术语成交时,买卖双方的风险划分时以货交承运人为界。当卖方按合同规定的时间将货物转交给承运人之时起,货物风险便转至买方,买方承担货物交付时起的与货物有关的一切费用和风险。但若买方未指定承运人或另一人,或另一人未接管货物,或未通知卖方时,则货物风险及费用从约定交付日或约定交付期届满日起由买方承担。

五、CPT

CPT——Carriage Paid to(... named place of destination),即运费付至(……指定目的地)。它是指卖方在规定的时间和地点将货交给指定的承运人就算完成交货。卖方还需支付自启运地至目的地的运费,而交货后货物灭失或损坏的风险以及由于发生意外事件而引起的任何额外费用由买方承担。

该术语适用于任何运输方式,包括公路、铁路、江河、海洋、航空和多式联运。

1.买卖双方各自应承担的责任

卖方责任:

(1)订立将货物运往指定目的地的运输合同,并支付有关运费。

(2)在合同规定的时间、地点,将合同规定的货物置于承运人控制之下,并及时通知买方。

(3)承担将货物交给承运人控制之前的风险。

(4)自负风险和费用,取得出口许可证或其他官方批准证件,并办理货物出口所需的一切海关手续,支付关税及其他有关一切费用和风险。

(5)提交商业发票和自费向买方提供在约定目的地提货所需的运输单据,或具有同等作用的电子信息。

买方责任:

(1)接受卖方提供的有关单据,受领货物,并按合同规定支付货款。

(2)办理货物运输保险,支付保险费。

(3)承担自货物在约定交货地点交给承运人控制之后的风险和费用。

(4)自负风险和费用,取得进口许可证或其他官方证件,并办理货物进口所需的海关手续,支付关税及其他有关费用。

2.使用 CPT 术语应注意的问题

(1)风险划分问题

根据《2000 年通则》的解释,CPT 术语下,货物自交货地点至目的地的途中风险由买方承担。卖方只承担货物交给承运人控制之前的风险,在多式联运情况下,则承担货物交给第一承运人之前的风险。

(2)CPT 和 CFR 差异的问题

CPT 与 CFR 的不同点在于,CFR 适用于水上运输方式,CPT 则适用于包括多式联运在内的任何运输方式。

而其相同点为,在买卖双方的义务划分原则上是相同的,卖方负责订立自装运地至目的地的运输合同(均属装运合同),并支付运费,但不负担货物在运输途中发生的风险及产生的额外费用。在装货后卖方也要及时通知买方,以便买方投保。

六、CIP

CIP——Carriage and Insurance Paid to(... named place of destination),即运费、保险费付至(……指定目的地)。它是指卖方在规定的时间和地点将货交给指定的承运人,就算完成交货。买方承担受领货物后所发生的一切费用和风险,而卖方还需支付水上运输保险费和自启运地至目的地的运费。

该术语适用于任何运输方式,包括公路、铁路、江河、海洋、航空及多式联运。

1.买卖双方各自应承担的责任

卖方责任:

(1)订立将货物运往指定目的地的运输合同,并支付有关运费。

(2)在合同规定的时间、地点,将合同规定的货物置于承运人的控制之下,并及时通知买方。

(3)承担将货物交给承运人控制之前的风险。

(4)按照买卖合同的规定,自负费用投保货物运输险。

(5)自负风险和费用,取得出口许可证或其他官方批准证件,并办理货物出口所需的一切海关手续,支付关税及其他有关费用。

(6)提交商业发票和在约定目的地提货所需的通常的运输单据或具有同等作用的电子信息,并且自费向买方提供保险单据。

买方责任:

(1)接受卖方提供的有关单据,受领货物,并按合同规定支付货款。

(2)承担自货物在约定地点交给承运人控制之后的风险。

(3)自负风险和费用,取得进口许可证或其他官方证件,并且办理货物进口所需的海关手续,支付关税及其他有关费用。

2.使用 CIP 术语应注意的问题

(1)风险和保险问题

按 CIP 术语成交的合同,卖方要负责办理货运保险,并支付保险费,但货物从交货地运往目的地运输途中的风险由买方承担,所以,卖方的投保仍属于代办性质。根据《2000 年通则》的解释,一般情况下,卖方要按双方协商确定的险别投保,而如果双方未在合同中规定应投保的险别和投保金额,则由卖方按惯例投保最低的险别,保险金额一般是在合同价格的基础上加成 10%。

(2)CIP 与 CIF 差异的问题

CIP 与 CIF 的不同点在于,CIP 术语适用于任何运输方式,而 CIF 仅适用于水上运输方式。其相同点则为,买卖双方的义务划分是相同的,由卖方负责订立自装运地至目的地的运输合同,且均属装运合同,卖方同时还负责安排运输,办理保险,并支付运费和保险费。但货物在运输途中发生的风险及产生的额外费用则由买方承担。从价格构成来看,两者都包括通常的运费和保险费。

七、六种贸易术语的异同点

1.FOB,CFR,CIF 术语的异同点

(1)三者相同点

- 运输方式:三者均适用于海运或内河航运。
- 交货地点:在装运港完成交货。
- 风险划分:以装运港船舷为界。

(2)三者不同点

责任、费用承担及价格构成不同。FOB 卖方只负责在装运港交货,卖方不负担出口运费、保险费,为成本价;CFR 卖方要办理货物的出口运输,卖方负担出口运费,为成本加运费;CIF 卖方要办理货物的出口运输、出口保险,卖方负担出口运费、保险费,为成本加运费加保险费。

2.FCA,CPT,CIP 术语的异同点

(1)三者相同点

- 运输方式:均适用于各种运输方式,包括多式联运。
- 风险划分:均以货交承运人为界。

(2)三者不同点

责任、费用承担及价格构成不同。在 FCA 条件下,卖方不负责办理运输、保险。不承担相应费用,价格中不含出口运输、保险费;在 CPT 条件下,卖方负责办理运费并支付运费,价格中包含运费;CIP 条件下,卖方负责办理运输、保险并支付运费、保险费,价格中包含运费、保险费。

八、其他贸易术语

1. EXW

EXW——Ex Works(...named place),即工厂交货(……指定地)。它是指卖方在合同规定的时间内,在其所在地(工厂、仓库等)将货物置于买方处置之下时,即完成交货。卖方不负责将货物装上买方准备好的车辆,也不负责出口清关。买方到交货地接受货物,并承担自卖方所在地提取货物至目的地所需的一切费用和风险。因此,EXW 术语是卖方承担责任、风险和费用最小的术语。如果买方要求卖方在发货时负责将货物装上收货车辆,并负担一切装货费用和风险,则应在合同中注明。该术语适用于任何运输方式。

2. FAS

FAS——Free Alongside Ship(...named port of shipment),即装运港船边交货(……指定地点)。它是指卖方在装运港将货物放置在码头或驳船上靠船边,就完成了交货义务。买方则承担自该时刻起发生的一切费用和货物灭失或损失的一切风险,也就意味着双方的风险、费用以船边为界。该术语适用于海运或内河运输。

3. DAF

DAF——Delivered At Frontier(...named place),即边境交货(……指定地点)。它是指卖方在规定的时间将货运至双方确定的两国边境的指定地点,交与买方支配,并办理好出口清关手续,即完成了交货义务。买方则须承担在指定地点受领货物后的一切责任、费用和风险及相关进口手续。需要注意的是,这里的边境一词指的是任何边境,包括出口国边境。因此,在使用这个术语时确切地指定有关边境的交货地和地点是极为重要的。该术语适用于任何运输方式,但主要用于铁路和公路运输。

4. DES

DES——Delivered Ex Ship(...named port of destination),即船上交货(……指定目的港)。它是指卖方在指定目的港的船上将货物交与买方支配,即完成交货,无需办理进口清关手续;而从货物在指定目的港船上向买方交付时起的一切风险和费用均由买方承担。

该术语只有在货物经由海洋或内河运输在目的港船上交货时才能使用。

5. DEQ

DEQ——Delivered Ex Quay(...named port of destination),即目的港码头交货(……指定目的港)。它是指卖方将货物运至指定目的港的码头,未经进口清关,可供买方收取时,即履行了交货义务。卖方只需负担货物交至该处的一切风险和费用,而要求买方办理进口清关,包括办理一切海关手续,并支付关税和进口时所需的其他费用等。该术语只有在货物经由海洋或内河运输在目的港码头交货时才能使用。

6. DDU

DDU——Delivered Duty Unpaid(...named place of destination),即未完税交货(……指定目的地)。它是指卖方在指定的目的地将货物交给买方,不办理进出口手续,也无需卸货,即完成交货。卖方应承担货物运至指定的目的地的一切费用和风险,不包括在需要办理海关手续时在目的地国进口应缴纳的任何税费(包括办理海关手续的责任和风险,以及缴纳手续费、关税、税款和其他费用)。买方必须承担此项税费和因其未能及时办理货物进口清关手续而引起的费用和风险。如果买方希望卖方来承担这些费用和风险,则应在合同中明确注明。该术语适用于各种运输方式。

7.DDP

DDP——Delivered Duty Paid(...named place of destination),即完税后交货(……指定目的地)。它是指卖方在指定的目的地,办理完进出口清关手续,将在交货运输工具上尚未卸下的货物交与买方,即完成交货。货物交付前的一切风险、责任和费用均由卖方负担,而买方只需在目的地受领货物即可。因此,该术语是卖方承担责任、风险、费用最大的一种术语。该术语适用于各种运输方式。

值得注意的是,根据《2000年通则》,不论采用哪一种贸易术语,如果买卖双方约定采用电子通信,则商业发票、交货证明、运输单据和报关单据等所有单据,均可被具有同等效力的电子数据交换信息所替代。

图2.1所示为前面介绍的13种贸易术语的交货点示意图。

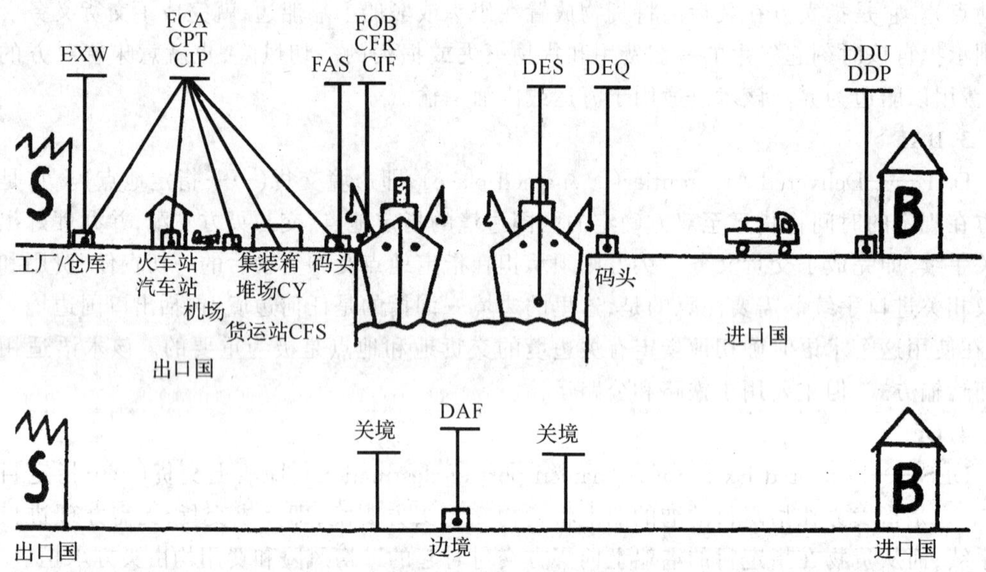

图2.1　13种贸易术语交货点/风险点示意图

第三节　使用贸易术语应注意的问题

在国际进出口贸易中,贸易术语是价格条款中非常重要的组成部分。在国际贸易中,贸易术语的种类很多,以《2000年通则》为例就有13种之多。由于不同的贸易术语,买卖双方所承担的风险、责任和费用划分都不同,因此在实际业务操作中,交易双方还要根据具体情况来正确地选择贸易术语。

在进出口贸易中,最为常用的是FOB,CIF,CFR三种贸易术语,然而,随着国际贸易的发展和运输方式的改变,适用于各种运输方式的FCA,CPT和CIP术语及其他术语的使用

也越来越多,这是由于FCA,CPT,CIP术语比前面三种贸易术语具有更多的优越性,表现在:

(1)减少了出口商承担的风险范围;

(2)出口方可提前获得运输单据,从而缩短交单收汇的时间,有利于出口方的资金周转。

就我国的企业而言,选择贸易术语时通常应考虑以下几个因素:

1.选择买卖双方比较熟悉和便利的贸易术语

选择双方都比较熟悉的贸易术语对买卖双方来说都比较便利,在签订合同时能较顺利地达成一致,而且也便于合同的履行。

2.考虑运费问题

运费是货物价格的组成部分,在价格中占有很大的比重,货物经由不同的线路收取的运费也会各不相同;另外,运费还会受运输市场整体运价变动的影响。因此,在选用贸易术语时应考虑运费因素。如果运价不稳定,那么在一般情况下,出口货物宜采用FOB术语,进口货物宜采用CFR或CIF术语,这样可以避免承担运价上涨的风险。

3.考虑运输条件

在国际贸易中,各国为了保护和发展本国的运输业和保险业,无不鼓励本国进口商采用FOB或FCA术语,出口采用CIF或CIP术语。因此,我们在选择贸易术语时,要从发展本国的运输业和保险业角度考虑,而且这样也有利于节省运费和保险费。

4.考虑货源情况

在国际贸易中货物品种很多,不同类别的货物具有不同的特点,在运输方面也各有不同要求,故安排运输的难易不同,运费开支的大小也就不同。此外,成交量的大小也直接影响运费的高低。因此货源情况也是选用贸易术语时不可忽略的因素。

5.考虑运输途中的风险问题

在国际贸易中,交易的商品一般需要经过长途运输,货物在运输过程中可能遇到各种自然灾害、意外事故等风险,特别是在遇到战争或正常的国际贸易遭到人为障碍与破坏的时期和地区,则运输的风险更大。因此,买卖双方在商谈交易时必须根据时期、地区、运输路线和运输方式等的风险情况来选择恰当的贸易术语。

此外,在选择贸易术语时,还应考虑当地的地理因素、政治制度、货款支付方式以及办理进出口结关手续的难易程度等。总之,在选择贸易术语时,应权衡利弊,综合考虑各种影响因素。

第四节　服装的价格核算与价格条款

一、影响服装价格的因素

价格是市场竞争的主要指针。对于服装国际贸易而言,要做到正确的定价决策非常不容易,因为影响服装价格的因素众多,而且许多是无法进行量化分析的,稍有不慎就会顾此失彼。因此,在服装贸易报价过程中,一定要仔细全面地考虑影响价格的各种因素。

1.服装生产成本

服装成本是决定服装价值大小的主要因素,也是决定服装价格高低的基础因素。服装的生产成本主要由材料费(物品的费用)、劳务费(人工费用)和制造经费(设备折旧费等)构成。材料费包括直接材料费和间接材料费,其中价格起伏最大的是直接材料费,即面料费、里料费、衬料费、缝线费和附属品费,任何一项的价格发生变化都会引起服装加工费的变化。

2.服装的档次

服装档次由服装面料、辅料档次、设计水平及加工制作水平等因素决定。一般来说,技术含量越高、加工难度越大的服装,其制作成本就越高,服装档次也越高,服装的内在价值也就越大。服装档次可分为高档、中档和低档三个层次。不同的服装档次,面、辅料成本和加工费用相差很大,从而总的服装价格也有很大的差异。

3.工艺技术水平

企业的工艺技术水平有三项评价参数指标,分别指每件服装总加工时间(作业技术和加工水平参数)、编程效率(流水线完成作业量的能力参数)和编制效率(流水线作业负荷平衡指标)。若企业工艺技术水平高,则生产加工成本就相对较低,从而报价也较低,反之,工艺技术水平低的报价也偏高。

4.服装的质量要求

质量是企业的生存之本。严抓质量关,生产高质量的产品是各个企业的发展目标。客户在下单的同时,往往对质量有详细的要求。一般对于质量高的服装,企业在加工时对操作人员的要求就比较高,而且还必须改进生产设备,增加品质控制成本,从而加工成本也会增加。因此,服装的质量要求也会影响谈判中的报价价格。

5.运输费用

无论是国内还是国际的服装贸易,一般都要通过长途运输。运输距离的远近会影响运费和保险费的开支,从而影响服装的价格。尤其对于国际贸易而言,全部运输成本所占的比例较高。因此确定价格时必须核算运输成本,做好比价工作,以体现地区差异。

6.交货地点和交货条件

在国际服装贸易中,由于交货地点和交货条件的不同,贸易双方承担的责任、费用和风险有别,在确定进出口服装商品价格时,必须考虑这些因素。例如,在同一运输距离内成交的同一商品,按CIF条件成交和按FOB条件成交,其价格应当不同。

7.成交数量

为了合理地组织生产,需要花费一定的成本,而成本与数量密切相关。通常,企业生产的总费用包括固定费用和变动费用,在规模效益的作用下,固定费用会随产品产量的增加而分摊到更多的产品上,从而使单位产品的成本下降。因此,按国际贸易的习惯做法,成交量的大小影响价格,即成交量大时,在价格上应予以适当优惠,反之则可以适当抬高报价。

8.市场需求

决定市场产品价格的基本要素之一是市场供求关系。当供应大于需求时,价格会下降,反之价格则会上升。

二、服装价格核算

在服装国际贸易中,价格核算是进出口业务的关键环节,它直接关系到交易磋商的成败和买卖双方的利益。只有掌握服装价格的核算方法,才能保证所报价格的合理、准确。所谓价格核算,就是有进出口经营权的服装企业对进出口活动进行成本核算。价格核算的目的主要是为了提高经济效益,尤其是在出口业务中,通过价格核算,可以掌握出口总成本、出口销售外汇净收入和人民币净收入等数据,并计算和比较各种服装出口的赢亏情况,更有现实意义。出口总成本是指出口服装的进货成本加上出口前的一切费用和税金;出口销售外汇净收入是指出口服装按 FOB 价出售所得的外汇净收入;出口销售人民币净收入是指出口服装的 FOB 价按当前外汇牌价折成人民币的数额。根据这些数据,可以计算出价格核算的主要指标数据——出口服装赢亏率、出口服装换汇成本和出口创汇率等三项。

1. 出口服装赢亏率

出口服装赢亏率是指出口服装赢亏额与出口总成本的比率。出口赢亏额是指出口销售人民币净收入与出口总成本的差额,前者大于后者为赢利;反之为亏损。用公式表示为

出口服装赢亏率=(出口服装赢亏额/出口总成本)×100%

出口服装赢亏额=出口销售人民币净收入-出口总成本

其中

出口销售人民币净收入=FOB 出口服装的外汇净收入×银行外汇买入价

出口总成本=出口服装的进货成本+定额费用-出口退税收入

出口服装的进货成本=$(P_{面}+P_{辅}+P_{加}+P_{运})\times(1+\beta)(1+\gamma)$

其中:$P_{面}$——服装面料价格;$P_{辅}$——服装辅料价格;$P_{加}$——服装加工费;$P_{运}$——运输费用;β——服装生产企业利润,$\beta=5\%\sim20\%$,对于不同的质量要求,不同的地区和订单,其利润追求是不一样的;γ——利税率,由国家政策确定。

定额费用一般包括银行利息、工资支出、交通费用、仓储费用、港口费用、商检报关费以及其他管理费用,通常为出口商品购进价的 5%~10%,由各个企业根据出口服装的实际情况自行核定。

出口退税收入=[出口服装购进价/(1+增值税率)]×退税率

2. 出口服装换汇成本

出口服装换汇成本也是用来反映服装赢亏的一项重要指标,它是指以服装的出口总成本与出口所得的外汇净收入之比,从而得出用多少人民币换回一美元。出口服装换汇成本如果高于银行的外汇牌价,则出口为亏损;反之,则说明出口有赢利。其计算公式为

出口商品换汇成本=出口总成本(人民币)/FOB 出口销售外汇净收入(美元)

3. 出口创汇率

出口创汇率是指加工成成品出口的外汇净收入与原料外汇成本的比率。如原料为国内自己生产,则其外汇成本可按原料的 FOB 出口价计算;如原料是进口的,则按该原料的 CIF 价计算。通过出口的外汇净收入和原料外汇成本的对比,可以看出成品出口的创汇情况,从而确定出口成品是否有利可图。特别是对于服装贸易而言,在进行高档服装的生产时,目前我国还有很多公司都是进料加工,因此核算出口创汇率显得更为必要。其计算公式为

出口创汇率=(成品出口外汇净收入-原料外汇成本)/原料外汇成本×100%

此外,在出口服装的价格掌握上,还要防止出现不计成本、不计赢亏、单纯追求成交量或者一味追求高价和高额利润的偏向。因为如果出口服装价格定得过高,会削弱我国服装出口的竞争能力,从而有失去订单的可能性;而如果价格定得过低,会给企业甚至是国家带来

经济损失,而且还会使一些国家借此对我国服装出口采取限制措施。所以,我们在定价时一定要慎重考虑,做到既有利可图,又能使自己在市场竞争中占有优势。

三、常用贸易术语之间的转换

进出口贸易中,由于不同的贸易术语的价格构成因素不同,服装的价格水平也会不同。买卖双方在实际交易过程中,经常会根据对方的要求改变原报的贸易术语。为此,从事国际贸易的人员必须掌握几种常用贸易术语的价格构成并能熟练进行换算,以便在实际操作中灵活运用。

1.FOB,CFR,CIF 之间的换算

(1)FOB 价换算为其他价

CFR 价=FOB 价+运费

CIF 价=(FOB 价+运费)/(1-投保加成×保险费率)

(2)CFR 价换算为其他价

FOB 价=CFR 价-运费

CIF 价=CFR 价/(1-投保加成×保险费率)

(3)CIF 价换算为其他价

FOB 价=CIF 价(1-投保加成×保险费率)-运费

CFR 价=CIF 价(1-投保加成×保险费率)

2.FCA,CPT,CIP 之间的换算

(1)FCA 价换算为其他价

CPT 价=FCA 价+运费

CIP 价=(FCA 价+运费)/(1-投保加成×保险费率)

(2)CPT 价换算为其他价

FCA 价=CPT 价-运费

CIP 价=CPT 价/(1-投保加成×保险费率)

(3)CIP 价换算为其他价

FCA 价=CIP 价(1-投保加成×保险费率)-运费

CPT 价=CIP 价(1-投保加成×保险费率)

四、服装国际贸易合同中的价格条款

服装的价格是服装国际贸易中的主要交易条件,价格条款是买卖合同中必不可少的合同条款,直接关系到买卖双方的经济利益。因此,学习和掌握价格条款的内容及订立是至关重要的。

要正确制定好价格条款,必须做好一些先期准备工作,具体包括确定合理的价格、采用适当的作价办法、选择有利的计价货币和贸易术语以及运用佣金与折扣手段。

1.确定合理的价格

对外贸易中合理的服装价格的确定极为重要,作价偏高或偏低都会阻碍长久的友好贸易关系的发展。因此在作价时,首先要参照国际市场上同类服装的价格水平,然后预算服装的生产成本,在此基础上来确定合理的价格。

2.采用适当的作价办法

在国际贸易中,可以根据不同的情况分别采用不同的作价办法。目前常用的作价方法有以下几种:

(1)固定价格

固定价格指在合同中明确规定具体的服装成交价格,不论发生任何事情,在合同有效期内成交价均固定不变。除非合同另有约定,或经双方当事人一致同意,否则任何一方都不得擅自更改。这是国际贸易中最常用的方法,具有明确、具体、肯定和便于核算的优点。但由于市场行情瞬息万变,价格涨落不定。因此,在国际服装买卖合同中规定固定价格,买卖双方所要承担的价格变动的风险较多。如果价格变动幅度太大,一些信誉不佳的商人有可能会寻找借口阻挠合同的顺利进行或中断合同,所以固定作价方式只适用于与信誉良好的客户进行较为平稳的服装交易的场合。

(2)非固定价格

非固定价格又称"活价"。对那些价格变动趋势不明朗,或买卖双方在价格方面分歧较大的业务,可以采用这种作价方法,有助于解除双方对价格风险的顾虑。非固定价格的规定有以下几种情况:

1)具体价格待定

在贸易洽谈时,由于价格波动比较频繁且波动幅度较大,而交易双方都有肯定的订约愿望,那么双方可以暂不固定具体价格,而约定将来如何确定价格的方法。采用这种方法,交易双方都无需承担市价变动的风险。

2)暂定价格

对于那些市价变动较大的远期交易,交易双方可先商定一个初步价格,作为开立信用证和初步付款的依据,待双方确定最后价格后再进行最后清算。这种作价方法具有较大的不稳定性,当双方作价不能达成一致意见时,将导致无法履约,而且有可能使卖方蒙受巨大损失,所以不宜经常采用,只适用于偶尔与信誉可靠、业务关系密切的客户洽商大宗交易的场合。

3)部分固定、部分非固定价格

为了兼顾双方利益,解决双方在采用固定价或非固定价方面的分歧,可采用部分固定、部分非固定价格的方法。或者也可以用分批作价的办法,交货期近的价格在订约时固定下来,交货期远的可以在交货前一定期限内作价。

非固定作价是一种变通的手法,虽然能消除双方在作价时的分歧,但也给合同带来不稳定因素,所以在合同中明确规定作价标准和作价时间显得十分必要。

3.选择有利的计价货币

计价货币是指合同中规定用来计算价格的货币,通常与支付货款的货币一致。当然在双方约定的情况下也可使用不同的货币计价和支付。可选择的货币包括出口国货币、进口国货币、第三国货币,有时甚至可以几种货币同时使用。由于浮动汇率制的实施,汇率波动更加频繁,因此在交易过程中合理选择计价货币成了关系双方利益的重要问题。

4.贸易术语的选用

贸易术语的选择不仅关系价格高低,而且由此引起的风险责任分配也会不同。因此企业应根据自身的实际情况,综合考虑各方面的因素,合理选用贸易术语。

5.佣金和折扣

在进出口贸易的合同价格条款中,经常会涉及到佣金(commission)和折扣(discount; allowance),它们都同服装的价格有关。因此,正确运用佣金和折扣,在交易磋商和计算价格时都应予以重视。

(1)佣金

1)含义

佣金是卖方或买方付给中间商为介绍交易而提供服务的酬金。凡价格中包含佣金的,称为含佣价,价格中不含佣金的则称为净价。通常含佣价中会明确标注佣金的百分比,叫做"明佣";有时不在货价中标明含佣率,甚至连佣金字样都不标出,这种暗中约定的佣金叫做"暗佣"。佣金直接关系到服装的价格,正确运用佣金,有利于调动中间商的积极性和扩大交易。

2)表示方法

- 百分比表示——每箱150美元CIF伦敦含佣金2%(US $150 per case CIF London including 2% commission)或是每箱150美元CIFC伦敦含佣金2%(US $150 per case CIFC London including 2% commission)(注意:贸易术语后的"C"为佣金的英文缩写字母)
- 绝对数表示——每箱支付佣金2美元

3)佣金的计算和支付方法

按照国际贸易惯例,佣金一般是以发票金额(交易额)为基础计算的。通常以FOB术语价格作为佣金的计算基础,若双方交易按CIF术语成交,则计算佣金时要先扣除运费、保险费;若按CFR术语成交,应先扣除运费,然后按FOB价计算佣金。

佣金的计算公式如下:

佣金=含佣价×佣金率

所以

净价=含佣价-佣金=含佣价×(1-佣金率)

上述公式可演化为

含佣价=净价/(1-佣金率)

例 我国出口服装报价为每件8美元CIFC 3%,若对方要求将佣金增加到5%,在不减少出口净收入的条件下,我方要报的CIFC 5%应为多少?

首先计算我方所报的净价:

净价=含佣价×(1-佣金率)=8×(1-3%)=7.76(美元)

然后计算CIFC 5%价:

含佣价=净价/(1-佣金率)=7.76/(1-5%)=8.17(美元)

佣金的支付主要有两种做法:

- 由中间商直接从货款中扣除。
- 在卖方收到全部货款后,再支付给中间商。

由于中间商所要承担的责任要延伸到督促买方履约,协助处理交易的纠纷等,所以第二种方法较为常用。

(2)折扣

1)含义

折扣是卖方按原价给予买方一定百分比的价格减让。在货价中包含折扣的,称为回扣价。通常折扣率要在合同中明确标明,称为"明扣";有时也会不标出而另行约定,称为"暗扣"。折扣也直接关系到服装的价格,正确运用折扣,有利于调动采购商的积极性和扩大销路,它是加强对外竞销的一种手段。

2)表示方法

折扣的名目比较多,除了一般的折扣外,还包括为扩大销售而使用的数量折扣(quantity discount)、为实现某种特殊目的而给予的特殊折扣(special discount)以及年终回扣(turnover bonus)等。折扣一般用文字或绝对数表示。

- 用文字表示——每箱 300 美元 CIF 伦敦减 1% 折扣(US $300 per case CIF London less 1% discount)
- 用绝对数表示——每箱折扣 20 美元。

3)折扣的计算和支付方法

折扣的计算一般按实际发票金额乘以约定的折扣百分比,其公式为

折扣额 = 原价(或含折扣价) × 折扣率

卖方实际净收入 = 原价(或含折扣价) - 折扣额 = 原价(或含折扣价) × (1 - 折扣率)

例 某服装公司出口服装的价格为每打 72 美元 FOB 上海价,含 2% 折扣,出口服装共 3600 件,试计算该批服装的折扣额和实收外汇?

折扣额 = 72 × 2% × (3600 ÷ 12) = 432(美元)

卖方实际净收入 = 72 × (1 - 2%) = 70.56(美元)

实际外汇 = 70.56 × (3600 ÷ 12) = 21168(美元)

折扣一般在买方付款时预先扣除,也有的折扣不直接从货价中扣除,而是按暗中达成的约定另行支付,通常给"暗扣"或"回扣"时采用这种方法。

6. 价格条款的主要内容

合同中的价格条款一般包括单价和总值两部分内容。

(1)单价

每件服装的价格即为单价,单价由四个部分内容组成:

- 计量单位　注明表示商品的数量的计量单位,如吨、公斤、件等,服装一般是以件或打来计量的。
- 单价金额　表示单价价码的多少,反映服装价格的高低。
- 计价货币　应注明有关货币的国别或地区,如日元、欧元等。
- 贸易术语和其后的港口名称　采用 FOB 术语时,术语后须注明具体装运港名称;采用 CFR 和 CIF 术语时,术语后须注明具体目的港名称;若港口名称相同,则应注明国别。

例

每件	25	美元	CIF 伦敦
(计量单位)	(单价金额)	(计价货币)	(贸易术语)

US $20 per piece CIF London

(2)总值

总值也称总价,它等于单价和数量的乘积。

复习思考题

1.何谓贸易术语？为什么在对外贸易中买卖双方在洽谈交易时要用不同的贸易术语来表示服装的价格？试举例说明。

2.根据《2000年通则》的解释，说明FOB和CIF两种贸易术语所要承担的主要责任，并比较这两种贸易术语的不同点。

3.在我国进出口服装合同中，常见的作价方法有哪几种？简要说明其优缺点。

4.试写出国际贸易中使用较多的六种服装贸易术语的中、英文全称和英文缩写。

5.在纺织品服装买卖合同中的价格条款有哪几项内容？试举例说明。

6.在进出口业务中，如何避免汇率风险？

7.某服装我方出口净价CIF巴黎7美元，客户要求报CIFC 4%，问我方对外报价应为多少？

8.我国某服装外贸公司出口一批数量为2000件的色织纯棉T恤衫，出口价为每件8美元FOB美国价，国内采购价为7美元(含增值税17%)，该外贸公司的费用定额率为6%，出口退税率为9%，美元与人民币的比价为1:8.28，试计算出口服装赢亏额和出口服装赢亏率。

9.我服装出口公司出口服装对外报价为每箱600美元FOB上海，后国外商人要求改报CIF汉堡，问我方应报价多少？(运费每箱50美元，保险加成110%，保险费率为0.7%)

10.我某公司按CFR术语与英国A客户签约成交，合同规定保险由买方自理。我方于9月1日凌晨2点装船完毕，受载货轮于当日下午起航。因9月1日、2日是周末，我方未及时向买方发出装船通知。3日上班收到买方急电称：货轮于2日下午4时遇难沉没，货物灭失，要求我方赔偿全部损失。试分析此案例。

11.案例分析：浙江某公司和日本客商洽谈一项服装出口合同，计划货物由杭州运往横滨，我方不愿承担从杭州至出口上海港的货物风险，日本客商坚持由自己办理运输，则采用何种贸易术语才能使双方都满意？

第三章　服装的品质、数量及包装

在国际服装买卖合同中，首先要明确合同的标的，即体现合同当事人订立合同的目的和要求。由于国际服装买卖合同的标的物种类较多，每种标的物都有其具体的名称，并表现为一定的质量，每笔交易的标的物都有一定的数量，而且交易的大多数标的物都需要有适当的包装，因此，在买卖合同中明确服装品质、数量及包装是非常重要的。有关表明合同标的物的约定，就是买卖合同中不可缺少的主要交易条件。

第一节　服装合同的标的

一、列明合同标的的意义

服装买卖合同是一种实物买卖，它以一定物体的实际交付为要件，即买卖的对象是具有一定外观形态并占有一定空间的有形物。买卖合同的特征是，通过合同的履行，将合同标的物的所有权由卖方转移至买方。国际贸易由于路途遥远，一般是凭借对服装的样品和必要的描述来确定标的物的。因此，在国际货物买卖合同中，列明合同的标的就成为必不可少的条件。

按照有关的法律和惯例，对交易标的物的描述是构成商品说明的一个主要组成部分，是买卖双方交接货物的一项基本依据，它关系到买卖双方的权利和义务。如果卖方交付的服装不符合合同条款规定的内容，买方就有权拒绝接收服装并就损失索赔。服装买卖首先要确定服装的品质，服装的品质也是决定服装价格高低的重要因素。服装的品质一般是指服装的内在质量和外观的形态。例如：面料和辅料的成分含量，服装的色彩和色差，款式和加工的质量，服装材料的安全、卫生、环保及检验标准等。

因此，列明合同标的物的具体名称具有重要的法律和实践意义。

二、合同标的条款的内容

国际服装买卖合同中关于品名条款的规定并无统一的格式，可由交易双方酌情商定。

合同中的品名条款一般比较简单，通常都是在“商品名称”或“品名”(Name of Commodity)的标题下，列明交易双方成交商品的名称。有时为了省略起见，也可不加标题，只在合同的开头部分，列明交易双方同意买卖某种商品的文句。

品名条款的规定还取决于成交商品的品种和特点。一般来说，只要列明商品的名称即可。但有的商品,往往具有不同的品种、等级和型号。因此,为了明确起见,也有把有关具体品种、等级或型号的概括性描述包括进去,作进一步限定。此外,有的甚至把商品的品质规格也包括进去,在此情况下,它就不单是品名条款,而是品名条款与品质条款的合并。

三、注意事项

在确定合同标的条款时,通常应注意以下事项:

(1)名称规定要具体

鉴于交易商品品种多,国内外的商品命名又多种多样。因此,交易对象的名称必须具体,避免含糊、笼统的规定,以免引起歧义,对履行合同造成麻烦。

(2)尽可能使用国际上通行的名称

有些商品的名称,各地叫法不一,为了避免误解,应尽可能使用国际上通行的名称。若使用地方性的名称,交易双方应事先就其含义达成共识。对于某些新商品的定名及其译名,应力求准确、易懂,并符合国际上的称呼习惯。

(3)针对商品实际作出实事求是的规定

合同条款中规定的品名,必须是卖方能够供应而买方所需要的商品,凡做不到或不必要的描述性词句,都不应列入,以免给履行合同带来困难。

(4)应当选用有利于节省费用和便于通关的名称

纺织品服装属于敏感商品,存在名称不同而交付关税和班轮运费不一的现象,且其所受的进出口限制也不同。为了降低关税,方便进出口和节省运费开支,在确定合同的品名时,应当选用对自身有利的名称。

第二节　服装的品质

商品的质量(quality of goods)是指商品的内在品质和外观形态的综合。前者包括商品的物理性能、机械性能、化学成分和生物的特征等自然属性;后者包括商品的外形、色泽、款式和透明度等。

提高商品质量具有十分重要的意义。因为品质的优劣直接影响商品的使用价值和价格,它是决定商品使用效能和影响商品市场价格的重要因素。在当前国际服装市场竞争空前激烈的情况下,许多国家都把提高商品质量、力争以质取胜作为非价格竞争的一个主要组成部分,它是加强对外竞销的重要手段之一。因此,在出口贸易中,不断改进和提高出口商品的质量,不仅可以增强出口竞争能力,扩大销路,提高售价,为国家和企业创造更多的外汇收入,而且还可以提高出口商品在国际市场上的声誉,并反映出口国的科学技术和经济发展水平,维护国家和人民利益,并确保提高企业的经济效益。

一、对出口服装质量的要求

由于商品质量关系到用户的切身利益,故在国际市场上用户不仅要对品质进行评价,而且还要对生产企业的质量体系进行评价,这已成为当前国际贸易中的通常做法。ISO 9000系列标准是国际标准化组织为适应国际贸易发展的需要而制定的品质管理和品质保证标准。它为国际市场上商品的生产企业质量体系的评定提供了统一的标准,具有国际通行证的作用。当前,许多国家都把质量体系认证作为参加国际市场竞争的手段。采用 ISO 9000 系列标准,不仅有利于出口商品生产企业提高自身技术和管理素质,而且也有利于提高出口商品质量和发展对外贸易。

为了适应国际贸易发展的需要,有利于对我国出口商品生产企业按照 ISO 9000 系列标准进行质量体系评审,我国制定了《出口商品生产企业质量体系评审管理办法》,并于 1992 年 3 月 1 日起试行。该办法规定,由国家商检局(1998 年 7 月起为国家出入境检验检疫局)统一管理对出口商品生产企业质量体系的评审工作,凡取得评审合格证书的出口商品生产企业必须接受商检局的监督检查。对于买卖合同约定和外国政府要求或按我国有关规定应提供质量体系评审合格证书的生产企业的出口商品,商检局则凭生产企业评审合格证书接受出口检验。这就有助于全面加强对出口商品的质量管理,从而有利于保证出口商品质量符合国际市场的要求。

我国目前是出口纺织品服装的第一大国,中国纺织品服装在世界纺织品服装市场中具有举足轻重的地位。为了维护中国纺织品服装的良好声誉,我们必须贯彻和坚持"质量第一"的原则,大力提高出口商品质量。

(1)针对不同市场需求来确定不同的商品质量

由于世界各国经济发展不平衡,各国的生产技术水平、生活习惯、消费结构、购买力和各民族的爱好互有差异,因此,我们要从国外市场的实际需要出发,搞好产销结合,使出口服装的品质、规格、花色、式样等适应有关市场的消费水平和消费习惯。

(2)密切关注进口国的有关法令规定及变化

各国对进口商品的质量都有某些法令规定和要求,凡质量不符合法令规定和要求的商品,一律不准进口,有的还要就地销毁,并由货主承担由此引起的各种费用。因此,我们必须充分了解各国对进口商品的法令规定和管理制度,尤其是目前值得关注的纺织品绿色非关税壁垒,以便使我国出口商品能顺利地进入国际市场。

(3)不断提高设计水平,争创世界名牌

我国服装出口数量大,但档次偏低,没有自己的国际品牌,因此必须不断提高设计水平,提高出口商品质量,争创世界名牌,以赶上和影响世界的消费潮流,增强商品在国际市场上的竞争能力。

(4)适应国外自然条件、季节变化和销售方式

由于各国自然条件和季节变化不同,销售方式各异,加上服装又是一种时尚产品,因此,我们必须掌握服装流行趋势,使我国出口商品质量适应这些不同要求,以增强我国出口商品的竞争能力。

二、服装品质表示方法

在服装交易的过程中,由于服装的品质涉及到双方当事人约定的权利和义务,所以买卖双方为了保证所交易的服装符合双方约定的质量标准,需要按照服装的品种在协商一致的基础上,在买卖合同中订立服装的品质条款。表示服装品质的方法大致有两种,一是以实物样品来表示,二是以文字说明来表示。但在具体操作过程中应根据不同的服装种类和交易习惯以及交易磋商的方式来确定。在服装贸易中比较常见的是用样品来表示。

1.凭服装样品买卖

服装样品通常是指从一批服装中抽出来的或者由设计、生产部门设计加工出来的,足以反映和代表整批服装品质的少量实物。凡以样品表示商品品质并以此作为交货依据的,称为"凭样品买卖"(sale by sample)。按样品提供者的不同,凭样品买卖可分为以下三种:

(1)凭卖方样品买卖(Sale by Seller's Sample)

这是指由卖方提供标准的服装样品,由买方确认后达成的交易。在此情况下,在合同中应规定:"品质以卖方样品为准(Quality as per Seller's Sample)。"卖方的服装样品应是具有代表性的样品,是能够反映平均服装品质的样品。卖方在将服装样品送交买方的同时,还应留有复样存档以备在生产、交货和争议时作为核对之用。

(2)凭买方样品买卖(Sale by Buyer's Sample)

这是指由买方提供服装样品所达成的交易,卖方严格按照买方所提供的服装样品进行加工生产。在此情况下,合同中应规定:"品质以买方样品为准(Quality as per Buyer's Sample)。"在此情况下,卖方首先要考虑服装面料、辅料以及加工技术等方面是否能够达到买方的要求,如果不能提供与买方服装样品一致的服装品质或者防止日后买方在交货品质上进行挑剔,服装贸易中一般可以根据买方服装样品进行加工复制,提供服装品质相近似的样品,送交买方给予确认。确认的服装样品即回样(return sample)或称"对等样品"(counter sample),这样就把服装交易的性质从"品质以买方样品为准"转变为品质以"卖方样品为准",从而避免由于生产的服装和买方的样品不符而产生纠纷。

(3)看货买卖

这是指根据现有的服装实际品质进行买卖,由买方或者买方代理人在卖方的工厂或者销售服装的场所,察看卖方准备出售的服装认可后达成的交易,卖方只要交付经过买方察看认可的服装,买方就不能对其服装的品质提出异议。

但是无论是凭卖方样品买卖还是凭买方样品买卖,这种以服装样品表示商品品质的交易方法,在实际操作的时候往往容易产生纠纷,所以一般在寄送样品的时候,应该选择具有代表性的服装实物作为样品,而不应该选择质量过高或过低的服装作为样品。卖方还应该尽可能要求在合同规定中写明:"品质与样品大致相同"(Quality shall be about equal to the sample)或"品质与样品近似"(Quality is nearly same as the sample)等其他具有相类似的弹性条款。

2.凭说明买卖

以文字或图样等方式来说明服装品质的,属于凭说明买卖。一些常规服装或者有其惯例的服装可采用这种方法。

(1)凭服装规格买卖(Sale by Specification)

服装规格是指反映服装品质的一些主要指标,例如材料的组成成分、成分含量、号型、规格尺寸、产品的质量要求等。此法简易可行,使用广泛。

(2)凭标准买卖(Sale by Standard)

标准将服装的规格和等级予以标准化,是指政府机关或商业团体统一制订和规定的品质的检验标准。例如:中华人民共和国国家标准(服装号型标准、衬衫标准、西服标准),中华人民共和国纺织行业标准(服装成品出厂检验规则、服装人体测量的部位与方法)等。

由于各个标准随着生产技术的发展而有所修改和变动,不同的年份和版本,其标准的内容也不尽相同,所以在凭标准买卖时应该注明其标准的年份和版本,以防止因采用的标准出现误差而引起争议。

随着商品品质的国际化,国际标准化组织(ISO)的标准被越来越多的国家所采用。我国许多的服装企业为了参与国际竞争,走国际化发展的道路,加强产品质量标准,也采用国际标准化组织(The International Organization for Standardization,ISO)制定的质量管理和质量保证标准、国际环境管理标准,即 ISO 9000《质量管理与质量保证》系列国际标准和 ISO 14000《国际环境管理体系》系列国际标准。

(3)凭商标和牌号买卖(Sale by Trade Mark or Band)

商标和牌号是生产厂商为自己生产和销售的服装所设计和注册的标志和名称。一些在市场上已经树立一定信誉的企业,其品质稳定并且为广大消费者所熟悉,其商标和牌号也代表了一定的品质。这些产品也就是通常所说的名牌产品。但这些服装还具有很多的规格和款式,所以在凭商标买卖时还需要标明其规格指标。

三、服装品质条款

品质条款是买卖双方交易的重要依据。品质条款的基本内容主要是服装的品名、款式、规格、面料、辅料、色彩及质量标准等级。在合同签订和生效后,买卖双方就要承担服装品质在合同条款中规定的法律责任,所以在制定服装品质条款时必须注意以下三个问题:

1.品质条款制订要注意科学性和合理性

制订品质条款时内容要明确、具体,而且要符合实际,合理规定影响服装品质的各项指标,并注意其相互关系。要避免不能实现和没有具体标准或范围的品质标准。如果订立的服装品质偏高,造成实际生产困难,不能达到服装样品的质量标准,不仅不能使合同得到圆满的履行,而且会导致买方索赔和解约;但是如果服装品质定得偏低,则不但影响产品的售价,也会产生交货困难。

2.合理使用服装品质公差的规定

品质公差是同行业公认的品质差异或买卖双方确认的品质差异。在工业制品生产过程中,产品的质量指标出现一定的误差有时是难免的,卖方的服装品质在品质公差的范围内就不算违约。如按照 GB/T2660—1999 国家标准中规定的衬衫成品主要部位规格极限偏差规定,衫长 ±1.0cm,袖长 ±0.8cm,明线的针距密度在 3cm 内,不少于 14 针(一般衬衫),以及产品色差、色牢度规定等,但是这种公差范围需要经过买卖双方的同意,并在合同中作明确的规定。

3.正确运用各种表示服装的方法

一般能用科学的指标说明服装品质的可采用凭规格、标准买卖;难以规格化和标准化的可采用凭服装样品买卖;某些质量好并具有一定市场影响力的名优服装可采用凭服装商标买卖。但是凡能用一种方法表示品质的,不宜用多种方法表示。

第三节 服装的数量

在服装贸易业务中,服装的数量是买卖合同中不可缺少的主要条件,按照《联合国国际货物销售合同公约》规定,按照合同规定的数量交货是卖方的基本义务。卖方交货的数量大于双方合同约定的数量,买方可以拒绝接受多交的部分,也可以收取多交数量的一部分或者全部。如果卖方交货的数量少于双方合同约定的数量,卖方应该在规定的交货期届满之前补交,但是不能使买方遭受不合理的不便或者承担不合理的开支,而且买方享有索赔的权利。但有一些国家规定如果卖方交货的数量少于双方约定的数量,买方就可以拒收货物,而大于约定的数量,买方可以接受合同约定的数量而拒绝接收多交的部分,但也可以收取全部或者其中的一部分。所以在服装买卖中为了避免争议,应该尽可能保证服装的成交数量和合同中规定的数量一致。

一、服装计量单位和度量衡制度

在国际贸易中,由于商品的种类和各国度量衡制度的不同,所以计量单位和方法也各不相同,了解和掌握各种单位和方法是从事进出口贸易的基本常识和技能。

1.计量单位

在确定服装类产品的数量时,由于各国采用的度量衡制度不一,必须明确采用什么计量单位。服装类商品贸易常用的计量单位主要有:

(1)按数量计算

这种方法主要用于成衣、服饰类配件等交易,其使用的计量单位有件(piece)、条(pair)、套(set)、双(pair)、打(dozen)等。

(2)按重量计算

这种方法主要用于纺织品交易的相关原料,如棉花、羊毛、生丝等,其使用的计量单位有千克(kilogram)、磅(pound)、公吨(metric ton)、长吨(long ton)、短吨(short ton)等。

(3)按长度计算

这种方法主要用于纺织品面、辅料交易,其使用的计量单位有码(yard)、米(meter)、厘米(centi-meter)、英尺(foot)、英寸(inch)等。

2.度量衡制度

在国际货物买卖中,除了使用的计量方法、计量单位不同以外,各国使用的度量衡制度也不相同。因此,同一计量单位表示的实际数量有时会有很大不同。如:重量吨有公吨、长吨、短吨之分,分别等于1 000千克、1 016千克、907.2千克。不同的度量衡制度关系到货物的计量单位是否符合进口国有关计量单位使用规定等问题。目前,国际贸易中通常使用的度量衡制度有公制(或米制)(Metric System),美制(U. S. System),英制(British Stystem)和国际单位制(International System of Units)四种。

国际标准计量组织大会在1960年通过的,在公制基础上发展起来的国际单位制已为越来越多的国家所采用,对国际贸易的进一步发展起到推动作用。我国采用的是以国际单位制为法定计量单位。《中华人民共和国计量法》第3条中明确规定:"国家采用国际单位制。国际单位制计量单位和国家选定的其他计量单位为国家法定计量单位。"

二、数量条款的规定

买卖合同中的数量条款主要包括成交商品的数量和计量单位。在规定数量条款时,需要注意下列事项。

1.正确掌握成交数量

为了正确掌握出口商品的成交量,在商订具体数量时,应当考虑下列因素:

(1)国外市场的供求状况

当我们确定向某市场出口时,应了解该市场的需求量和各地对该市场的供应量,有效地利用市场供求变化规律。对我国出口商品的主销市场和常年稳定供货的地区与客商,应经常保持一定的成交量,防止因成交量过少或供应不及时而导致国外竞争者乘虚而入,使我们失去原有的市场和客户。

(2)国内货源供应情况

确定出口商品的成交数量,应当同国内的生产能力与货源供应状况相适应。在有生产能力和货源充沛的情况下,可适当扩大成交量;反之,如果货源紧张,则不宜盲目成交,以免给生产企业和履行合同带来困难。

(3)国际市场的价格动态

在确定出口商品成交数量时,还应考虑该项商品的市场价格动态。当价格看跌时,如有货源,应争取多成交,快抛售;价格看涨时,不宜急于大量成交,应争取在有利的时机抛售。

(4)国外客户的资信状况和经营能力

出口商品的成交数量应与国外客户的资信状况和经营能力相适应,对资信情况不了解的客户和资信欠佳的客户,不宜轻易签订成交数量较大的合同,对小客户的成交数量也要适当控制,对于大客户来说,如果成交数量过小,势必缺少吸引力。总之,要根据客户的具体情况确定适当的成交量。

2.数量条款应当明确具体

为了便于履行合同和避免引起争议,进出口合同中的数量条款应当明确、具体。某些商品,如果需要规定数量机动幅度时,则数量机动幅度多少、由谁来掌握这一机动幅度以及溢短装部分如何作价,都应在条款中具体说明。

此外,在进出口合同中,一般不宜采用大约、近似、左右(about,circa,approximate)等带伸缩性的字眼来说明,使得成交数量只是一个约量。因为,各国和各行业对这类词语的解释不一,有的理解为2%的伸缩,也有的理解为5%,甚至10%的伸缩,众说纷纭,容易引起争议。

3.合理规定数量机动幅度

为了使交货数量具有一定范围内的灵活性和便于履行合同,买卖双方可在合同中合理规定数量机动幅度。只要卖方交货数量在约定的增减幅度范围内,就算按合同规定数量交货,买方就不得以交货数量不符为由而拒收货物或提出索赔。为了订好数量机动幅度条款,即数量溢短装条款,需要注意下列几点:

(1)数量机动幅度的大小要适当

数量机动幅度的大小通常都以百分比表示,如3%或5%不等。究竟百分比多大合适,应视商品特性、行业或贸易习惯和运输方式等因素而定。

(2)机动幅度选择权的规定要合理

在合同规定有机动幅度的条件下,一般来说,由卖方掌握选择权。

(3)溢短装数量的计价方法要公平合理

目前,对机动幅度范围内超出或低于合同数量的多装或少装部分,一般是按合同价格结算的，这是比较常见的做法。但是，数量上的溢短装在一定条件下关系到买卖双方的利益。在按合同价格计价的条件下，如果交货时市价下跌，多装对卖方有利；但如果市价上升，多装却对买方有利。因此，为了防止有权选择多装或少装的一方当事人利用行市的变化，有意多装或少装以获取额外的好处，也可在合同中规定，多装或少装的部分，不按合同价格计价，而按装船时或货到时的市价计算，以体现公平合理原则。

第四节　服装的包装

包装条款是国际货物买卖合同中的一项主要条款，按照合同约定的包装要求提交货物是卖方的主要义务之一。《联合国国际货物销售合同公约》第35条(1)款规定："卖方须按照合同规定的方式装箱或包装。"如果卖方不按照合同规定的方式装箱或包装，即构成违约。为了明确国际货物买卖中当事人的责任，通常应在买卖合同中对商品的包装要求作出明确具体的规定。

商品包装是实现商品的使用价值和附加价值的必要手段之一。适当的商品包装，对于保护、保存商品，美化、宣传商品以及方便商品的存储、运输、销售等有着重要的意义。服装包装的作用主要体现在以下三个方面：

(1)保护功能

保护功能是商品包装最基本的功能。为了使出口服装的品质在运输、储存、销往国外市场的过程中不受损，应根据服装产品类别的不同，合理地选择包装材料，设计包装结构，并注意商品防潮、防偷盗、防虫害、防霉、防水方面的特殊要求。

(2)方便性功能

商品包装应能方便生产，方便储运和装卸，方便陈列、销售，方便使用，方便回收、处理或重复使用。

(3)信息传递功能

通过包装设计及其包装上的各种标识、文字、色彩等，不同包装不仅可以传递运输货物的信息，而且可以传递有关商品的牌号、性质、成分、容量、方法、生产单位等信息，起到一定的广告作用，便于消费者识别，从而达到扩大销售的目的。

近年来，许多国家出于保护生态环境、保护消费者利益或限制进口的目的，纷纷出台了有关包装的政策、法令、条例，对进口商品包装及其标识进行严格的规定。如一些大型国际展览会将具有环保性质的包装置于重要地位，因此，服装的出口包装也要力求做到科学、经济、美观、环保的要求，以达到包装的促销作用。

一、包装的种类

服装的包装按其作用可分为销售包装和运输包装。

1.运输包装

运输包装又称外包装(outer packing)，是指服装在运输过程中作为一个计件单位的包装。它的主要作用是保护商品，便于运输、储存、计数等。常用的有纸箱(carton)、木箱(wooden case)。运输包装也有不同的规格要求，有内装服装的件数、套数和为了便于运输单件包装的重量和尺寸。如：

纸箱装,每箱25kg,净重(In Cartons of 25 kgs Net Each)

木箱装,每箱25kg,净重(In Wooden Cases of 25 kgs Net Each)

2.销售包装

销售包装一般分为内包装、单件包装,是服装生产过程的最后工序,它跟随服装销售给消费者。它不仅起储存和保管的作用,还起着美化商品、宣传商品,方便服装陈列、展销和帮助消费者识别、选购和携带的作用,是树立企业形象提高产品知名度的重要手段。随着人民审美意识的提高,厂家对产品广告竞争意识的加强和科学技术的进步,对服装包装的要求也越来越高,包装的质量和装潢也更加精美。

服装的包装应美观、大方、和谐,富有创造性和艺术性。对于销往不同国家和地区的服装的包装应该考虑其民族的习惯和爱好及装饰风格,而采用不同的色彩和图案。

销售包装除印有商标、品名、产地、规格、成分外,还要有条形码。它是由一组粗细间隔不等的平行线条及其相应的数字组成的标记。通过光电扫描阅读装置为计算机输入包括生产国别或地区,生产厂家,品种规格和售价等一系列该产品的信息。

国际上通用的条形码有两种:一种是由美国、加拿大组织的统一编码委员会编制的,其使用的物品编码为UPC(Universal Product Code)码;另一种是由欧洲12国成立的欧洲物品编码协会(European Article Number Association)编制的,该组织后来改名为国际物品编码协会(International Article Number Association),其使用的物品编码为EAN (European Article Number) 码。1991年4月我国正式加入了国际物品编码协会,该协会分配给我国的国别号为690,691,692,即凡是标有690,691,692条形码的商品,就表示是中国出产的商品。条形码下端有13位阿拉伯数码,其中前3位数表示商品的产地,随后4位数表示生产厂家,其后5位数表示商品类别,最后1位数是检查码。

二、包装标志

包装标志(packing mark)是指在服装的运输包装上用文字、图形和数字等书写和印刷的标志。包装标志主要是为了方便在运输、保管、装卸和检验的过程中对服装的识别及加强对服装的管理和针对不同的服装而采取必要的保护措施。包装标志主要有运输标志、指示性标志、重量体积标志和产地标志。

1.运输标志

运输标志(shipping mark)又称“唛头”,是国际服装买卖合同、货运单据中有关货物标志事项的基本内容。它一般由一个简单的几何图形以及字母、数字及简单的文字等组成,通常印刷在运输包装的明显部位。在国际贸易中为了适应单证标准化的需要,国际标准化组织(ISO)建议使用简化运输标志,其内容有：

(1)收货人或买方的名称字首或代号；

(2)参考号,如合同号、发票号、运单号、信用证号；

(3)目的地,货物运送的最终目的地或目的港的名称；

(4)件数号,本批每件货物的顺序号和该批货物的总件数。

2.指示性标志

指示性标志是根据服装的特点,提示人们在装卸、搬运、储存等过程中的注意事项。常用的指示性标志见图 3.1。

此端向上(This way up)

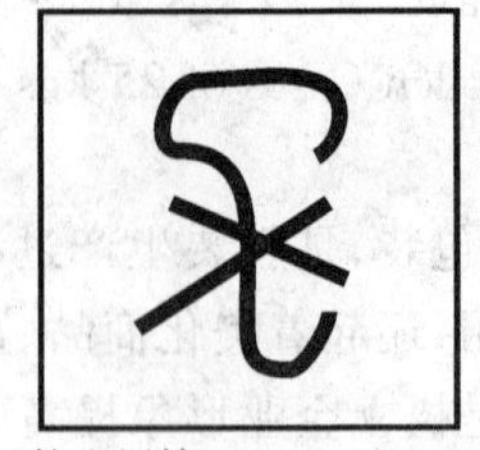

禁止用钩(Use no hooks)

保持干燥(Keep dry)

图 3.1　常用的指示性标志

3.重量体积标志

重量体积标志是指在运输包装上标明包装的体积和毛重,以方便储运过程中安排装卸作业和舱位。如:

GROSS WEIGHT　　28kgs

NET WEIGHT　　25kgs

MEASUREMENT　　$50\times80\times36cm^3$

4.产地标志

产地标志是海关统计和征税的重要依据,由产地证说明。一般在商品的内外包装上均需注明产地,如:

MADE IN CHINA

三、中性包装

在正常情况下,我国生产的服装在包装上必须注明"中国制造(Made in China)",但有时应买方的要求,在服装的内外包装上都不注明生产国别、地名、厂名,称之为中性包装。常用的中性包装有无牌中性包装和定牌中性包装两种。

1.无牌中性包装

无牌是指买方要求在我出口商品和包装上免除任何商标或牌名的做法。它主要用于服装的原辅材料的贸易,如印染用的棉布、呢绒、绸缎等,其目的主要是避免浪费,降低成本。

2.定牌中性包装

定牌是指在服装和服装包装上使用买方指定的商标和牌号。这样做的目的,一般是买方利用自身的经营能力和他们的品牌信誉,以此来提高服装的售价和扩大服装的销售量。例如一些国外的著名服装品牌就是在我国一些服装厂家定牌生产的。但是在采用定牌生产时,应防止商标侵权行为的发生,卖方不能采用未经商标注册人授权许可的商标牌号。所以在采用定牌生产时,应该是获得商标注册人许可的商标和牌名,以免发生知识产权侵权行为和违反某些国家的法律。

采用中性包装是为了适应国外市场的特殊需要,如转口贸易等。但近年来我国服装贸易的中性包装做法在国际上屡遭非议,因此,国外商人要求采用中性包装时,我方必须谨慎对待。

四、合同包装条款

在国际贸易中,由于包装条件涉及买卖双方的利益,买卖双方必须在合同中具体订明包装条款。包装条款主要包括包装材料、包装方式、包装标志和包装费用等。例如：

纸箱装，每箱 25 千克净重(In cartons of 25 kilos net each)

布包，每包 10 匹，每匹 45 码(In cloth bales each containing 10 pcs. of 45 yds)

在实际业务中，包装方式和材料要根据服装档次的高低进行选择。包装的方式可以是单件包装和集合包装的形式。包装的运输标志一般由卖方设计决定，如果由买方提供，则应该在合同中规定买方提供的时间。一般包装费用都包括在服装的价格内，不另外计收，但是如果买方有特殊的包装需要，则应该由双方商定或者由买方另外负担，并在包装条款中订明，以免事后发生纠纷。

复习思考题

1. 构成合同标的物条款应注意哪些事项?

2. 服装品质条款应如何表示? 约定品质条款应注意哪些事项?

3. 什么是“代表性样品”、“原样”、“对等样品”、“复样”、“封样”? 它们各有什么作用?

4. 采用 ISO 9000 系列标准对发展我国出口贸易有何实际意义?

5. 服装贸易为什么大多采用凭样品买卖?

6. 服装数量条款应如何表示? 约定数量条款应注意哪些事项?

7. 在合同未约定溢短装条款的情况下，能否多装或少装?

8. 请列举纺织品服装贸易中有关计量单位的中英文名称及换算方法。

9. 搞好出口商品包装和订好包装条款有何重要意义?

10. 何谓“条形码”? 在我国出口商品包装上使用条形码标志的意义何在?

11. 何谓“中性包装”? 在纺织品服装贸易中，可否采用“中性包装”?

12. 为什么在运输包装上要刷写有关标志?

13. 某外贸公司出售 2000 打袜子给德国某商人，买方依约定开来 L/C，证中规定不准分批装运。卖方发运时，发现有部分货物品质较差，故未予交足，只装运 1900 打。卖方认为，少装 100 打是可以的，其依据是，UCP500……在所支付款项不超过信用证金额的条件下，货物数量允许有 5% 的增减幅度……银行工作人员审单过程中也忽略了这点而漏了过去，但单据寄到开证行时，遭到拒付。后经卖方与开证人交涉，并说明情况，开证人最后虽接受了单据，但卖方却遭受晚收货款 1 个月的利息损失。试分析开证行拒付的主要原因以及卖方应该吸取的教训。

14. 我向国外出口纯毛纺织品数批，买方收货后未提出任何异议。但数月后买方寄来服装一批，声称是用我方面料制作的，服装有严重的色差，难以销售，要求赔偿。我方应如何处理?

15. 国外某商人拟购买我“菊花”牌内衣，但要求改为“白象”牌，并不得注明“Made in China”，我方可否接受?

第四章 货物的装运

国际货物运输不同于国内运输，它具有线长面广、中间环节多、情况复杂和风险大等特点。为了多快好省地完成进出口货物运输任务，从事进出口业务的人员，必须合理地选用各种运输方式，订好买卖合同中的装运条款，正确缮制和运用各种运输单据，并掌握与此有关的运输基本知识。

在服装买卖过程中，运输是贸易中的一个重要组成部分，服装贸易运输是卖方按照买卖双方所签订合同要求的时间、地点，将服装安全运交买方或者承运人，其费用在服装的流通中占有相当的比重。目前在服装贸易中的运输方式主要有海洋运输、铁路运输、公路运输、航空运输、邮政运输及多式联运等。在国际贸易中由于服装交易量较大，一般采用海洋运输。在国内则主要采用铁路运输、公路运输和航空运输。

在选择运输方式时应综合考虑服装的运输成本、服装安全、交货时间等因素，并按照安全、迅速、节省的原则来进行选择。

第一节 货物的运输方式

国际贸易中采用的运输方式有很多，其中包括海、陆、空等各种运输，而每种运输方式都有其自身的特点和独特的经营方式。了解各种运输方式的特点和经营方式，对于合理选择和正确利用各种运输方式，有着重要的意义。

一、海洋运输

海洋运输是国际贸易中的主要运输方式，在世界贸易中有 2/3 的货物是通过海洋运输方式进行的，它具有运输能力大、运费低廉等特点，但是也有航行速度慢、风险大等问题。海洋运输的主要当事人有承运人、托运人和货运代理。

●承运人是指承办运输货物事宜的人，如船公司、船方代理，他们有权签发提单。

●托运人是指委托他人办理货物运输事宜的人，如出口商。

●货运代理是指接受货主或者承运人委托，在授权范围内以委托代理人身份办理货物运输事宜的人。根据货主的委托而产生的代理人，俗称“货代”；根据承运人的委托而产生的代理人，俗称“船代”。他们熟悉运输业务，掌握各条运输路线的动态，通晓有关的规章制度，精通各种手续，因此，绝大多数出口企业都会寻求货运代理请他们帮助办理货物订舱装运事宜。

海洋运输按照船舶的经营方式主要分为班轮运输和租船运输两种方式。

1.班轮运输(Liner Shipping)

班轮运输是船舶按照固定的航线、港口和船期时间表营运的运输方式。服装贸易中大部分采用班轮运输。

班轮运输有以下特点：

(1)班轮运输中船方和货主的权利义务和责任的豁免以船方签发的提单条款为依据。

(2)“四固定”,即固定航线、固定停靠港口、固定船期和相对固定的运费费率。

(3)管装管卸,即由承运人负责配载装卸,承、托双方不计装卸时间以及滞期费。

班轮运输的费用称为班轮运费。班轮运费是班轮公司向货主收取的运费价格,它包括航运成本和利润。班轮公司所制定的班轮运费由基本运费和附加费两部分组成。基本运费是服装从装运港到目的港进行运输所规定的运价并且包含装卸费用。基本运费的计算标准如下所述。

(1)按服装的毛重收费。亦称按重量吨(weight ton)计收,即按服装及包装的实际重量计收运费,运价表内用“W”表示。

(2)按服装的体积收费。亦称按尺码吨(measurement ton)计收,即按1码或者体积计收运费,一般以 $1m^3$ 或按 $40ft^3$($1.1328\ m^3$)为计算单位,运价表内用“M”表示。

(3)按服装的价值计收。亦称从价运费,一般在运输高价值纺织品和高档服装时采用,运费一般不超过FOB货价的5%。在运价表内用“A.V.”表示。

(4)按服装的毛重、体积或者价值,由船方选择在计费方法中收费较高的一种计收。在运价表内用“W/M”或者“A.V.”表示。

附加费是船方根据一些特殊的需要而增收的费用,用来弥补运输中的额外开支。附加费是随着客观情况的变化而变动,因此,在对外报价和推算运费时应仔细测算。常见的附加费有以下几种。

(1)超重附加费(heavy lift add)。当一件货物毛重超过运价表规定的重量时,即要加收定的附加费。各轮船公司对每件货物的重量规定不一,我国轮船公司规定每件货物不超过5吨。

(2)超长附加费(long length add)。当一件货物的长度超过运价表规定的长度时,即要加收一定的附加费。

(3)转船附加费(transhipment surcharge)。当货物需要转船时,轮船公司必须在转船港口办理换装和转船手续,由此而增加的费用,称为转船附加费。

(4)直航附加费(direct surcharge)。运往非基本港口的货物达到一定数量(“中国远洋运输公司”规定近洋直航须够2000吨,远洋直航须够5000吨),轮船公司才肯安排直航,如此直航要收取一定的费用。直航附加费一般比转船附加费低。

(5)绕航附加费(deviation surcharge)。当正常航道不能通行,需绕道才能到达目的港时,要加收此费。

(6)港口附加费(port add)。有些港口由于设备条件差或装卸效率低,船公司便加收港口附加费用来弥补船舶靠港时间延长而造成的损失。一般按基本运价的百分比计收。

(7)港口拥挤费(port congestion surcharge)。这是为了弥补有些港口由于压港压船,以致停泊时间较长而收取的费用。此项费用有时较大,应设法由买方负担。

(8)燃油附加费(bunker adjustment factor,BAF)。在燃油价格上涨时,轮船公司便按基本运价的一定百分比加收附加费。

(9)货币贬值附加费(devaluation surcharge 或 currency adjustment factor)。当运价表中规定的货币贬值时,轮船公司为弥补其损失,便按基本运价加收一定百分比的附加费。

2.租船运输(shipping by chartering)

租船运输是指租船人租赁船舶用来运输货物的一种营运方式。租船人和船方通过订立的租船合同来安排船期、航线、港口。运费或者租金根据租船市场的供求变化在合同中订立,租船的费用一般比班轮运价低。租船方式又分为定程租船和定期租船。

(1)定程租船(voyage charter)

定程租船亦称航次租船,船方根据租船合同规定的航程,负责把货物从装运港运至目的港,并且承担船舶的经营管理和一切开支。租船人和船方的责任和权利在租船合同中作出具体规定。

(2)定期租船(time charter)

定期租船亦称期租船,租船人按照一定的期限向船方租赁船舶,在租赁期间,船舶交租船人管理、调度和使用。租船人负责船的燃料费、港口费、装卸费等,船方负担船员薪金和保持船舶在租赁期的状态以及因此产生的费用和船舶保险费用。

二、铁路运输

铁路运输在服装贸易中占有很重要的地位,尤其是在国内贸易和内陆国家的国际贸易之间中起着重要的作用。铁路运输具有受气候条件影响小、运费低、运量较大、速度快、时间准等特点。国内贸易铁路运输主要是指运往港澳地区的货物运输;国际贸易铁路运输主要是在内陆国家之间的运输方式。国际贸易铁路运输使用统一的国际联运运单,整个运输过程由铁路部门负责,在一国铁路向另一国铁路移交货物时不需要发货人和收货人参与操作。

三、公路、邮政运输

公路运输具有机动灵活、适应性强、方便快捷、直接等特点。公路运输可以在服装产品的所在地或其他指定的地点(如工厂或仓库等)装货,直接将货物送交买方手中。但是公路运输也存在运量小、运输费用比火车高等问题,随着高速公路网络和汽车工业的发展,公路运输得到了广泛的应用。公路运输适用于向周边国家的货物输送,以及我国内地同港、澳地区的部分货物运输。现在国内各服装厂家也开始采用这种运输方式。

邮政运输是通过邮局运送服装的一种运输方式。卖方在邮局办理托运手续,邮件主要分普通邮件、航空邮件及特快专递。邮政运输对邮件的重量和体积均有限制,一般规定邮件的长度不得超过1m,重量不超过20kg。它只适合服装样品的运输。

四、航空运输

航空运输是一种现代化的运输方式。航空运输具有交货速度快、准确、安全等特点,但其运费相对较高,适合运输体轻、价格高、销售快、市场急需的纺织品服装。随着现代物流业的发展,商品周转速度加快,一些商家为了及时抢占市场,使服装能卖出好的价格,也较多地采用航空运输。例如:海运从中国到美国的货物,从发货到收货,一般需要25~35天,一些服装和服装面料需要提前1～2个月安排生产和启运，有时会给厂家和商家造成被动。而空运则只需3～4天，产品从欧洲到国内只需要几天就可以送到客户手中。航空运输主要有班机运输、包机运输和航空速递等形式。

五、集装箱运输与国际多式联运

1. 集装箱运输

(1)集装箱运输的特点

集装箱运输(container transport)是以集装箱作为运输单位进行货物运输的一种现代化的运输方式。它可以从发货人仓库运到收货人仓库，实现门到门的运输。适用于海洋运输、铁路运输及国际多式联运。集装箱具有坚固、密封和反复使用的优越性，放在船上等于货舱，放在火车上等于车皮，放在卡车上等于货车。因此，具有装卸效率高、减少货损货差，提高货运质量、降低货运成本、简化手续，可进行连续运输的优点。

(2)集装箱的主要规格及其外部标志

国际标准化组织制定的集装箱标准规格共有13种，最常见的有20英尺和40英尺两种。

20英尺集装箱，简称"TEU"(twenty-foot equivalent unit)。它是国际上计算集装箱的标准单位，规格为8英尺×8英尺×20英尺，内径尺寸为5.9米×2.35米×2.38米，最大毛重为20吨，最大容积为31立方米，一般可装17.5吨或25立方米。

40英尺集装箱，规格为8英尺×8英尺×40英尺，内径尺寸为12.03米×2.35米×2.38米，最大毛重为30吨，最大容积为67.8立方米，一般可装25吨或55立方米。

应特别注意掌握两种规格货柜的内径尺寸，以便更合理地设计单位包装体积，使其尽量装满箱，不空吨。另外，两个20英尺货柜不等于一个40英尺货柜。笨重货宜装20英尺货柜，轻货宜装40英尺货柜。

集装箱外部标志主要有箱主的名称、箱子的尺寸、箱子的编号、经检验合格的徽记等。现将中国远洋运输公司的集装箱外部标志示意如图4.1，以便读者对货柜有个基本的认识。

(3)装箱、交接方式

集装箱装箱方式有整箱货(Full Container Load, FCL)和拼箱货(Less Container Load, LCL)之分。整箱货由发货人装箱后直接运交集装箱堆场(Container Yard, CY)，拼箱货需由承运人在集装箱货运站(Container Freight Station, CFS)拼装。

交接方式：

- FCL-FCL(整箱交，整箱收)　适用于CY-CY，Door-Door，CY-Door，Door-CY。
- FCL-LCL(整箱交，拆箱收)　适用于CY-CFS，Door-CFS。
- LCL-FCL(拼箱交，整箱收)　适用于CFS-CY，CFS-Door。
- LCL-LCL(拼箱交，拆箱收)　适用于CFS-CFS(很少使用)。

其中CY-Door，Door-Door，CFS-Door方式从目的港至收货人仓库这段路的运费很难掌握，故尽量避免使用。

2. 国际多式联运

国际多式联运(international multimodal transport)，是在集装箱运输的基础上产生和发展起来的一种综合性的连贯运输方式，它是以集装箱为媒介，把海、陆、空各种传统的单一运

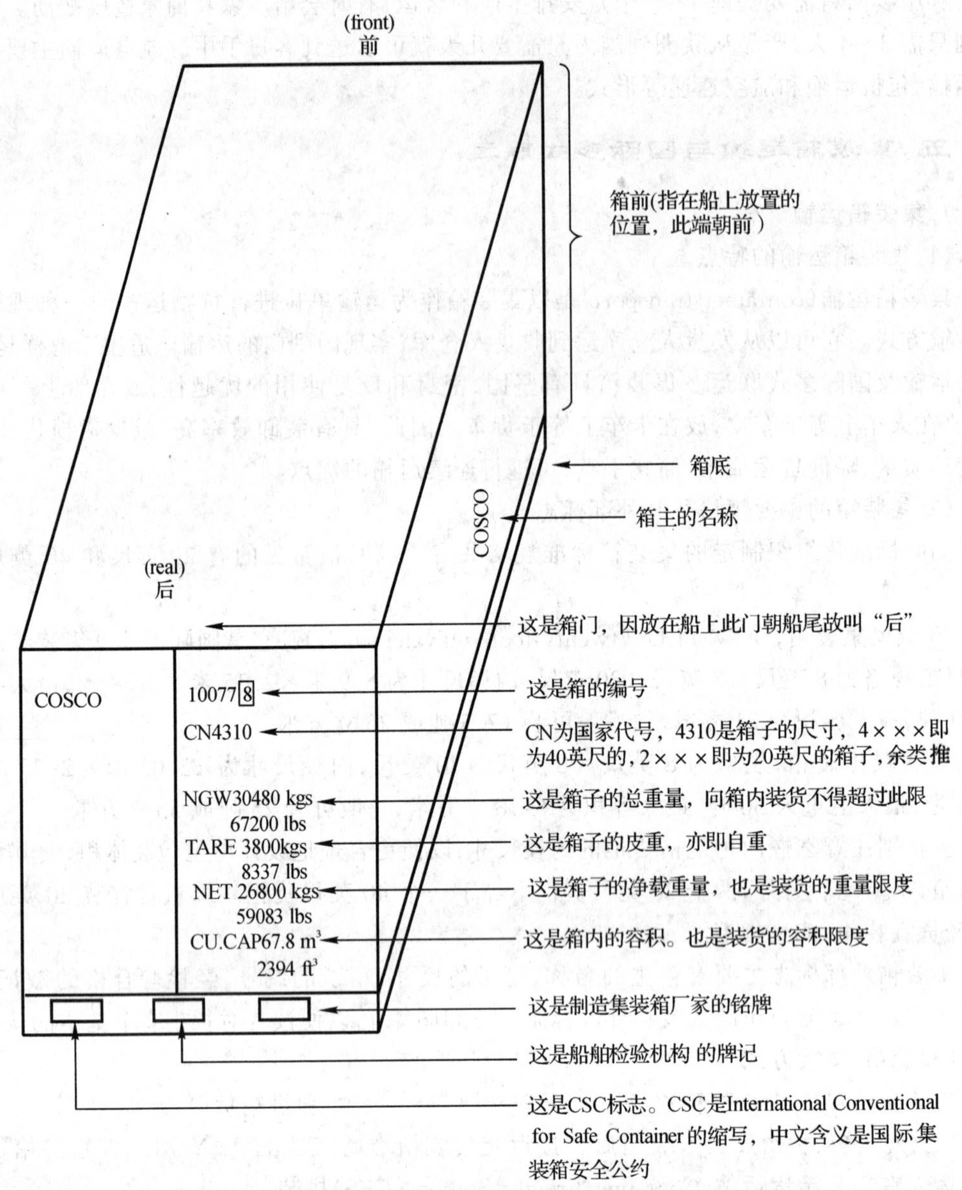

图 4.1　集装箱外部标志示意图

输方式有机地结合起来，组成一种国际间的连贯运输。它通过至少两种不同的运输方式，由多式联运承运人将货物从一国境内接管货物的地点运至另一国境内指定交货地点。

(1)国际多式联运应具备的条件

1)多式联运经营人与托运人之间要签订一份多式联运合同，以明确承、托双方的权利和义务。

2)必须通过两种或两种以上不同运输方式的连贯运输。

3)使用一份包括全程的多式联运单据(multimodal transport documents，MTD)联运经营人对全程负责(我国使用 C. T. B/L)。

4)必须是全程统一运价，一次收取。

5)必须是国际间的货物运输。

(2)国际多式联运的优点及应注意的问题

国际多式联运的优点是责任统一,手续简便;运输时间缩短,货运质量提高,中途无须拆箱倒载,节省运杂费。在多式联运方式下,货物装上运输工具即可去银行结汇,因此,可提前7～10天结汇,减少利息支出。应注意的问题是,货物应适合集装箱运输,装运港和目的港应有集装箱航线和装卸设备,装箱点和启运点应可以办理海关手续。

3.大陆桥运输

大陆桥运输(land-bridge transport)是指以横贯大陆的铁路(或公路)运输作为中间桥梁,把大陆两端的海洋运输连接起来的集装箱连贯运输方式。大陆桥运输实质上属于国际多式联运。世界上主要有两条大陆桥,即北美大陆桥和欧亚大陆桥。北美大陆桥包括美国大陆桥和加拿大大陆桥,这两条大陆桥是平行的,都是连接大西洋和太平洋的大陆通道,运送从远东国家经北美销往欧洲的货物,是世界上第一条大陆桥,现在已经萎缩。欧亚大陆桥包括西伯利亚大陆桥和中荷大陆桥。西伯利亚大陆桥是以俄罗斯西伯利亚铁路作为桥梁,把远东地区与波罗的海和黑海沿岸以及西欧大西洋口岸连接起来。主要运送远东国家经西伯利亚到欧洲各国或亚洲的伊朗、阿富汗等国的货物,经过这条路线运往欧洲的货物要比经苏伊士运河缩短路程约8 000千米,时间可节省20天左右。中荷大陆桥也称第二条欧亚大陆桥。它东起我国连云港,途经陇海、兰新、北疆铁路进入独联体,西至荷兰鹿特丹,1992年正式营运。

第二节 装运条款

贸易双方洽商交易时,必须谈妥各项装运条款,并在合同中注明,以利合同的履行。装运条款的内容同买卖合同的性质和运输方式有着密切的关系,不同性质的合同和不同运输方式,其装运条款也不相同。鉴于我国大部分服装进出口货物是通过海洋运输,而且对外签订的进出口合同大部分是FOB,CIF和CFR合同,下面就这类合同的装运条款,包括装运期、装运港、目的港,是否允许分批装运与转运、装运通知以及装卸时间、装卸率和滞期费、速遣费等内容,分别加以介绍和说明。

一、装运期

1.装运期的含义及其重要性

装运期(time of shipment)是指卖方在起运地点装运货物的期限,它与交货期(time of delivery)是含义不同的两个概念,不应混同使用。例如,在目的港船上交货(DES)条件下,装运期是指在装运港装船的期限,交货期则是在目的港船上交货的时间,两者在时间上显然不同。在装运地或装运港交货条件下,装运期是买卖合同中的主要条件。如果装运合同当事人一方违反此项条件,另一方则有权要求赔偿其损失,甚至可以撤销合同。因此,在进出口业务中,订好买卖合同中的装运期条款,使装运期规定合理和切实可行,以保证按时完成约定的装运任务是十分重要的。

2. 装运期的规定方法

(1)明确规定一个具体的装运期限

在采用F组与C组术语的服装进出口合同中，通常以装运时间作为交货时间，一般都订明装运的年度及月份。例如，限于某年某月内装运，或某年某月以前装运。对大宗交易或在偏僻港口装货时，装运期可适当放长一些，如规定跨月份装运，或在某季度内装运。此类规定方法，期限具体，含义明确，既便于落实货源和安排运输，又可避免在装运期问题上引起争议。因此，它在国际贸易中被广泛使用。具体的规定方法最常见的有以下三种：

● 规定某月装运　在国际服装买卖合同中，通常规定一段期间(a period of time)装运，而使用最广的是某月装。例如：

20 ××年6月装

Shipment during March, 20...

此规定，卖方可分别从20 ××年6月1日至6月30日这一段期间内的任何时候装运出口。

● 规定跨月装运　有时所规定的一段可供装运的期间，可从某月跨到下月，甚至更后的月份。例如：

20 ××年2/3月装运

Shipment during Feb./Mar. 20...

此规定表明，卖方可分别从20 ××年2月1日至3月31日这段期间内任何时间装运出口。

● 规定在某月月底或某日前装运　在合同中规定一个最迟装运的期限，这个最迟装运期限，既可以是某月份的月底也可以是某一天。例如：

20 ××年6月底或以前装运

Shipment at or before the end of June 20...

(2)规定在收到信用证后若干天装运

对某些外汇管制较严的国家和地区的出口交易，或对买方资信情况了解不够，或货品为买方特制的服装，为了防止买方不按时履行合同而造成损失，在出口合同中可采用收到信用证后一定时间内装运的方法规定装运时间，以保障我出口企业的利益。例如：

收到信用证后45天内装运

Shipment within 45 days after receipt of L/C

但是，在采用此种装运期的规定时，必须同时规定有关信用证开到的期限。例如：

买方必须最迟于6月15日将有关信用证开抵卖方

The Buyers must open the relative L/C to reach the Sellers before June 15th

如果不订明信用证开到期限，则可能由于买方拖延开证，使卖方无法及时安排装运而陷于被动。

上述规定方法的好处是，既能促使买方早开证或按时开证，以利卖方有计划地安排生产和组织货源，又能避免因买方拖延开证而引起的卖方加工、备货紧张或赶不上装运期的被动局面。但上述方法也有弊病。因为，装运期的确定是以买方来证为前提条件，如果签订合同后，市场价格出现对买方不利的变化，买方有可能拒不开证或拖延开证，装运期也就无法确定，从而使卖方处于无法安排装运的被动局面。

(3)笼统规定近期装运

采用这类规定方法时,不规定装运的具体期限,只用"立即装运"(immediate shipment)、"即刻装运"(prompt shipment)、"尽速装运"(shipment as soon as possible)等词语来表示。由于这种规定方法太笼统,故国际商会修订的《跟单信用证统一惯例》(即国际商会第500号出版物)规定,不应使用"迅速"、"立即"、"尽速"和类似的词语。如果使用了这类词语,银行将不予理会。

值得注意的是,在出口业务中,有时国外客户对销售季节性强的时装,不仅在合同中规定装运时间,还要求规定保证货物到达的时间,这种既规定装运时间又规定到达时间的做法,往往会引起对合同的性质产生疑问,在贸易实践中一般不能接受。

总之,装运时间的规定应根据市场需要、服装的季节性和当时的运输条件、供货能力和买卖双方的特定情况和要求等,进行全面考虑,慎重对待。

二、装运港和目的港

采用F组、C组术语合同中的交货地点条款通常包括装运港(port of shipment)和目的港(port of destination)两个内容。装运港是指开始装货的港口。目的港是指最终卸货的港口。装运港和目的港不仅关系到卖方于何地履行交货义务和货物的风险何时由卖方转移至买方,还关系到运输的安排,运费、保险费以至成本核算和确定售价等问题,因此,都必须在国际服装买卖合同中作出具体规定。即使在由买方安排运输的EXW,FOB,FAS,FCA等合同中,在某些情况下,特别是当卖方要限制货物转运到某些国家或地区时,也有必要规定目的港或目的地。例如,限制买方不得将货物运往卖方与其他客户建立有独家经销、代理关系的或国家禁止与之贸易往来的国家和地区。

1.装运港和目的港的规定方法

装运港和目的港由交易双方商定,其规定方法有下列几种:

(1)在通常情况下,只规定一个装运港和一个目的港,并列明其港口名称。例如:

装运港:上海

Port of Shipment:Shanghai

目的港:伦敦

Port of Destination:London

(2)在货物分散或批量大的情况下,可酌情规定两个或两个以上的装运港和目的港,并分别列明其港口名称。例如:

装运港:上海/大连

Port of Shipment:Shanghai/Dalian

目的港:伦敦/利物浦

Port of Destination:London/Livepool

(3)在商订合同时,如果明确规定一个或几个装运港和目的港有困难,可以采用按"选择港口"(optional ports)的规定办法。规定选择港有两种方式:一是从两个或两个以上列明的港口中任选一个,如CIF伦敦或汉堡或鹿特丹;二是从某一航区的港口中任选一个,如地中海主要港口。

上述规定方法中,究竟采用哪一种,应视具体情况而定。

2.规定装运港和目的港口的注意事项

规定国外装运港和目的港口的注意事项：

(1)必须考虑港口具体情况和装卸条件。

(2)对港口的规定应明确具体，不宜过于笼统。

(3)不能接受内陆城市作为装运港或目的港的条件。

(4)应注意国外港口有无重名的问题。

规定国内装运港和目的港的注意事项：

(1)应考虑货物的合理流向并贯彻就近装卸的原则，以节省运输费用。

(2)应考虑港口的设施、装卸条件等实际情况，以利装卸工作的顺利进行。

三、分批装运和转运

分批装运(partial shipment)和转运(transhipment)都直接关系到买卖双方的利益，是否需要分批装运和转运，买卖双方应根据需要和可能在合同中作出明确具体的规定。

1.分批装运

分批装运是指一笔成交的货物分若干批次装运。但一笔成交的货物，在不同时间和地点分别装在同一航次、同一条船上，即使分别签发了若干不同内容的提单，也不能算分批装运，这是因为，该笔成交的货物是同时到达目的港的。

国际上对分批装运的解释和运用不太一致。比如，按有些国家的法律规定：如果合同未规定允许分批装运，则不得分批装运。但国际商会修订的《跟单信用证统一惯例》(即国际商会第 500 号出版物)却规定："除非信用证另有规定，允许分批装运……"为了避免在履行合同时引起争议，交易双方应在买卖合同中订明是否允许分批装运。若双方同意分批装运，应将批次和每批装运的具体时间与数量订明。

2.转运

货物中途转运，不仅会延误时间和增加费用开支，而且还有可能出现货损货差，所以买方对其进口的货物，一般不愿转运，故在商订买卖合同时，应提出订立"限制转运"的条款。不过，随着纺织品服装的多品种、小批量情况越来越多，小批量货物在没有直达船的港口或有直达船而船期不定或航次间隔时间太长的港口，为了便于装运，应当在买卖合同中订明"允许转运"的条款。根据《跟单信用证统一惯例》规定，除非信用证有相反的规定，一般可准许转运。为了明确责任和便于安排装运，交易双方应就是否同意转运以及有关办法和转运费的负担等问题，在买卖合同中具体订明。

四、装运通知

装运通知(advice of shipment)是装运条款中不可缺少的一项重要内容。不论按哪种贸易术语成交，交易双方都要承担相互通知的义务。规定装运通知的目的在于明确买卖双方的责任，促使买卖双方互相配合，共同搞好车、船、货的衔接，并便于办理货运保险。

特别需要注意的是，买卖双方按 CFR 条件成交时，装运通知具有特殊的意义。所以，卖方在货物装船后，应立即向买方发出装运通知。其他贸易术语成交时，买卖双方都应约定相互给予有关交接货物的通知，以便互相配合，共同搞好货物的交接工作。

五、装卸时间、装卸率和滞期、速遣费条款

买卖双方成交的大宗商品，一般采用程租船运输，负责租船的一方签订买卖合同之后，还要负责签订租船合同，而租船合同中通常都需要订立装卸时间、装卸率和滞期、速遣费条款。为了明确买卖双方的装卸责任，并使买卖合同与租船合同的内容互相衔接和吻合，在签订大宗商品的同时，应结合商品特点和港口装卸条件，对装卸时间、装卸率和滞期费的计算与支付办法作出具体规定。但一般在服装贸易中很少涉及这一条。

六、其他装运条款

装运条款涉及的面很广，除上述条款外，有时根据需要还订有其他与装运有关的条款，例如 OCP(overland common points)条款。

OCP 意为“内陆地区”，在同美国进行贸易时，为了取得运费上的优待，可以采用 OCP 条款。根据美国运费率规定，以美国西部 9 个州为界，也就是以落基山脉为界，其以东地区均为内陆地区范围。

按 OCP 运输条款达成的交易，出口商不仅可享受美国内陆运输的优惠费率，而且也可以享受 OCP 海运的优惠费率。因此，在对美交易中，采用 OCP 运输条款对进出口双方均为有利。不过，在采用此条款时，必须注意下列问题：

(1)货物最终目的地必须属于 OCP 地区范围。

(2)货物必须经由美国西海岸港口中转。因此，签订 CFR 和 CIF 出口合同时，目的港必须是美国西海岸港口。

(3)提单上必须写明 OCP 字样，并且在提单目的港一栏中除填明美国西部海岸港口名称外，还要加注内陆地区的城市名称。

第二节 运输单据

在国际贸易中，提交约定的单据是卖方的一项基本义务，因此，买卖双方签订合同时，必须根据运输方式和实际需要，就卖方提供的各种单据的种类和份数作出明确规定。因此，有关单据的规定就成为合同条款中不可缺少的内容。

由于运输方式不同和合同当事人对单据的要求不一，所使用的运输单据多种多样，其中主要包括海运提单、铁路运单、航空运单、邮包收据和多式联运单据等。

一、海运提单

1.海运提单的性质和作用

海运提单(ocean bill of lading)简称提单(B/L)，是指承运人或其代理人在收到货物后签发给托运人的一种货物收据，它体现了承运人与托运人之间的相互关系。

提单的性质和作用，主要表现在下列三个方面：

(1)提单是承运人或其代理人出具的货物收据，证实其已按提单的记载收到托运人的货物。

(2)提单是代表货物所有权的凭证。提单的持有人拥有支配货物的权利。因此,提单可以用来向银行议付货款和向承运人提取货物,也可用来抵押或转让。

(3)提单是承运人和托运人双方订立的运输契约的证明。它规定了各方的权利和义务、责任与豁免,是处理有关海洋运输方面争议的依据。

2.提单的内容

海运提单包括班轮提单和租船合同项下的提单两种。这两种提单的格式不同,其内容也有很大差别,服装贸易主要采用前者。班轮提单除提单正面列有托运人和承运人分别填写的有关货物与运费等记载事项外,背面还有印就的涉及承运人与货方之间的权利、义务与责任豁免的条款;租船合同项下的提单则仅在提单正面列有简单的记载事项,并表明"所有其他条款、条件和例外事项按某年某月某日租船合同办理",而提单背面则无印就的条款。

海运提单的格式和内容各船公司都有自己的提单格式,但提单的内容大致相同,分为正面的记载事项和背面的运输条款。

(1)提单的正面内容

提单的正面内容包括:提单号码(B/L No.);托运人(shipper);收货人或指示(consignee or order);被通知人(notify party);装运港(port of loading)、转运港(port of transhipment)、卸货港(port of discharge)、最后目的地(final destination)、船名(vessel);货物名称、标志、件数、重量或体积,运费和其他费用;提单签发日期、地点及份数,承运人或其代理人签字等(见附样 4-1)。

(2)提单的背面条款

各船公司签发的提单,其背面条款规定不一。为了统一提单背面条款的内容,国际上先后签署了下列三个国际公约:

- 1924 年 8 月 25 日在布鲁塞尔签订了《统一提单的若干法律规则的国际公约》,简称《海牙规则》。
- 1968 年 2 月 23 日在布鲁塞尔签订了《修改统一提单的若干法律规则的国际公约的议定书》,简称《维斯比规则》。
- 1978 年 3 月在汉堡通过的《联合国 1978 年海上货物运输公约》,简称《汉堡规则》。

上述三个公约签署的时代背景不同,故其内容有别,加之参加公约的国家不一,因此各国船公司签发的提单背面的条款内容也就互有差异。

3.提单的分类

提单可以从各种不同的角度分类,在国际贸易中使用的提单,主要有以下几种:

(1)按签发提单时货物是否装船分类,有已装船提单(Shipped on Board B/L)和备运提单(Received for Shipment B/L)

已装船提单是指货物装船后,由承运人签发给托运人的单据,它必须载明船名和装船日期。由于这种提单对收货人按时收货有保障,故买方订立买卖合同时,一般都规定卖方必须提供已装船提单。备运提单是指承运人收到托运货物但尚未装船而向托运人签发的提单,由于这种提单没有载明装货日期,也没有注明船名,即使注明也只是拟装船名,将来货物能否装运和何时装运,都难以预料,故买方一般不愿接受这种提单。

(2)按提单有无不良批注,可分为清洁提单(Clean B/L)和不清洁提单(Unclean or Foul B/L)

清洁提单是指托运货物的外表状况良好，承运人未加有关货损或包装不良之类批语的提单，买方为了收到完好的货物，以维护自身的利益，故都要求卖方提供清洁提单。不清洁提单是指承运人加注了托运货物外表状况不良或存在缺陷等批语的提单，此种提单买方通常都不接受，银行也拒绝接收。

(3)按提单收货人抬头分类，有记名提单(Straight B/L)、不记名提单(Bearer B/L)和指示提单 (Order B/L)

记名提单(Straight B/L)是指在收货人栏内填明特定收货人名称的提单，此类提单不能背书(endorsement)转让，在服装贸易中很少使用。

不记名提单(Bearer B/L)不记收货人名称而留空。我国《海商法》第 79 条第 3 款规定，不记名提单无需背书即可转让，谁拥有提单，谁就可以提货。但一般也经托运人背书后转让，在实际服装贸易中极少使用。

指示提单是指在提单的收货人栏内填写“凭指定”(to order)或“凭某人指定”(to order of...)字样的提单，此种提单可通过背书转让。背书的方法有两种：由背书人单纯签字盖章的，称作空白背书；除背书人签字盖章外，还列明被背书人名称的，称作记名背书。提单经背书后，可转让给其他第三者，因而又称为可转让的提单。由于指示提单可以背书转让，故其在国际服装贸易中被广泛使用。在我国出口贸易中，通常采用凭指定空白背书提单，习惯上称为“空白抬头、空白背书提单”。

(4)按运输方式分类，则有直达提单(Direct B/L)、转船提单(Tran-shipment B/L)和联运提单(Through B/L)

承运人对自装运港直接运到目的港的货物所签发给托运人的提单，称为直达提单。如果在装运港装货的船舶，不直接驶往目的港，而需中途转船后再驶往目的港，则由第一承运人在装运港签发的运往最后目的港的提单，称为转船提单。在直达提单中，不得有中途转船的批语；而在转船提单中，则应注明“在某港转船”字样。联运提单在由海运和其他运输方式所组成的联合运输中使用，它是由承运人或其代理人在货物起运地签发运往货物最终目的地的提单，并收取全程运费。由于联运提单包括全程运输，故第一程承运人或其代理人应将货物转交给下一程承运人，有关货物中途转换运输工具和交接等工作，均不需托运人办理。

(5)其他种类提单

● 过期提单(Stale B/L)。原意是提单晚于货物到达目的港提单，在近洋运输中难免会出现这种情况，因此，在买卖合同中一般都规定“过期提单可以接受”的条款。另一种含义是向银行交单时间超过提单签发日期 21 天，这种滞期交到银行的提单，也称为过期提单，银行有权拒收。

● 甲板提单(On Deck B/L)。这是指货物装在船舶甲板上运输所签发的提单，故又称舱面提单。在这种提单中应注明“在舱面”(On Deck)字样。除非信用证另有规定，银行不接受甲板提单。

● 集装箱提单(Container B/L)。凡用集装箱装运货物而由承运人签发给托运人的提单，称为集装箱提单。

综上所述，足见提单的种类很多，买卖双方洽商交易时，究竟采用哪一种提单，应在合同中具体订明。

二、海上货运单

海上货运单，简称海运单(sea waybill，ocean waybill)，是证明海上运输合同和货物由承运人接管或装船，以及承运人保证据以将货物交给海运单所载明的实际收货人的一种不可流通的海运单(non-negotiable sea waybill)。

海运单不是物权凭证，因而不可转让。收货人不是凭海运单提货，而是凭到货通知提货。因此，在海运单中的收货人栏内，应清楚地填写实际收货人的名称和地址，以利货物到达目的港后及时通知收货人提货。

由于海运单能方便进口商及时提货，简化手续，节省费用，并有助于减少以假单据进行诈骗的现象，目前，欧洲、斯堪的纳维亚半岛、北美和某些远东、中东地区的贸易界越来越多地倾向于用此类不可转运的海运单。特别是在 EDI 技术在国际贸易中被广泛使用的情况下，这种不可转让的海运单更适用于电子数据信息交换。

根据海运实践的需要，1990 年国际海事委员会通过了《1990 年国际海事委员会海运单统一规则》。该规则既适用于不使用可转让提单的运输合同，也适用于全部海运的运输合同和含有海运的多式联运合同，可见海运单的适用范围是相当广的。

三、铁路运单

铁路运输可分为国际铁路联运和国内铁路运输两种方式，前者使用国际铁路联运运单，后者使用国内铁路运单。内地通过铁路供应港、澳的货物，则使用承运货物收据这种特定性质和格式的单据。现分别说明如下。

1. 国际铁路联运运单

国际铁路联运运单是国际铁路联运的主要运输单据，它是参加联运的发送国铁路与发货人之间订立的运输契约，对收、发货人和铁路都具有法律约束力。当发货人向始发站提交全部货物，并付清应由发货人支付的一切费用，经始发站在运单和运单副本上加盖始发站承运日期戳记，证明货物已被接妥承运后，即认为运输合同已经生效。

运单正本随同货物到达终到站，并交给收货人，它既是铁路承运货物出具的凭证，也是铁路与货主交接货物、核收运杂费和处理索赔与理赔的依据。运单副本于运输合同缔结后交给发货人，是卖方凭以向收货人结算货款的主要证件。

2. 承运货物收据

承运货物收据(cargo rcceipt)是在特定运输方式下所使用的一种运输单据，它既是承运人出具的货物收据，也是承运人与托运人签订的运输契约。我国内地通过铁路销往港、澳地区的货物，一般多委托中国对外贸易运输公司承办。当出口服装装车发运后，对外贸易运输公司即签发一份承运货物收据给托运人，以作为办理结汇的凭证。同时它还是收货人凭以提货的凭证。

承运货物收据的格式及内容与海运提单基本相同，主要区别是，它只有第一联为正本，在该正本的反面印有“承运简章”，载明承运人的责任范围。该简章第二条规定由该公司承运之货物，在铁路、轮船、公路、航空及其他运输机构范围内，应根据各机构的规章办理。可见这种“承运货物收据”，不仅适用于铁路运输，也可用于其他运输方式。

四、航空运单

航空运单(air waybill)是承运人与托运人之间签订的运输契约,也是承运人或其代理人签发的货物收据。航空运单还可作为承运人核收运费的依据和海关查验放行的基本单据。但航空运单不是代表货物所有权的凭证,也不能通过背书转让。收货人提货不是凭航空运单,而是凭航空公司的提货通知单。因此,在航空运单的收货人栏内,必须详细填写收货人的全称和地址,以利及时向收货人交付货物。

航空运单依签发人的不同可分为主运单(master air waybill)和分运单(house air waybill)。前者是由航空公司签发的,后者是由航空货运代理公司签发的,两者在内容上基本相同,具有同样的法律效力。

航空运单共有正本一式三份:第一份正本注明"Original-for the Shipper",应交托运人;第二份正本注明"Original-for the Issuing Carrier",由航空公司留存;第三份正本注明"Original-for the Consignee",由航空公司随机带交收货人。其余副本则由航空公司按规定和需要进行分发,作为报关、结算、国外代理中转分拨等用途分别使用。《跟单信用证统一惯例》规定,空运单据的签发日期即为装运日期,如信用证要求实际发运日期(Actual Date of Dispatch),应对此日期作出专项批注,则所批注的日期即为装运日期。

五、邮政收据

邮政运输是一种较简便的运输方式,国际邮件可分为函件和包裹两大类,通过《万国邮政公约》,邮件的递送可互相以最快的方式传递,邮政收据(Parcel Post Receipt)是邮政运输的主要单据,它既是邮局收到寄件人的邮包后所签发的凭证,也是收件人凭以提取邮件的凭证,但它不是物权凭证。当邮包发生损坏或丢失时,它还可以作为索赔和理赔的依据。

邮寄证明(Certificate of Posting)是邮政局出具的证明文件,据此证实所寄发的单据或邮包确已寄出和作为邮寄日期的证明。有的信用证规定,出口商寄送有关单据、样品或包裹后,除要出具邮政收据外,还要提供邮寄证明,作为结汇的单据之一。

专递收据(Courier Receipt)是特快专递机构收到寄件人的邮件后签发的凭证。

根据《跟单信用证统一惯例》规定,如果信用证要求邮政收据或邮寄证明,银行将接受的邮政收据或邮寄证明表面上有信用证规定的寄发地盖戳并加注日期,该日期即为装运或发运日期;如果信用证要求专递或快递机构出具的单据,银行将接受快递单据的表面注明专递或快递机构的名称并盖戳、签字并经证实,表明取件或收件日期,此日期即为装运日期或发运日期。除非信用证特别规定由指定的专递或快递机构出具的单据,银行将接受由任何专递或快递机构开立的单据。这种专递和快递采用先进的运输工具和方式,实行门到门(Door to Door)和桌到桌(Desk to Desk)的服务,所以银行接受快递的单据。

六、多式联运单据

多式联运单据(Multimodal Transport Document, MTD)是指证明多式联运合同以及证明多式联运经营人接管货物并负责按照合同条款交付货物的单据。《多式联运公约》规定,多式联运单据是多式联运合同的证明,也是多式联运经营人收到货物的收据和凭以交付货物的凭证。根据发货人的要求,它可以作成可转让的,也可以作成不可转让的。多式联运单据如签发一套一份以上的正本单据，应注明份数，其中一份完成交货后，其余各份正本即失效。

附样 4-1 海运提单

SITC CONSOLIDATION CO. LTD.	B/L No.
Shipper	SITC combined transport bill of lading received the goods in apparent good order and condition as specified below unless otherwise stated herein The Carrier in accordance with the provisions contained in this document, 1) undertakes to perform or to procure the performance of the entire transport from the place at which the goods are taken in charge to the place designated for delivery in this document, and 2) assumes liability as prescribed in this document for such transport. One of the Bills of Lading must be surrendered duly indorsed in exchange for the goods or delivery order. IN WIT-NESS where of the number of original Bills of Lading stated above have been signed. one of which being accomplished. the other(s) to be void.
Consignee	
Notify Party	

Precarriage by	Place of Receipt	FOR CARGO DELIVERY PLEASE APPLY TO SITC JAPAN C0. LTD. TEL:078-333-8528 FAX:078-333-8526
Vessel/Voy No.	Port of Loading	
Port of Discharge	Place of Delivery	

PARTICULARS FURNISHED BY SHIPPER-CARRIER NOT RESPONSIBLE

Container No. /Seal No. Marks and Numbers of pkgs	Kind of packages; description of goods		Gross Weight	Measurement
			ORIGINAL	
Total No. of Containers or Packages(in words)				
Freight & Charges	Rate	Unit	Prepaid	Collect
Prepaid at	Payable at	Number of Original B(S)/L		
Place of Issue		Date		

复习思考题

1. 国际运输方式包括哪些？在选用运输方式时应考虑哪些因素？
2. 何谓班轮运输？班轮运输有哪些特点？
3. 班轮公司计收运费的标准和办法有哪些？

4.租船运输包括哪几种方式？在不同租船方式下，船方收取租金的办法是如何规定的？

5.装运期在合同中的法律地位如何？规定装运期的方法有哪些？

6.装运港和目的港在合同中的地位如何？规定装运港和目的港应注意什么问题？

7.买卖合同中的装卸时间有哪些规定方法？规定装卸时间应注意什么问题？

8.何谓滞期费和速遣费？在买卖合同中为什么要规定滞期费和速遣费条款？

9.什么叫分批装运？什么叫转运？《跟单信用证统一惯例》对分批装运和转运问题有何规定？

10.为什么在买卖合同中要规定装运通知的条款？

11.何谓 OCP 运输条款？采用此条款时应注意哪些事项？

12.提单的性质和作用如何？国际上有关提单的国际公约有哪些？

13.提单从不同角度可以分为哪几种？在我国出口贸易中通常采用的是什么提单？

14.何谓过期提单？过期提单的效力如何？

15.国际铁路货物联运运单和运单副本的性质和作用如何？

16.多式联运单据和联运提单有何区别？

17.航空运单和邮包收据的性质和作用各如何？它们与海运提单的性质有何区别？

18.我某公司按 CFR 条件、即期不可撤销信用证以集装箱装运出口成衣 350 箱，装运条件是 CY/CY。货物交运后，我公司取得“清洁已装船”提单，提单上表明：“Shippers load and count”，在信用证规定的有效期内，我公司及时交单议付了货款。20 天后，接买方来函称：经有关船方、海关、保险公司、公正行会同对到货开箱检验，发现其中有 20 箱包装严重破损，每箱均有短少，共缺成衣 512 件。各有关方均证明集装箱外表完好无损，为此，买方要求我公司赔偿其货物短缺的损失，并承担全部检验费 2500 美元。问：对方的要求是否合理？为什么？

19.我某公司按 CIF 价格条件出口货物一批，合同规定“9 月份装运，信用证的有效期为 10 月 15 日”。卖方 9 月 15 日发货，取得清洁已装船提单，备齐全套单据向银行议付了货款。但买方收到货物后，发现货物受损严重，且短少 50 箱。买方因此拒绝收货，并要求卖方退回货款。问：(1)买方有无拒收货物并要求退款的权利？为什么？(2)此案中的买方应如何处理此事才合理？

20.一批货物由印度的马得拉斯港装船经新加坡转船运往温哥华，承运人签发了全程运输提单。在新加坡转船时，货物在码头等候装第二程时，在露天仓库受雨遭损。货主向承运人索赔，船方以货物不在船上而是在陆地上受损，不属于海上运输为由拒赔。请分析，承运人拒赔理由是否充分？为什么？

21.我某公司向非洲出口某商品 15000 箱，合同规定 1—6 月按月等量装运，每月 2500 箱，凭不可撤销即期信用证付款，客户按时开来信用证，证上总金额与总数量均与合同相符，但装运条款规定为“最迟装运期 6 月 30 日，分数批装运”。我方 1 月份装出 3000 箱，2 月份装出 4000 箱，3 月份装出 8000 箱。客户发现后向我方提出异议。你认为对方这样做是否可以？为什么？

第五章 货物运输保险

保险是一种补偿性契约行为。被保险人向保险人提供一定的保险费,保险人则对被保险人将来可能遭受的承保范围内的损失负赔偿责任。货物运输保险是保险的一种,属于财产保险的范畴。货物运输保险是指投保人根据合同约定,向保险人支付保险费,保险人对于合同约定的可能发生的事故因其发生所造成的财产损失承担赔偿保险金。保险种类繁多,本章只介绍在国际货物买卖中通常都必须办理的国际货物运输保险。

在国际货物买卖中,货物在由卖方所在地运到买方所在地的整个运输、装卸和保管过程中,可能会因遇到各种难以预料的风险而遭受损失。为了在货物遇险受损时的得到一定的经济补偿,买方或卖方就需要事先办理货物运输保险。通过投保运输险,将可能发生的损失变为固定的费用,这不仅有利于企业加强经济核算,而且有利于提高企业抗风险能力,从而有效地促进国际贸易的发展。国际间的货物运输保险,是随着国际贸易和航运事业的发展而发展起来的,货物运输保险业务的发展,反过来又促使国际贸易和航运事业的进一步发展。

中华人民共和国成立后,我国建立了国家级保险机构——中国人民保险公司(The People's Insurance Company of China,PICC)。从此,我国对外贸易运输保险业务和其他涉外保险业务就成了配合我国对外经济贸易发展和促进我国对外经济交往的一种经济手段。

第一节 货物运输保险的承保范围

国际货物运输保险由于运输方式不同可分为海运保险、陆运保险、航空保险和邮政保险。在各种运输险中,海运保险起源最早,不同运输方式的货物保险,尽管承保责任不同,但承保范围都是相似的。因此,掌握海洋运输货物保险的风险、损失以及不同险别的责任范围、保险期限等基本概念是十分必要的。

一、风险

海洋运输货物保险的风险分海上风险和外来风险两类。

1.海上风险

海上风险(perils of the sea)又称海难,一般是指船舶或货物在海上运输过程中所发生的风险,包括自然灾害和意外事故。在保险业务中,这些风险所指的内容大致是:

(1)自然灾害(natural calamity)

自然灾害是指不以人的意志为转移的自然界力量引起的灾害。如恶劣气候、雷电、海啸、地震、洪水、火山爆发、浪击落海等。

(2)意外事故(fortuitous accidents)

意外事故是指由于偶然的,难以预料的原因造成的事故,如船舶搁浅、触礁、沉没、焚毁、互撞、遇流冰或其他类似事故。

需要指出的是,按照国际保险市场的一般解释,海上风险并非局限于海上发生的灾害和事故,那些与海上航行有关的发生在陆上或海陆、海河或与驳船相连接之处的灾害和事故,例如,地震、洪水、火灾、爆炸、海轮与驳船或码头碰撞,也属于海上风险。

2.外来风险

外来风险(extraneous risks)是指由于海上风险以外的其他外来原因引起的风险。可分为一般外来风险和特殊外来风险两种。如雨淋、短量、偷窃、沾污、破碎、受潮、受热、串味、锈损和钩损等为一般外来风险;战争、罢工和交货不到、拒收等属于外来风险。

二、损失和费用

1.海上损失和费用

海上损失和费用是指被保险人因被保险货物在运输途中遭遇海上风险而造成的损失和引起的费用,通常表现为两种形式:一种是货物本身遭到损坏或灭失的损失;另一种是为营救货物而支出的费用。

运输途中被保险货物本身遭到损坏或灭失的损失,按其损失程度可分为全部损失和部分损失。

(1)全部损失(total loss)

全部损失简称全损,系指整批或不可分割的一套服装运输途中全部遭受损失。全部损失又分为实际全损和推定全损。

● 实际全损(actual total loss) 实际全损是指该批被保险货物在运输途中完全灭失或受到严重损坏完全失去原有的使用价值。如载货船泊失踪,经过一定时间(例如两个月)后仍没有获知其消息的,视为实际全损。

● 推定全损(constructive total loss) 推定全损是指被保险货物在运输途中受损后,实际全损已经不可避免,或者为避免发生实际全损所需支付的费用与继续将货物运抵目的地的费用之和超过保险价值,例如服装被海水浸泡过,已经失去原有的价值。

(2)部分损失(partial loss)

部分损失是指被保险货物没有达到全损程度,按其性质分为共同海损和单独海损。

● 共同海损(general average) 指载货船舶在海上遭遇灾害、事故威胁到船货的共同安全,为了解除这种威胁,维护各方面的利益,船方有意识并且是合理地作出某些牺牲或支出特殊的费用。例如,船舶在海上搁浅时,船方为了脱离危险,将部分货物抛入大海,但是如果所抛弃的货物是体轻、价高的服装或者船舶已经安全浮起,仍然继续抛弃的,则不能按共同海损处理。

构成共同海损应具备以下条件:第一,危险必须是真实存在或不可避免的;第二,船方所采取的措施,必须是为了解除船、货的共同危险,是有意识的、合理的;第三,共同海损的牺牲必须是为危及船货共同安全的危险作出的牺牲和支出的额外费用,并且支出是有效的。

根据惯例,共同海损的牺牲和费用是为了船方、货方和运费方免于损失而支出的,应由各方按最后获救价值的比例分摊,这种分摊叫做共同海损分摊(general average contribution)。

● 单独海损(particular average)　指除共同海损以外的部分损失,是由承保范围内的风险所直接导致的部分损失,由受损者单独负担。例如某公司的服装,在海运时,由于船舱进水,服装遭到水泡而受到损失,其损失由受损方单独负责。

(3)施救费用和救助费用

海上风险还会造成费用上的损失。由海上风险所造成的海上费用,主要有施救费用和救助费用。

● 施救费用(sue and labour charges)　指被保险货物在遭受保险责任范围内的灾害事故时,被保险人或其代理人等,为抢救被保险货物、防止损失扩大所支付的合理费用。保险人对这种施救费用负责赔偿,一般以不应该超过该批货物的保险金额为限。

● 救助费用(salvage charges)　指被保险货物遭受承保范围的灾害事故时,由保险人和被保险人以外的第三者采取救助措施,获救成功,受益方应向救助的第三者支付的报酬。救助费由保险人赔偿,但赔偿金额以不超过该批货物的价值为限。

2.外来风险的损失

外来风险的损失,是指海上风险以外由于其他各种外来的原因所造成的风险和损失。外来风险的损失包括下列两种类型:

一种是一般的外来原因所造成的风险和损失。这类风险损失,通常是指偷窃、短量、破碎、雨淋、受潮、受热、发霉、串味、沾污、渗漏、钩损和锈损等。

另一种是特殊的外来原因造成的风险和损失。这类风险损失主要是指由于军事、政治、国家政策法令和行政措施等原因所致的风险损失,如战争和罢工等。

除上述各种风险损失外,保险货物在运输途中还可能发生其他损失。如运输途中的自然损耗以及由于货物本身特点和内在缺陷所造成的货损等。这些损失不属于保险公司承保的范围。

第二节　我国海运货物保险的险别和条款

保险险别是指保险人对风险和损失的承保责任范围。在保险业务中,各种险别的承保责任是通过各种不同的保险条款规定的。为了适应国际货物海运保险的需要,中国人民保险公司根据我国保险实际情况并参照国际保险市场的习惯做法,分别制定了各种条款,总称为"中国保险条款"(China Insurance Clauses,C.I.C),该条款经中国人民银行和中国保险监督管理委员会审批颁布。投保人可根据货物特点和航线与港口实际情况自行选择投保适当的险别。

按中国保险条款规定,我国海运货物保险的险别可分为基本险和附加险两种类型。

一、我国海运货物保险的基本险别和条款

中国人民保险公司所规定的基本险别包括平安险(Free from Particular Average,F.P.

A)、水渍险(With Average or With Particular Average, W. A or W. P. A)和一切险(All Risks)。

1.平安险(Free from Particular Average,F.P.A)

投保了平安险,保险公司的承保责任范围是:

(1)被保险的货物在运输途中由于恶劣气候、雷电、海啸、地震、洪水等自然灾害造成整批货物的全部损失或推定全损。若被保险的货物用驳船运往或运离海轮时,则每一驳船所装的货物可视作一个整批。

(2)由于运输工具遭到搁浅、触礁、沉没、互撞,与流冰或其他物体碰撞以及失火、爆炸等意外事故所造成的货物全部或部分损失。

(3)在运输工具已经发生搁浅、触礁、沉没、焚毁等意外事故的情况下,货物在此前后又在海上遭受恶劣气候、雷电、海啸等自然灾害所造成的部分损失。

(4)在装卸或转船时由于一件或数件甚至整批货物落海所造成的全部或部分损失。

(5)被保险人对遭受承保责任内的危险货物采取抢救、防止或减少货损的措施所支付的合理费用,但以不超过该批被毁货物的保险金额为限。

(6)运输工具遭遇海难后,在避难港由于卸货引起的损失,以及在中途港或避难港由于卸货、存仓和运送货物所产生的特殊费用。

(7)共同海损的牺牲、分摊和救助费用。

(8)运输契约中如订有"船舶互撞责任"条款,则根据该条款规定应由货方偿还船方的损失。

上述责任范围表明,在投保平安险的情况下,保险公司对由于自然灾害所造成的单独海损不负赔偿责任,而对于因意外事故所造成的单独海损则要负赔偿责任。此外,如在运输过程中运输工具发生搁浅、触礁、沉没、焚毁等意外事故,则不论在事故发生之前或之后由于自然灾害所造成的单独海损,保险公司也要负赔偿责任。

2.水渍险(With Average or With Particular Average, W.A or W.P.A)

投保水渍险后,保险公司除担负上述平安险的各项责任外,还对被保险货物如由于恶劣气候、雷电、海啸、地震、洪水等自然灾害所造成的部分损失负赔偿责任。

3.一切险(All Risks)

投保一切险后,保险公司除担负平安险和水渍险的各项责任外,还对被保险货物在运输途中由于外来原因而遭受的全部或部分损失,也负赔偿责任。

在三种基本险中平安险是承保责任范围最小,所缴保险费最少的基本险别;而一切险的责任范围最大,保险费也最高。

4.除外责任(Exclusion)

除外责任是指保险公司明确规定对下列损失不负赔偿责任条款:

(1)被保险人的故意行为或过失所造成的损失。

(2)属于发货人责任引起的损失。

(3)在保险责任开始前,被保险货物已存在的品质不良或数量短差所造成的损失。

(4)被保险货物的自然损耗、本质缺陷、特性以及市价跌落、运输延迟所引起的损失或费用。

(5)属战争险、罢工险规定的责任范围和除外责任。

我国的《海洋运输货物保险条款》除规定了上述各种基本险别的责任外。还对保险责任的起讫,也作了具体规定。在海运保险中,保险责任的起讫,主要采用“仓至仓”条款(Warehouse to Warehouse Clause),即保险责任自被保险货物运离保险单所载明的起运地仓库或储存处所开始,包括正常运输中的海上、陆上、内河和驳船运输在内,直至该项货物运抵保险单所载明的目的地收货人的最后仓库或储存处所或被保险人用作分配、分派或非正常运输的其他储存处所为止。但被保险的货物在最后到达卸载港卸离海轮后,保险责任以60天为限。

二、附加险别

在海运保险业务中,进出口商除了投保货物的上述基本险别外,还可根据货物的特点和实际需要,酌情再选择若干适当的附加险别。附加险别包括一般附加险和特殊附加险。

1.一般附加险

一般附加险不能作为一个单独的项目投保,而只能在投保平安险或水渍险的基础上,根据货物的特性和需要加保一种或若干种一般附加险。如加保所有的一般附加险,这就叫投保一切险。可见一般附加险被包括在一切险的承保范围内,故在投保一切险时,不存在再加保一般附加险的问题。

由于被保险货物的品种繁多,货物的性能和特点各异,而一般外来的风险又多种多样,所以一般附加险的种类也很多,其中主要包括:

(1)偷窃、提货不着险(Theft,Pilferage and Non-Delivery,T.P.N.D.);

(2)淡水雨淋险(Fresh Water Rain Damage, F.W.R.D.);

(3)短量险(Risk of Shortage);

(4)混杂、沾污险(Risk of Intermixture&Contamination);

(5)渗漏险(Risk of Leakage);

(6)碰损、破碎险(Risk of Clash&Breakage);

(7)串味险(Risk of Odour);

(8)受热、受潮险(Damage Caused by Sweating);

(9)钩损险(Hook Damage);

(10)包装破裂险(Loss or Damage Caused by Breakage of Packing);

(11)锈损险(Risk Rust)。

2.特殊附加险

承保特殊外来原因所造成的损失,其中主要包括:

(1)战争险(War Risk);

(2)罢工险(Strikes Risk);

(3)交货不到险(Failure to Deliver Risk);

(4)进口关税险(Import Duty Risk);

(5)拒收险(Rejection Risk);

(6)舱面险(On Deck Risk);

(7)黄曲霉素险(Aflatoxin Risk);

(8)货物出口到香港(包括九龙)或澳门存仓火险责任扩展条款(Fire Risk Extension

Clause for Storage of Cargo at Destination HongKong, including Kowioon, or Macao FREC)。

凡加保战争险时,保险公司则按加保战争险条款的责任范围,对由于战争和其他各种敌对行为所造成的损失负赔偿责任,按中国人民保险公司的保险条款规定,战争险不能作为一个单独的项目投保,而只能在投保上述三种基本险别之一的基础上加保。战争险的保险责任起讫和货物运输险不同,它不采取"仓至仓"条款,而是从货物装上海轮开始至货物运抵目的港卸离海轮为止,即只负责水面风险。

根据国际保险市场的习惯做法,一般将罢工险与战争险同时承保。如投保了战争险又需加保罢工险时,仅需在保单中附上罢工险条款即可,保险公司不再另行收费。

第三节 伦敦保险业协会海运货物保险条款

我国加入WTO以来,服装国际贸易得到了快速的发展,在进出口业务中,不仅国内保险公司可以办理保险业务,而且各外商保险公司和中外合资保险公司也可以办理保险业务。在世界保险业务中,英国伦敦保险业协会所制定的"协会货物保险条款(Institute Cargo Clauses, ICC)在世界各国有着广泛的影响。目前,世界上许多国家在海运保险业务中直接采用该条款,还有许多国家在制定本国保险条款时参考或采用该条款的内容。在我国,按CIF或CIP条件成交的出口服装,如果国外客户要求按英国伦敦保险协会所制定的货物保险条款为准,我们一般也可接受。因此,我们对英国伦敦保险业协会海运货物保险条款,也必须有所了解,以利订好保险条款和正确处理有关货运保险事宜。

一、协会货物保险条款的种类

协会货物保险条款主要有以下六种:

(1)协会货物条款(A)(Institute Cargo Clauses(A), ICC(A))

(2)协会货物条款(B)(Institute Cargo Clauses(B), ICC(B))

(3)协会货物条款(C)(Institute Cargo Clauses(C), ICC(C))

(4)协会战争险条款(货物)(Institute War Clauses-Cargo)

(5)协会罢工险条款(货物)(Institute Strikes Clauses-Cargo)

(6)恶意损害险条款(Malicious Damage Clauses)

上述ICC(A), ICC(B), ICC(C)三种险别都有独立完整的结构,对承保风险及除外责任均有明确规定,因而都可以单独投保。上述战争险和罢工险,也具有独立完整的结构,若征得保险公司同意,必要时,也可作为独立的险别投保。惟独上述恶意损害险,属附加险别,故其条款内容比较简单。

二、协会货物保险主要险别的承保风险与除外责任

1. ICC(A)险的承保风险与除外责任

ICC(A)险大体相当于中国人民保险公司所规定的一切险,其责任范围最广,故协会货物条款采用承保"除外责任"之外的一切风险的概括式规定办法,即除了"除外责任"项下所列风险保险人不予负责外,其他风险均予负责。

ICC(A)险的除外责任包括下列几个方面：

(1)一般除外责任

1)归因于被保险人故意的不法行为造成的损失或费用；

2)保险标的物自然渗漏、重量或容量的自然损耗或自然磨损；

3)包装或准备不足或不当所造成的损失或费用；

4)保险标的物内在缺陷或特性所造成的损失或费用；

5)直接由于迟延所引起的损失或费用；

6)由于船舶所有人、经理人、租船人或经营破产或不履行债务造成的损失或费用；

7)由于使用任何原子或热核武器所造成的损失或费用。

(2)不适航和不适货除外责任

1)指在装船时,如被保险人或其受雇人已经知道船舶不适航；

2)船舶、装运工具、集装箱等不适货；如违反适航、适货的默示保证为被保险人或其受雇人所知道。

(3)战争除外责任

1)由于战争、内战、敌对行为等造成的损失或费用；

2)捕获、拘留、扣留等(海盗行为除外)所造成的损失或费用；

3)漂流水雷、鱼雷等造成的损失或费用。

(4)罢工除外责任

1)罢工者、被迫停工工人、工人参与工潮等造成的损失或费用；

2)任何恐怖主义者或出于政治动机而行动的人所造成的损失或费用。

2.ICC(B)险的承保风险与除外责任

ICC(B)险大体相当于中国人民保险公司所规定的水渍险,它比ICC(A)险的责任范围小,故采用将其承保的风险一一列举出来体现。ICC(B)险具体承保的风险包括：

(1)火灾、爆炸；

(2)船舶或驳船遭受搁浅、触礁、沉没或倾覆；

(3)陆上运输工具倾覆或出轨；

(4)船舶、驳船或运输工具同除水以外的外界物体碰撞；

(5)在避难港卸货；

(6)地震、火山爆发、雷电；

(7)共同海损牺牲；

(8)抛货；

(9)浪击落海；

(10)海水、湖水、河水进入船舶、驳船、运输工具、集装箱、大型储存处所；

(11)货物在装卸时落海或跌落造成整件全损。

ICC(B)险的除外责任与ICC(A)险的除外责任基本相同,但是有以下两种区别。

(1)ICC(A)险除对被保险人的故意行为所造成的损失和费用不负赔偿责任外,对于被保险人之外的任何个人或数人故意损害和破坏标的物或其任何部分的损害负赔偿责任；而ICC(B)险对此不负任何责任。可见,在ICC(A)险中,恶意损害的风险被列为承保风险；而在ICC(B)险中,保险人对此项风险却不负赔偿责任。被保险人如想获得此种风险的保险保障，就需加保“恶意损害险”。

(2)ICC(A)险将海盗行为列为风险范围，而ICC(B)险对海盗行为不负赔偿责任。

3.ICC(C)险的承保风险与除外责任

ICC(C)险的承保风险也和ICC(B)一样，采用“列明风险”的方式，它仅承保“重大意外事故”(major casualties)的风险，对非重大意外事故和自然灾害所致损失均不负责。ICC(C)险具体承保的风险包括：

(1)火灾、爆炸；

(2)船舶或驳船遭受搁浅、触礁、沉没或倾覆；

(3)陆上运输工具倾覆或出轨；

(4)船舶、驳船或运输工具同除水以外的外界物体碰撞；

(5)在避难港卸货；

(6)共同海损牺牲；

(7)抛货。

ICC(C)险除外责任与ICC(B)险除外责任相同。ICC(C)险与我国的“平安险”相类似，但是其责任范围要小一些

三、伦敦保险协会海运货物保险条款的期限

伦敦保险协会海运货物保险条款也是采用“仓至仓”条款规定办理，其期限与我国的保险期限的规定大致相同，但是规定较为详细。

现将ICC(A)，ICC(B)和ICC(C)三种险别条款中保险人承保的风险进行列表说明(见表5.1)。

表5.1 伦敦保险协会货物保险条款A,B,C(ICC A,B,C)承保风险一览

责 任 范 围	A	B	C
1.火灾、爆炸	○	○	○
2.船舶、驳船的触礁、搁浅、沉没、倾覆	○	○	○
3.陆上运输工具的倾覆或出轨	○	○	○
4.船舶、驳船或运输工具同除水以外的任何外界物体碰撞	○	○	○
5.在避难港卸货	○	○	○
6.地震、火山爆发或雷电	○	○	×
7.共同海损牺牲	○	○	○
8.抛货	○	○	○
9.浪击落海	○	○	×
10.海水、湖水或河水进入船舶、驳船、运输工具、集装箱、大型海运箱或贮存处所	○	○	×
11.货物在船舶或驳船装卸时落海或跌落，造成任何整件的全损	○	○	×
12.由于被保险人以外的其他人(如船长、船员等)的故意违法行为所造成的损失或费用	○	×	×
13.海盗行为	○	×	×
14.下列“除外责任”范围以外的一切风险	○	×	×
除 外 责 任	A	B	C
1.被保险人的故意违法行为所造成的损失和费用	×	×	×
2.自然渗漏，重量或容量的自然损耗或自然磨损	×	×	×

续表

责任范围	A	B	C
3.包装或准备不足或不当造成的损失或费用	×	×	×
4.保险标的的内在缺陷或特性造成的损失或费用	×	×	×
5.直接由于迟延引起的损失或费用	×	×	×
6.由于船舶所有人、经理人、租船人或经营人破产或不履行债务所造成的损失和费用	×	×	×
7.由于使用任何原子武器或核裂变等造成的损失和费用	×	×	×
8.船舶不适航,船舶、装运工具、集装箱等不适货	×	×	×
9.战争险	×	×	×
10.罢工险	×	×	×

说明:"○"代表承保风险;"×"代表不承保风险

第四节　进出口保险实务

在国际服装买卖合同中,为了明确交易双方在货运保险方面的责任,通常都订有保险条款,其主要内容包括保险投保人的约定、确定保险金额、办理投保并交付保险费、领取保险单据、保险索赔等。

一、保险投保人的约定

每笔交易的货运保险,究竟由买方或卖方投保,完全取决于买卖双方约定的交货条件和所使用的贸易术语。由于每笔交易的交货条件和所使用的贸易术语不同,故对投保人的规定也相应有别。例如,按FOB或CFR条件成交时,在买卖合同的保险条款中,一般只订明"保险由买方自理"。如果买方要求卖方代办保险,则应在合同保险条款中订明:"由买方委托卖方按发票金额×××%代为投保××险,保险费由买方负担。"凡按CIF或CIP条件成交时,由于货价中包括保险费,故在合同保险条款中,需要详细约定卖方负责办理货运保险的有关事项,如约定投保的险别、支付保险费和向买方提供有效的保险凭证等。

按CIF或CIP条件成交时,运输途中的风险本应由买方承担,但一般保险费则约定由卖方负担,因货价中包括保险费。买卖双方约定的险别通常为平安险、水渍险、一切险三种基本险别中的一种。但有时也可根据货物特性和实际情况加保一种或若干种附加险。如约定采用英国伦敦保险协会货物保险条款,也应根据货物特性和实际需要约定该条款的具体险别。在双方未约定险别的情况下,按惯例,卖方可按最低的险别予以投保。

在CIF或CIP货价中,一般不包括加保战争险等特殊附加险的费用,因此,如买方要求加保战争险等特殊附加险时,其费用应由买方负担。如买卖双方约定,由卖方投保战争险并由其负担保险费时,卖方为了避免承担战争险的费率上涨的风险,往往要求在合同中规定:"货物出运时,如保险公司增加战争险的费率,则其增加的部分保险费,应由买方负担。"

二、确定保险金额

保险金额(insured amount)系指保险人承担赔偿或给付保险金的最高限额,也是保险人计算保险费的依据。投保人在投保时应向保险人申报保险金额,保险金额是根据保险价值确定的,按照国际保险市场的习惯做法,出口服装的保险金额一般按 CIF 货价另加 10% 计算,这增加的 10% 叫保险加成,也就是买方进行这笔交易所付的费用和预期利润,也可协商确定投保加成率。保险金额计算的公式是:

保险金额 = CIF 货值 ×(1 + 加成率)

在我国出口业务中,CFR 和 CIF 是两种常用的术语。鉴于保险费是按 CIF 货值为基础的保险额计算的,两种术语服装价格可按下述方式换算:

CFR = CIF ×[1 - 保险费率 ×(1 + 加成率)]

三、办理投保并交付保险费

我国一般贸易中的出口服装一般采取逐笔投保的办法。按 FOB 或 CFR 成交的出口服装,卖方无办理投保的义务,但卖方在履行交货之前,服装自仓库到装船这一段时间内,仍承担服装可能遭受意外损失的风险,需要自行安排这段时间内的保险事宜。按 CIF 或 CIP 等术语成交的出口服装,卖方负有办理保险的责任,一般应在服装从装运仓库运往码头之前办妥投保手续。出口企业向当地保险公司办理投保手续,据合同或信用证在备妥货并明确装定日期及运输工具后,按规定格式逐笔填制保险单,具体列明被保险金额、起止日期、船名、起止港口和投保险别,缴纳保险费,并向保险公司领取保单。

按国际保险市场习惯。保险费由投保人按约定方式缴纳,保险费是保险合同生效的前提条件。保险费率是由保险公司根据一定时期、不同种类的服装的赔付率,按不同险别和目的地确定的。保险费根据保险费率表按保险金额计算,其计算公式是:

保险费 = 保险金额 × 保险费率

我国加工贸易中的出口服装如"三来一补",即来料加工、来件装配、来样加工和补偿贸易,在我国服装界比较普遍。根据服装贸易合同规定由我方负责保险的,由服装外贸公司向保险公司办理投保申请。外商或国内服装加工生产企业可根据上述所承担的风险分段投保有关保险,即分别投保服装运输险、财产险或设备安装险。也可三段一并投保,设备进口至成品运交收货人的全过程实行一次投保。如果投保人的三段保险均在我国办理,可与保险公司签订预保合同。

四、领取保险单据

保险单据是保险人与被保险人之间订立保险合同的证明文件,它反映了保险人与被保险人之间的权利和义务关系,也是保险人的承保证明。当发生保险责任范围内的损失时,它又是保险索赔和理赔的主要依据。主要有以下几种单据。

1.保险单(insurance policy)

保险单俗称大保单,是使用最广的一种保险单据。货运保险单是承保一个指定航程内某一批货物的运输保险,它具有法律上的效力,对双方当事人均有约束力。保险单上一般须载明:当事人的名称和地址;保险标的的名称、数量或重量、唛头;运输工具;保险别;保险责任起讫时间和地点及保险期限;保险币种和金额;保险费;出立保险单的日期和地点;保险人签章;赔款偿付地点以及经保险人与被保险人双方约定的其他事项等内容。保险背面载明的保险人与被保险人之间权利和义务等方面的保险条款,也是保险单的重要内容。

2. 保险凭证(insurance certificate)

保险凭证俗称小保单,是一种简化的保险单据。这种凭证除背面不载明保险人与被保险人双方的权利和义务等保险条款外,其余内容均与保险单相同。保险凭证与上述保险单具有同等法律效力。但近年来,为实现单据规范化,不少保险公司已不用此类保险凭证。

3. 联合凭证(combined certificate)

联合凭证是一种将发票和保险单相结合的,比保险凭证更为简化的保险单据。保险公司将承保的险别、保险金额以及保险编号加注在投保人的发票上,并加盖印戳,其他项目以发票上列明的为准。这种凭证曾在我国对某些特定地区的出口业务中使用,现已很少使用。

4. 预约保单(open policy)

预约保单又称预约保险合同(open cover),它是被保险人(一般为进口人)与保险人之间订立的总合同。订立这种合同的目的是为了简化保险手续,又可使货物一经装运即可获得保障。合同中规定承保货物的范围、险别、费率、责任、赔款处理等条款,凡属合同约定的运输货物,在合同有效期内自动承保。在实际业务中,预约保单适用于我国自国外进口货物。凡属预约保单规定范围内的进口货物,一经启运,我国保险公司即自动按预约保单所订立的条件承保。但被保险人在获悉每批货物装运时,应及时将装运通知书(包括货物名称、数量、保险金额、船名、航程起讫地点、开航或起运日期等)送交保险公司,并按约定办法缴纳保险费,即完成了投保手续。事先订立预保合同,可以防止因漏保或迟保而造成的无法弥补的损失,因为货物在未投保前出险,再向保险公司投保,照例不能被接受,当发生损失时,就得不到保险赔款。

5. 批单(endorsement)

保险单出立后,投保人如需要补充或变更其内容时,可根据保险公司的规定,向保险公司提出申请,经同意后即另出一种凭证,注明更改或补充的内容,这种凭证称为批单。保险单一经批改,保险公司即按批改后的内容承担责任。批单原则上须粘贴在保险单上,并加盖骑缝章,作为保险单不可分割的一部分。

货运保险单、保险凭证和海运提单一样可以经背书或其他方式进行转让。保险单据的转让毋须取得保险人的同意,也毋须通知保险人。即使在保险标的发生损失后,保险单据仍可有效转让。在CIF或CIP条件下,保险单据的形式和内容,必须符合买卖双方约定的要求,特别是在信用证支付条件下,必须符合信用证的有关规定。

五、保险索赔

出口服装在保险责任有效期内发生属于保险责任范围内的损失,被保险人按照保险单的有关规定向保险公司提出赔偿要求,称为保险索赔。在索赔工作中,被保险人应做好以下工作:

1. 损失通知

当被保险人获悉或发现被保险货物已遭损失,应立即通知保险公司或当地的检验、理赔代理人,并申请检验。检验报告是被保险人向保险公司申请索赔时的重要证据。

2. 向承运人等有关方面提出索赔

被保险人或其代理人在提货时发现被保险货物整件短少或有明显残损痕迹,除向保险公司报损外,还应立即向承运人或有关当局(如海关、港务当局等)索取货损货差证明。如货损货差涉及承运人、码头、装卸公司等方面责任的,还应及时以书面形式向有关责任方提出索赔,并保留追偿权利。

3.采取合理的施救、整理措施

被保险货物受损后,被保险人应迅速对受损货物采取必要合理的施救、整理措施,防止损失扩大。被保险人收到保险公司发出的有关采取防止或者减少损失的合理措施的特别通知的,应当按照保险公司通知的要求处理。

4.备妥索赔单据

被保险货物的损失经过检验,并办妥向承运人等第三者责任方的追偿手续后,应立即向保险公司或其代理人提出赔偿要求。提出索赔时,除应提供检验报告外,通常还需提供其他单证,如:保险单或保险凭证正本;运输单据;发票;装箱单;货损货差证明;海事报告;索赔清单;主要列明索赔的计算依据,以及有关费用项目和用途等。

5.代位追偿

被保险人在获得保险补偿的同时,须将受损货物的所有权转让给保险公司,以便保险公司取代被保险人的地位或以被保险人名义向第三者责任方要求赔偿。保险人的这种权利,叫做代位追偿权(right of subrogation)。在实际业务中,保险人需首先向被保险人进行赔付,才能取得代位追偿权。

六、国际货运保险策略

办理国际服装运输保险,几乎是每一单服装出口业务都要做的事。由于实际操作中情况千差万别,因此,如何灵活运用保险,规避出口服装风险,是技巧性很强的专业工作。

1.投保时,在保险范围和保险费之间寻找平衡点

要做到这一点,首先要对面临的风险作出评估,甄别哪种风险最大、最可能发生,并结合不同险种的保险费加以权衡。多投险种当然安全感会强很多,但保费的支出肯定也要增加。综合考虑所出口服装种类、性质、包装、运输等情况,在办理投保业务时考虑得比较多而且全面,则既节省保费,又能较全面地提高风险保障程度。现在出口业务普遍利润微薄,因此在投保时更应仔细权衡。

2.主险与附加险灵活使用

保险公司在理赔的时候,首先要确认导致损失的原因,只有在投保险种责任范围内导致的损失才会被赔偿,故此,附加险的选择要针对易出险因素来加以考虑。例如,麻类服装,受潮后会发热,引起霉变、自燃等现象,从而带来损失,应在平安险或水渍险的基础上加保受热受潮险。其次要针对具体情况来确定,目标市场不同,费率亦不同,出口商在核算保险成本时,要区别对待。例如,如果投保一切险,欧美发达国家的费率可能是0.5%,亚洲国家是1.5%,非洲国家高达3.5%。另外,货主在选择险种的时候,要根据市场情况选择附加险,如向某些社会秩序不好的国家出口服装,因为当地码头情况混乱,风险比较大,应该选择偷窃、提货不着险和短量险作为附加险,或者干脆投保一切险。最后要做好防险工作,虽然风险造成的损失保险公司会负责理赔,但货主在索赔过程中费时费力,也是不小的代价,所以,预防风险的意识也是必要的。

七、买卖合同中的保险条款

保险条款是国际货物买卖合同的重要组成部分,必须订得明确、合理。保险条款的内容依选用不同的贸易术语而有所区别。

以 FOB,CFR 或 FCA,CPT 条件成交的合同,保险条款可订为:

"保险由买方负责"(Insurance:to be covered by the Buyer)

如果买方委托卖方代办保险,则应明确规定保险金额、投保险别、按什么保险条款保险等内容,保险费由买方负担。同时规定保险费的支付时间和方法。

以 CIF 或 CIP 条件成交的合同,条款内容须明确规定由谁办理保险、投保险别、保险金额的确定方法以及按什么保险条款保险,并注明该条款的生效日期。具体订法举例如下:

"保险由卖方按发票金额的××%投保××险、××险(险别),以中国人民保险公司×年×月×日的有关海洋运输货物保险条款为准。"

(Insurance:to be covered by the Seller for... %of total invoice value against...

...as per and subject to the relevant ocean marine cargo clauses of the People's

Insurance Company of China,dated...)

附保险单格式如下:

中国人民保险公司

THE PEOPLE'S INSURANCE COMPANY OF CHINA

总公司设于北京 一九四九年创立

Head Office:BEIJING Established in 1949

发票号码: 保险单 保险单号次

Invoice No. Poliey No

INSURANCE POLICY

中 国 人 民 保 险 公 司

This Policy of Insurance witnesses that The People's Insurance Company of China

(以下简称本公司) 根据..................................

(hereinafter called "The Company") at the request of..........................

(以下简称被保险人)的要求,由被保险人向本公司缴付约定的

(hereinafter called "Insured")and in consideration of the agreed premium paying

保险费,按照本保险单承保险别和背面所载条款。

to the Company by the Insured,Undertakes to insure the undermentioned goods in transportation subject to the conditions of this policy

与下列特款承保下述货物运输保险,特立本保险单。

As per the Clauses printed overleaf and other special clauses attached hereon

标 记 Marks & Nos.	包装及数量 Quantity	保险货物项目 Description of Goods	保险金额 Amount Insured

总保险金额：
Total Amount Insured:______________________
保 费 费率 装载运输工具
Premium as arranged Rate as arranged. Per conveyance. S. S
开航日期 自 至
Sig on or abt.__________ From to
承保险别
Conditions

中国人民保险公司
THE PEOPLE'S INSURANCE CO. OF CHINA

赔款偿付地点：
Claim payable at
日期
DATE

复习思考题

1.进出口货物为什么要投保运输险?

2.在海运货物保险中,保险公司承保哪些风险、损失和费用?

3.何谓实际全损?何谓推定全损?请用实例说明。

4.请用实例说明施救费用与救助费用的区别。

5.何谓共同海损?它与单独海损有何区别?

6.在国际保险业务中所使用的"仓至仓"(W/W)条款是什么意思?

7.国际货物运输为什么要加保战争险?中国人民保险公司关于战争险的保险期限是如何规定的?

8.伦敦保险协会货物保险条款规定承保哪几种险?在保险实务中如何具体运用?

9.采用CIF条件成交时,按国际惯例,保险金额如何确定?并说出其理由。

10.中国人民保险公司关于进出口货物投保陆运险、航空运输险和邮包险是怎样规定的?

11.买卖合同中的保险条款主要包括哪些内容?规定此条款时应注意什么问题?

12.有一份FOB合同,货物在装船后,卖方向买方发出装船通知,买方向保险公司投保了"仓至仓条款一切险"(All Risks with Warehouse to Warehouse Clause),但货物在从卖方仓库运往码头的途中,被暴风雨淋湿了10%的货物。事后卖方以保险单含有仓至仓条款为由,要求保险公司赔偿此项损失,但遭到保险公司拒绝。后来卖方又请求买方以投保人名义凭保险单向保险公司索赔,也遭到保险公司拒绝。试问在上述情况下,保险公司能否拒赔?为什么?

13.某外贸公司按CIF术语出口一批货物,装运前已向保险公司按发票总值110%投保平安险,6月初货物装妥顺利开航。载货船舶于6月13日在海上遇到暴风雨,致使一部分货物受到水渍,损失价值2100美元。数日后,该轮又突然触礁,致使该批货物又遭到部分损失,价值为8000美元。问:保险公司对该批货物的损失是否赔偿?为什么?

14.某货轮在航行途中因电线走火,第三舱内发生火灾,经灌水灭火后统计损失,被火烧毁货物价值5000美元,因灌水救火被水浸坏货物损失6000美元。船方宣布该轮共同海损,试根据上述案例分析回答下列问题:

(1)该轮船长宣布共同海损是否合理?

(2)被火烧毁的货物损失5000美元船方是否应负责赔偿,理由是什么?

(3)被水浸的货物损失6000美元属什么性质的损失?应由谁负责?

第六章 货款的结算

国际货款的结算，是指出口货物应收款项采用怎样的支付货币和在何时、何地、何种方式收付货款。根据《联合国国际货物销售合同公约》和各国的法律规定，按照合同规定支付货物价款是买方的基本义务，收取货物价款则是卖方的主要权利。因此，货款结算是国际贸易合同中的一项重要条款。货款结算方式的不同，将会影响到买卖双方的资金周转、融通和费用的承担，直接关系到双方的切身利益。

在实际业务中，买卖双方都希望在货款的收付方面获得较大的保障，尽量减少款、货落空的风险，并能取得资金融通。就卖方而言，要安全、迅速收汇，最好采用预付货款或付现，或取得银行的付款保证后再发货；就买方而言，最好采用记账贸易，先取得货物后再支付货款，或要求卖方把货物或代表货物所有权的单据交付后再付款。因此，买卖双方在磋商交易和订立合同时，都力争规定对自己有利的支付条件。进出口合同中的收付条款主要包括支付工具、支付时间和支付方式等内容。

第一节 支付工具

国际贸易买卖价款的结算可以使用现金或者票据。在采用现金结算时，以货币作为计价和支付的工具；在采用非现金结算时，则使用一定的票据作为支付工具。随着国际贸易的发展，现金结算货款越来越少，仅限于少量的购买，如购买样品、预付定金、少量赔款等。而越来越多地使用非现金结算，即通过票据进行结算，其中以汇票使用最多，本票和支票使用其次。

一、汇票

1. 汇票的定义

汇票(Bill of Exchange)是国际结算中使用最广泛的一种票据。《英国票据法》对汇票的定义是：汇票为一项无条件的书面支付命令，是一人向另一人签发的，要求即期或定期或在可以确定的将来时间，对某人或其指定人或持票人支付一定金额的货币。(A bill of exchange is an unconditional order in writing, addressed by one person to another signed by the person giving it, requiring the person to whom it is addressed to pay on demand or at a fixed or determinable future time a sum certain in money to or to the order of a specified person, or to bearer.)

我国《票据法》第19条规定:“汇票是出票人签发的,委托付款人在见票时或者在指定日期无条件支付确定的金额给收款人或者持票人的票据。”

2.汇票的内容

汇票的内容根据其性质及重要性可分为三类:

(1)绝对必要的记载项目

绝对必要的记载项目指汇票必须记载的内容,这也是汇票的法定要素。只有这些项目记载齐全并符合票据法的规定,汇票才是有效的。我国《票据法》第22条规定,汇票必须记载的事项有:

1)应载明“汇票”(Bill of Exchange)字样,同义词Exchange或Draft均可,目的在于与其他支付工具加以区别。

2)无条件书面支付命令(unconditional order to pay in writing)。汇票是书面形式的支付命令,支付不能受到限制,不能附带任何条件。

3)确定的金额(in certain amount),必须表明以一定货币表示的确切数目,金额必须用文字大写、数字小写分别表明。

4)付款人名称(Drawee),汇票上记载的付款人应有一定的确定性(with reasonable certainty)以便能找到并且不会弄错,实务上一般都注明详细地址。

5)收款人名称(Payee)。汇票是债权凭证,而收款人则是汇票上记明的债权人。汇票上“收款人”的记载通常称为“抬头”,可分为三类:

● 限制性抬头(restrictive order)　限制性抬头票据不可流通转让,票据的债务人只对记明的收款人负责,票据上标明:Pay...only或Pay...not transferable。

● 指示性抬头(demonstrative order)　指示性抬头票据可由收款人背书后交付票据转让权利,票据上表明:Pay...or order或Pay to the order of...

● 来人抬头(payable to bearer),来人抬头票据的债务人对“来人”,即持有“来人抬头”票据的持票人负责,票据上标明:Pay bearer。

6)出票日期(Date of Issue)。出票日期有三个重要作用:

● 决定票据有效期;

● 决定到期日,计算远期汇票的到期日必须知道出票日期;

● 决定出票人的行为能力,如果出票时法人已宣告破产或清理,已丧失行为能力,则票据不成立。

7)出票人签字(Signature of the Drawer),票据法是根据某人在票据的签字来确定他的票据责任的,不签字就不负责任。出票人签字是承认自己的债务,收款人也因此有了债权,从而使票据成为债权凭证。因此汇票没有了出票人签字则不能成立。

(2)相对必要的记载项目

除了绝对必要记载项目,相对必要记载项目也是汇票的重要内容,只不过这些内容不记载并不影响汇票的法律效力。根据我国《票据法》第23条规定,汇票的相对记载项目有:

1)付款日期(Tenor)。付款日期是付款人履行付款义务的期限。汇票的付款期限有五种规定方法:

● 见票即付(at sight / on demand)

● 见票后××天付款(payable ...days after sight);

● 出票后××天付款(payable...days after date);

- 提单日后××天付款(payable ...days after bill of lading);
- 指定日期付款(fixed date)。

若票据上未注明付款期限,一概作即期。

2)付款地点(place of payment)。付款地点是持票人提示请求付款的地点。付款地点有一个重要的作用是,根据国际司法的"行为地原则",在付款地发生的"承兑"、"付款"等行为,包括到期日算法都适用付款地法律。

3)出票地点(place of issue)。出票地点对国际汇票具有重要意义,因为票据是否成立是以出票地法律来衡量的。如果票据不注明出票地也成立,此时就以出票人的地址作为出票地点。

(3)任意记载项目

汇票除了绝对必要记载项目和相对必要记载项目外,还可以在票据法允许的范围内作"任意记载"。我国《票据法》24 条规定:"汇票上还可以记载本法规定事项外的其他出票事项,但是该记载事项不具有汇票上的效力。"

任意记载项目一般包括:特定当事人;必须提示承兑;免作拒绝证书(Protest Waived);免于追索(Without Recourse);利息、利率条款;汇率条款及废弃条款等。

3.汇票的种类

可以从不同的角度对汇票进行分类。汇票主要有以下几种:

(1)按出票人的不同,汇票可分为银行汇票和商业汇票。

银行汇票(Banker's Draft)是指出票人和付款人均为银行的汇票。在国际贸易中,商业汇票(Commercial Draft)则是指出票人为企业法人、公司、商号或者个人开立的汇票。汇票一般由出口商签发,用以向进口商或银行收取货款或其他款项。

(2)按汇票本身是否有随附单据,汇票可分为光票汇票和跟单汇票。

光票(Clean Bill)是指汇票本身不附带货运单据,银行汇票多为光票。跟单汇票(Documentary Bill)又称信用汇票、押汇汇票,是指必须随附商业单据才能进行付款的汇票。跟单汇票的单据包括提单、仓单、保险单、装箱单、商业发票等,商业汇票多为跟单汇票。

(3)按付款时间的不同,汇票又可分为即期汇票和远期汇票。

即期汇票(Sight Bill, Demand Bill)是指持票人向付款人提示后,付款人必须立即付款的汇票,又称见票即付汇票。远期汇票(Time Bill, Usance Bill)是指在出票一定时间后或规定在特定日期付款的汇票。

(4)按承兑人的不同,汇票可以分为商业承兑汇票和银行承兑汇票。

商业承兑汇票(Commercial Acceptance Bill)是由工商企业或个人承兑的远期汇票。商业承兑汇票是建立在商业信用的基础上的,其出票人也是工商企业或个人,例如出口企业。银行承兑汇票(Banker's Acceptance bill)是指以银行为承兑人的远期汇票。银行承兑汇票通常由出口人签发,银行对汇票承兑后即成为该汇票的主债务人,而出票人则成为从债务人,或称为次债务人。

此外,还可根据承兑地点、付款地点、流通地域的不同进行分类。应该注意的是,汇票按其特性分类,并不意味着一张汇票只能具备一个特征,而是可以同时兼备几个特征。例如同时是远期、商业、跟单汇票,或即期、银行汇票等。

4.汇票行为

汇票行为有广义和狭义之分。狭义的汇票行为是指以负担汇票债务为目的的法律行为,是由汇票债务人作出的行为,包括出票、背书、承兑、参加承兑和保证五种行为。广义的汇票行为是以发生、变更或消灭汇票权利义务关系为目的的法律行为。

(1)出票(Issue) 即签发汇票,包括出票人签发汇票并将汇票交给收款人的行为。出票行为包括两项内容:一是出票人签发汇票并签字;二是将汇票交付给收款人。出票行为是汇票的基本行为,其他行为都是在出票行为基础上产生的。

(2)背书(Endorsement) 指收款人或持票人在转让汇票时在汇票背面签字并将其交付被背书人的行为。背书行为包括两项内容:一是背书人在汇票背面签字;二是背书人将背书的汇票交付给被背书人。经过背书后持票人成为背书人(即转让人、又称前手),是汇票的债务人,对被背书人(即汇票的受让人、又称后手)承担担保承兑和担保付款的责任。

(3)提示(Presentation) 指持票人将汇票交付付款人要求承兑或付款的行为。提示分为承兑提示和付款提示两种:即期汇票或已到期的远期汇票,持票人向付款人做付款提示;远期汇票,持票人向付款人做承兑提示。

(4)承兑(Acceptance) 指远期汇票的付款人在汇票上签字表示同意到期付款的行为。承兑行为包括两项内容:一是付款人在汇票正面写明"承兑"字样,签字并著名承兑日期;二是付款人将承兑的汇票交付给持票人。汇票承兑后,承兑人成为汇票的主债务人,对汇票付款作了进一步保证,出票人退为次主债务人,同时也增强了汇票的流通性,一般银行都愿意贴现银行承兑的远期汇票。

(5)付款(Payment) 指即期汇票或经过承兑的远期汇票到期时,持票人提示付款,付款人或承兑人履行付款义务。在通常情况下,付款人或承兑人履行正当付款是解除汇票的最主要方式。汇票一经解除,出票人、承兑人、背书人、保证人等全体票据债务人的责任即告消灭。

(6)退票(Dishonor) 又称拒付,指持票人提示汇票要求承兑或付款时遭到拒绝;付款人避而不见、死亡或依法宣告破产等,使持票人无法按规定作承兑或付款提示时,也构成拒付。汇票遭到拒绝后,持票人无权向付款人追索票款,但有权向背书人或者出票人追索票款。持票人行使追索权时,除票据上另有规定外,必须办理拒绝证书,并向前手发出退票通知。

(7)追索(Recourse) 指汇票遭拒付时,持票人对其前手(背书人、出票人)请求偿还汇票金额和有关费用的权利。持票人是主债权人,有权向背书人、承兑人、出票人及其他债务人追索。

在国际贸易结算中,虽以使用汇票为主,但有时也有使用本票和支票的。

二、本票

1.本票的定义

本票,也称期票,《英国票据法》的定义为:"本票是一人向另一人签发的,保证即期或定期在可以确定的将来时间,向某人或其指定人或来人无条件支付一定金额的书面付款承诺。"(A promissory note is an unconditional promise in writing made by one person to another signed by the maker engaging to pay on demand or at a fined or determinable future time a sum certain in money to or to the order of a special person or to a bearer.)

我国《票据法》第73条所下的定义是:"本票是出票人签发的,承诺自己在见票时无条件支付确定的金额给收款人或持票人的票据。"

2.本票的内容

我国《票据法》第76条规定,本票必须记载下列事项:

(1)"本票"的字样;

(2)无条件支付的承诺;

(3)确定的金额;

(4)收款人名称;

(5)出票日期;

(6)出票人签章。

本票上未记载上述规定事项之一的,本票无效。关于付款地、出票地的记载,应当清楚、明确,但是没有记载并不影响本票的效力。我国《票据法》第77条规定:"本票上未记载付款地的,出票人的营业场所为付款地。本票上未记载出票地的,出票人的营业场所为出票地。"

3.本票的种类

按照《日内瓦统一法》与《英国票据法》,本票可按出票人的不同,分为一般本票和银行本票两种。

(1)一般本票(general promissory note; trader's note)是由工商企业或个人签发的,因此又称商业本票。它是建立在商业信用的基础上,为了清偿国际贸易中产生的债务关系而开立的。一般本票又按付款时间分为即期和远期两种。即期本票就是见票即付的本票。而远期本票则是承诺于未来某一规定的或可以确定的日期支付票款的本票。

(2)银行本票(banker's promissory note; cashier's order)的出票人是银行,它是银行应存款户的某种需要开立的,常用于代替现金支付或进行现金转移,建立在银行信用的基础上。银行本票分为即期和远期两种,上柜即可取现。银行本票多为即期本票,远期本票则严格限制其期限。我国《票据法》第79条规定:"本票自出票日起,付款期限最长不得超过两个月。"

值得注意的是,根据我国《票据法》"本法所称本票,是指银行本票"的规定,我国不承认银行以外的企事业、其他组织和个人签发的本票。而且该法第75条还规定:"本票出票人的资格由中国人民银行审定,具体管理办法由中国人民银行规定。"按此规定,说明不是所有的银行都可签发本票,而只有符合中国人民银行规定且经其审定的银行方可签发本票。

4.本票与汇票的异同

(1)本票的基本关系人只有两个,即出票人和收款人。本票的出票人就是付款人,本票是出票人承诺和保证自己付款的凭证。汇票的基本当事人有三个,即出票人、收款人、付款人。

(2)本票是出票人自己承诺和保证付款的凭证,是一种承诺式票据,汇票是出票人命令或委托付款人无条件付款,是一种命令式或委托式票据。

(3)本票的主债务人是出票人,而汇票的主债务人可以是出票人,也可以是承兑人。

(4)本票无需承兑,对于见票后定期付款的本票,持票人向出票人提示请其签字以确立日期,从签字日期算起,确定付款日。而汇票除了即期汇票,远期汇票必须提示承兑。

(5)本票只签发一份,汇票可以一式几份,通常是两份,并注明"付一不付二"或"付二不付一"的字样。

本票与汇票在许多方面是相同或相似的。各国票据法对汇票的规定都特别详细，对本票只有几条特别的规定。除了这些特别的规定，凡对汇票的出票、背书、付款等法律规定，只要不违反本票的性质，都适用于本票。

三、支票

1.支票的定义

对于支票(check, cheque),《英国票据法》的定义是："支票是以银行为付款人的即期汇票。"(A check is a bill of exchange drawn on a bank, payable on demand.)

我国《票据法》第 82 条所下的定义是："支票是出票人签发的，委托办理支票存款业务的银行或者其他金融机构在见票时无条件支付确定金额给收款人或持票人的票据。"

2.支票的内容

我国《票据法》第 85 条规定支票必须记载下列事项：

(1)"支票"的字样；

(2)无条件的支付委托；

(3)确定的金额；

(4)付款人名称；

(5)出票日期；

(6)出票人签章。

支票上未记载上述规定事项之一的，支票无效。

我国《票据法》第 86 条规定："支票上的金额可以由出票人授权补记，未补记前的支票，不得使用。"第 87 条规定："支票上未记载收款人名称的，经出票人授权，可以补记。支票上未记载付款地的，付款人的营业场所为付款地。支票上未记载出票地的，出票人的营业场所、住所或者经常居住地为付款地。"

3.支票的种类

(1)根据抬头方式可区分为记名支票和无记名支票。

●记名支票(cheque payable to ×× only)指注明收款人姓名的支票。记名支票在取款时，必须由收款人签章并经付款行验明其真实性。记名支票在转让时需要背书。

●无记名支票(cheque to bearer)，也称来人支票或空白支票，指没有记明收款人的支票。任何人只要持有此种支票，即可要求付款行付款。银行对持票人获得支票是否合法不负责。这种支票无需背书即可流通转让。

(2)根据支票对付款有无特殊限制可区分为普通支票和划线支票。

●普通支票(open cheque)，又称敞口支票、非划线支票，指票面上无两条平行线或对付款无特殊限制或保障的支票。普通支票可由持票人向付款银行提取现金，也可以委托银行收款入账。

●划线支票(crossed cheque)，是指支票正面有两道平行线的支票。划线支票只能委托银行收款入账，不能提现。使用划线支票可以防止遗失后被人冒领。

(3)保付支票(certified cheque)是指付款银行在支票上另注"保付"字样(certified to pay)的支票。付款行保付后必须付款，因此支票经保付后，信用提高，利于流通。美国、日本等国法律都有关于保付支票的规定。《英国票据法》、《日内瓦统一法》和我国《票据法》均没有这种规定。

(4)银行支票(banker's cheque)是指由银行签发,并由银行付款的支票。这种支票主要用于支付本行对外债务,或代客户办理票汇,也称为银行本票。

4.支票与汇票的异同

从定义上比较,可以看出支票与汇票有许多相同之处,如都是无条件的付款命令,都有三个基本关系人。但两者之间也存在着较大的差别:

(1)支票的出票人必须具备一定的条件。首先,支票的出票人必须是银行的存款户,在银行没有存款的人不可能成为支票的出票人;其次,出票人必须事先与该银行订有使用支票的协议,银行同意存款人使用支票;再次,支票的出票人必须使用存款银行统一印制的支票,不同于汇票和本票由出票人自制。

(2)付款人不同。支票的付款人仅限于银行,汇票的付款人可以是银行,也可以是企业或个人。

(3)付款时间不同。支票都是即期付款,即银行见票即付;汇票有即期付款和远期付款两种。

(4)支票无承兑手续。支票都是即期付款,不需办理承兑手续;汇票除见票即付外,一般需要办理承兑手续,因此,支票的主债务人是出票人,而承兑汇票的主债务人是承兑人。

(5)职能不完全相同。支票是支付工具,汇票除具有支付工具的性质外,还具有信贷工具的职能。

四、票据的使用

票据是可以流通转让的信用工具,通常用作结算工具或信贷工具。汇票既是结算工具又是信贷工具,本票基本上是信贷工具,而支票则是结算工具。以下简单介绍当今世界商业实务中这三种票据的使用情况。

(1)支票主要用于国内结算,出票人签发支票给收款人很方便,不需数现金也不需去银行。对于收款人来说,只需将支票交存银行很快就可收账,也相当方便。因此,在西方国家的国内结算中,支票的使用相当广泛。

(2)汇票作为结算工具,主要用于国际汇款。由银行出票又由银行付款的银行汇票对于收款人最为可靠;商业汇票,由厂商出具,在国际贸易结算中使用得很多,跟单汇票与贸易单据一起寄给付款人作为付款命令,它作为结算工具实际上是可有可无的,仅凭单据进口商也是会付款的,但是作为信贷工具,却是无法替代的。一般国家都鼓励进出口,所以,以进出口贸易为背景的商业票据很容易贴现。因此商业汇票成了进出口商获得融资的重要工具。

(3)由于经常发生出票人拒付案,影响了商业本票的声誉,人们一般不愿意接受商业本票,目前只偶尔有大企业用以筹资的商业本票。至于银行本票,因为一般国家对发行银行本票限制较多,所以也不多见。

现将汇票、本票和支票的主要区别列表,如表 6-1 所示。

表 6-1 汇票、本票和支票的主要区别

项目＼票据	汇票	本票	支票
性质	无条件的书面支付命令	无条件的书面支付承诺	无条件的书面支付命令
当事人	出票人、付款人、受款人	出票人、付款人	出票人、付款人、受款人
付款时间	有即期和远期之分 远期汇票要承兑	有即期和远期之分 远本期汇票无需承兑	只有即期
份数	多份	一份	一份
主债务人	承兑前是出票人 承兑后是承兑人	出票人	出票人
有无到期日记载	有	有	(都是即期)
出票人担保的责任	付款和承兑	自付款	付款

第二节　支付方式

作为一笔国际贸易业务的双方,进口方总希望安全及时地收货,出口方希望及时地收款,只有双方的要求都得到满足,这笔交易才能很好地完成,其中结算环节起着非常重要的作用。非现金结算是通过结算工具的传递来实现的。结算工具的流动方向有时与资金流动方向相同,有时相反。结算工具流向与资金流向相同时称为“顺汇”方式,结算工具流向与资金流向相反时称为“逆汇”方式。国际贸易结算的常见方式有:汇付、托收、信用证。其中汇付为顺汇,托收和信用证为逆汇。

汇付和托收建立在商业信用的基础上,银行只提供服务,不提供信用,也不承担任何风险和责任。因此,贸易货款的结算完全取决于进出口双方中的一方对另一方的信任,并在此基础上向对方提供信用和资金便利。以商业信用为基础的支付方式对提供信用的一方而言,存在较大风险。在这种商业信用相对脆弱的情况下,诞生了以银行信用向进出口双方提供担保的信用证支付。以下将分别进行介绍。

一、汇付

1. 汇付的定义

汇付(remittance)又称汇款,是最简单的国际货款结算方式。采用汇付方式结算货款时,卖方将货物发运给买方后,有关货运单据由卖方自行寄送给买方;而买方则径自通过银行将货款汇交给卖方。这对银行来说,只涉及一笔汇款业务,并不处理单据。由于汇款业务中结算工具(委托通知、票据)的传递方向与资金的流向相同,故属顺汇。

2. 汇付的当事人

汇付业务涉及的当事人有汇款人(Remitter)、收款人(Payee or Beneficiary)、汇出行(Remitting Bank)和汇入行(Paying Bank)四个。

- 汇款人指汇出款项的人,在国际贸易中,通常为进口人。
- 收款人指收取款项的人,通常为出口人。

●汇出行指受汇款人的委托汇出款项的银行，通常是在进口地的银行。

●汇入行指受汇出行委托解付汇款的银行，通常是出口地的银行。一般来说，汇款人与汇出行之间订有合约关系，汇出行与汇入行之间订有代理合约关系。

3.汇付的种类

根据不同的汇款方法，汇付方式有电汇、信汇和票汇三种。

(1)电汇(telegraphic transfer, T/T)是由汇款人委托汇出行用电报、电传、环球银行间金融电讯网络(SWIFT)等电讯手段发出付款委托通知书给收款人所在地的汇入行，委托它将款项解付给指定的收款人。

汇出行在发出电汇后，为防止传递电文有误，通常还应立即以航空信件向汇入行寄发"电汇证实书"(T/T confirmation)，供汇入行查对。汇入行在收到电汇委托通知书并经核对密押无误后，即通知收款人凭适当身份证明文件取款，收款人收取款项后出具收据作为收妥汇款的凭证。汇入行解付汇款后，除向汇出行收回垫款或邮寄付讫借记通知(debit advice)进行转账外，应将收据寄交汇出行，以便在必要时交给汇款人，作为汇款已经交付清楚的凭证。

(2)信汇(mail transfer, M/T)是指汇出行应汇款人的申请，将信汇委托书邮寄给汇入行，授权解付一定金额给收款人的一种汇款方式。它与电汇类似，只是汇出行不是使用电讯，而是使用信汇委托书(M/T advice)或支付通知书(payment order)，通过邮政航空信件方式寄发给汇入行。汇入行在收到汇出行邮寄来的委托书或通知书后，需核对汇出行的签字或印鉴，经证实无误后才能付款给收款人。

(3)票汇(remittance by banker's demand draft, D/D)是以银行即期汇票作为支付工具的一种汇付方式。一般是指汇出行应汇款人的申请开立以其代理行或其他往来银行为付款人的银行即期汇票，列明收款人名称、汇款金额等，交由汇款人自行寄交或代交收款人，由收款人凭该票向汇入行取款的一种汇付方式。

票汇除使用银行汇票外，近年来，使用其他票据如本票、支票等日益增多。在我国进出口业务中使用票汇方式时，当收到国外进口商寄来票据后，如付款银行在国外的，出口企业均需委托当地银行通过付款地的国外代理行向付款银行代为收款。俟收到国外代收行的收妥通知方可据以结汇。

4.汇付的业务程序

信汇的特点是：费用低廉；汇款在途时间长，收款时间较晚；银行可短期占用资金。

电汇的特点是：收款速度快，收款人可迅速收到汇款，加速资金周转，增加利息收入，避免汇率风险；汇款费用相对较高，即买方所付电信费用和银行费用较高；电汇还具有安全可靠的特点，因现在的电汇大多是采用电传发出的，而电传是银行与银行之间的直接通信，减少了邮递环节，所以产生差错的可能性很小。

票汇的特点是：第一，取款灵活。信汇的收款人只能向汇入行一家取款，而汇票的持有人可以将汇票卖给任何一家汇出行的代理行，汇入行只要持有汇出行的印鉴册，能核对汇票签字的真伪，确认签字无误后就会买入汇票。第二，汇票可以代替现金流通。汇票经收款人签字背书后，可以在市场上流通，除划线汇票(注明不得流通)外。第三，收款人方便，银行手续节省。汇票可由汇款人自行携带，也可以寄出，并在有效期内，收款人可随时到银行取款。汇入行业不必花费时间、人力去通知收款人，简化了手续。

电汇、信汇和票汇这三种汇付所使用的结算工具(委托通知或汇票)的传送方向与资金的流动方向相同,因此均属顺汇。但三者在付款速度上,以电汇最快,信汇次之,票汇最慢。所以,电汇最受卖方欢迎,也是目前汇付采用的主要方式,但银行收取的费用也最高。

5.汇付的特点及使用

汇付支付的特点是:

(1)风险大。对于预付货款的买方和货到付款的卖方,一旦付款或发货后就失去了制约对方的手段,能否及时收货或收款,完全取决于对方的信用,有很大的风险。如果对方信用不好,很可能银货两空。

(2)资金负担不平衡。对于预付货款或随订单付款中的买方,及货到付款或记账赊销中的卖方来说,资金大量占用,负担较重。整个交易过程中需要的资金几乎全由一方来提供,而另一方则负担很轻。

(3)手续简便,费用少。汇款支付方式的手续是最简便的,银行的手续费也最少。因此,在交易双方相互信任的情况下,或在跨国公司的不同子公司之间,用汇款方式是最理想的。

无论采用何种汇款方法,货运单据都由出口人自行寄交进口人,银行并不经手,所以又称单纯支付(clear payment of simple payment)。

在国际贸易中,汇款方式通常用于预付款(payment in advance)、随订单付现(cash with order 简称 C.W.O.)、交货付现(cash on delivery 简称 C.O.D.)和记账交易(open account trade)等业务。采用预付货款和随订单付现,对出口人来说,是先收款后交货,资金不受积压,这是进口人对出口人一种信任的表示。反之,采用交货付现和记账付现时,对出口人来说,先交货后收款,积压资金,这是出口人对进口人的信任,对出口人有一定的风险。

6.汇付的合同条款

合同中汇付条款示例:

买方应于×年×月×日前将全部(或部分)货款用电汇(或信汇、票汇)方式预付给卖方。

The Buyer shall pay the total value (or partial value) to the Seller in advance by T/T (or by M/T or D/D) no later than×××.

买方应于合同签署后30天内电汇货款的10%(计×××美元)付给卖方。

The Buyer shall pay to the Seller 10% of the contract value (USD×××) by T/T within thirty days after the signing of this contract.

二、托收

1.托收的定义

上述汇付方式中,无论采用赊销还是预付,都不能银货当面两讫,因而无法约束对方,风险较大。托收方式将交易变成一手交钱,一手交货(当然是推定交货),风险比汇付少。

关于托收(collection)的有关条款,均由《托收统一规则》(国际商会第522号出版物)规定。根据《托收统一规则》的规定,托收是出口人在货物装运后,开具以进口方为付款人的汇票(随附或不随附单据),委托出口地银行通过它在进口地的分行或代理行代向进口人收取货款的一种结算方式。

2.托收的当事人

在托收方式中,最基本的当事人一般有四个。

(1)委托人(principal)。又称出票人(drawer),即将单据交给银行委托其向国外的债务人收取票款的人。在进出口贸易中,委托人通常为出口商。

(2)托收行(remitting bank)。指接受委托人委托而代为收款的银行。在进出口交易中,托收行为出口商所在地银行,且多为其开户行。

(3)代收行(collecting bank)。指受托收行委托,向债务人收取款项的银行,一般为托收行设在债务人所在地的国外联行或代理行。在进出口贸易中,代收行为进口商所在地的银行。

(4)付款人(payer/drawee)。即债务人,在进出口贸易中通常为进口商。

上述当事人是托收业务的基本当事人,有时还有可能有以下当事人:

(5)提示行(presenting bank)。也称交单行,是跟单托收中向付款人提示汇票和单据的银行。一般情况下,代收行委托与付款人有往来账户关系的银行为提示行,也可以由自己作提示行。

(6)需要时的代理(principal's representative in case-of-need)。托收业务中,如果发生付款人拒付,委托人为了防止发生无人照料货物情况,在付款地事先指定的代理人。此代理人通常在发生拒付时代为料理货物,如存仓、保险、转售或运回等事宜。

3.托收的种类

托收根据汇票是否随附装运单据分为光票托收和跟单托收。

(1)光票托收(clean collection)是指不附有商业单据(发票、海运提单等),仅凭金融单据(汇票、本票、支票等)委托银行代为收款。在国际贸易中,光票托收主要用于收取货款尾数、小额货款、预付货款以及贸易的从属费用等。

(2)跟单托收(documentary collection)是指出口方凭金融单据附带商业单据,或不用金融单据的商业单据委托银行向进口方索款。国际贸易中,货款的收取大多采用跟单托收。按交付货运单据条件的不同,又可分为付款交单和承兑交单两种。

1)付款交单(documents against payment, D/P)指卖方的交单须以买方的付款为条件,即出口人将汇票连同货运单据交给银行托收时,指示银行只有在进口人付清货款时才能交出货运单据。如果进口人拒付,就不能从银行取得货运单据,也无法提取单据项下的货物。付款交单按支付时间不同又可分为即期付款交单和远期付款交单两种。

●即期付款交单(D/P at sight)系由出口人通过银行向进口人提示汇票和货运单据,进口人于见票(或见单)时即须付款,在付清货款后,领取货运单据。

●远期付款交单(D/P after sight)系由出口人通过银行向进口人提示汇票和货运单据,进口人即在汇票上承兑,并于汇票到期日由代收银行再次向其提示时,经付款后向代收行取得单据。在汇票到期付款前,汇票和货运单据由代收行掌握。

2)承兑交单(documents against acceptance, D/A)是指出口人的交单以进口人的承兑为条件。进口人承兑汇票后,即可向银行取得货运单据,待汇票到期日才付款。承兑交单只适用于远期汇票的托收。

4.托收的业务程序

即期付款交单,远期付款交单和承兑交单这三种托收方式的业务程序见图 6.1、图 6.2 和图 6.3。

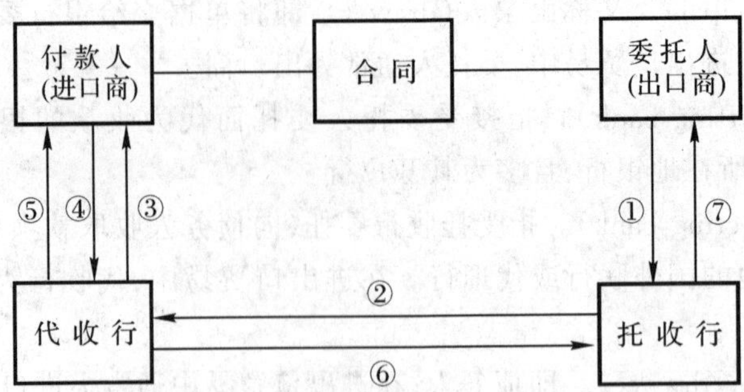

图 6.1 即期付款交单业务程序

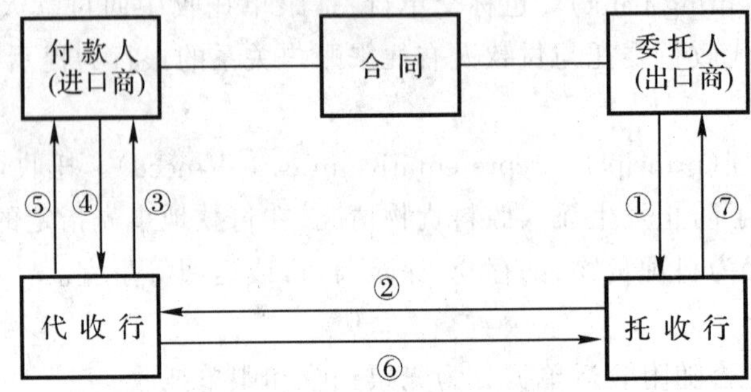

图 6.2 远期付款交单业务程序

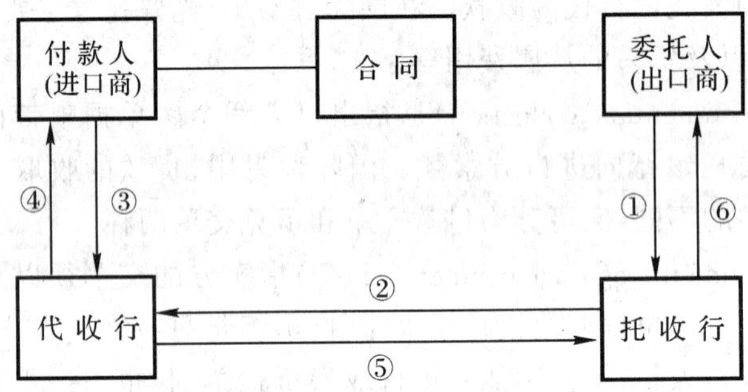

图 6.3 承兑交单业务程序

5.托收方式下的融资

在跟单托收方式下,出口方和进口方可分别采用出口押汇和凭信托收据借单两种方式向银行获得融资。

(1)托收出口押汇

托收出口押汇(collection bill purchased)指的是:出口方按合同规定发运货物后,开出以进口方为付款人的汇票,并连同全套货运单据,交托收银行委托收取货款。托收银行即买入跟单汇票及其所附单据,按照汇票金额扣除从付款日(即买入汇票日)至预计收到票款日的利息及手续费,将款项先行付给出口方。托收银行作为汇票的善意持票人,将汇票和单据寄至代收银行,并通过其向进口方提示,票款收到后归还托收银行的垫款。

托收出口押汇实质是出口方以代表货物所有权的单据作抵押,向托收银行贷款,因此对托收银行来说风险较大。在实际业务中,托收银行会全面考虑进出口双方的资信情况,而且不会像信用证项下的打包贷款那样全额贷款,而是酌情发放部分汇票金额的贷款。例如,按汇票金额贷款放50%或70%不等。

(2)凭信托收据借款

在远期付款交单情况下,如果汇票到期日晚于到货日,即货已先到,进口人为了抓住有利的市场时机,可以采取两种做法:一是提前付清货款后(扣除付款日至汇票到期日之间的利息)从代收行领取商业单据。二是向代收行借单,在借单时提供信托收据(trust receipt, T/R)。

信托收据又称进口押汇,是进口方借单时提供的一种书面担保文件,用以表示借单人愿意以代收行委托人的身份代为提货、报关、存仓、保险、出售,同时承认货物的所有权仍属于代收行。货物售出后的款项在汇票到期日偿还代收银行,收回信托收据。

借单又分两种情况:一是代收行自己向进口商借单,如果汇票到期时代收行不能收回货款,则由代收行承担责任。因此对这种情况代收行来说有一定的风险。代收行在接受这种借单要求时,通常先审查进口方的资信,并要求提供更多的担保或抵押品。另一种情况是,出口商主动授权代收行凭进口商提交的信托收据向进口商借单,即"远期付款交单凭信托收据借单(D/P,T/R)",由此产生的风险则由出口商自己承担。

6.托收的特点及使用

托收的特点主要有:

(1)比汇付安全。在跟单托收时,特别是付款交单条件下(D/P),对于出口商来说,不必冒钱货两空的危险;对进口商而言,托收远比预付货款安全。

(2)依靠商业信用。托收时,是否付款完全取决于进口商,银行只是转手交单的代理人,对付款不负责任。如果进口商拒付,找新买主、存仓、保险、回运都要花费很大代价,这些责任和费用都由出口商承担。

(3)资金负担不平衡。托收时出口商资金负担较重,但是,因为有单据,有些银行愿意作押汇,出口商因此能获得融资,而汇付时根本不能作押汇。

(4)手续稍多,费用稍高。托收要通过银行交单,因此手续费比汇款要高。但是由于托收比汇付安全性要高,还是值得的。

因此,在使用托收作为货款结算方式时,应注意以下几点:

(1)调查和考虑进口人的资信情况和经营作风,成交金额应妥善掌握,不宜超过其信用程度。

(2)了解进口国的贸易管制和外汇管制条例,以免货到目的地后,由于不准进口或收不到外汇而造成损失。对于贸易管制和外汇管制较严的国家,在使用托收方式时要特别谨慎。要了解进口国的贸易习惯和做法,避免有些国家因贸易习惯将D/P After Sight当作D/A处理而加大出口商的风险。

(3)采用托收方式可使卖方减轻库存积压,是扩大出口的有力的非价格竞争手段,因此,在来料加工、来件装配等业务中,可采用托收方式结付。

(4)出口合同应争取CIF条件成交,由出口人办理货运保险;或也可投保出口信用险。在不采取CIF条件时,应投保卖方利益险。

(5)提单不应以进口人为收货人,最好做成"空白抬头、空白背书",目的是如果进口商拒绝付款或承兑取单时,可以顺利地将单据另行转让。

(6)在进口地指定可靠的“需要时的代理”，防止因进口商拒绝付款或承兑导致无人照料货物而给出口商造成风险。

(7)国外代收行一般不能由进口方指定，如确有必要，应事先征得托收行同意。对承兑交单和授权代收行凭进口方出具信托收据借单的做法，应谨慎。

(8)对托收方式的交易，要建立健全管理制度，定期检查，即时催收清理。发现问题应迅速采取措施，以避免或减少可能发生的损失。

7.托收的国际惯例

国际商会为了调和托收业务中有关当事人之间的矛盾，以利于国际贸易和金融活动的开展，在1958年就草拟了《商业单据托收统一规则》，并建议各国银行采用该规则。后几经修改，新的《托收统一规则，国际商会第522号出版物》(Uniform Rules for Collection, Publication No.522)于1995年公布，1996年1月1日正式生效，简称《URC522》。全文共26条，分为总则及定义、托收的形式和结构、提示的形式、义务和责任、付款、利息和手续费及其他费用、其他规定共7个部分。这一规则自公布实施以来，对减少当事人之间在托收业务中的纠纷和争议起了较大作用。

8.托收的合同条款

(1)即期付款交单

买方凭卖方开具的即期跟单汇票，于第一次见票时立即付款，付款后交单。

Upon first presentation the Buyer shall pay against documentary draft drawn by the Seller at sight. The shipping documents are to be delivered against payment only.

(2)远期付款交单

买方对卖方开具的见票后××天付款的跟单汇票，于第一次提示时即予承兑，并应于汇票到期日予以付款，付款后交单。

The Buyer shall duly accept the documentary draft draw by the Seller at ×× days sight upon first presentation and make payment on its maturity. The shipping documents are to be delivered against payment only.

(3)承兑交单

买方对卖方开具的见票后××天付款的跟单汇票，于第一次提示时即予以承兑，并应于汇票到期日即付款，承兑后交单。

The Buyer shall duly accept the documentary draft draw by the Seller at ×× days sight upon first presentation and make payment on its maturity. The shipping documents are to be delivered against acceptance.

三、信用证

1.信用证的定义

前面介绍的汇付和托收两种货款结算方式均属于商业信用，它们存在一定的风险。为了规避风险，诞生了以银行信用向进出口双方提供担保的信用证支付方式。信用证(letter of credit, L/C)是指银行(开证行)应进口商(开征申请人)的要求并按其指示，向出口商(受益人)开具的载有一定金额，在一定期限内凭符合规定的单据付款的书面保证文件。简言之，信用证是一种银行开立的有条件的承诺付款的书面文件。目前，信用证已成为在国际贸易结算中被广泛使用的最为重要的一种结算方式。

2.信用证的当事人

信用证的当事人基本上有以下六个:

(1)开证申请人(applicant),又称开证人(opener),是指向银行申请开立信用证的人,一般为进口人或实际买方。

(2)开证行(opening bank 或 issuing bank)是接受开证申请人的要求和指示并开立信用证的银行,一般为进口人所在地银行。

(3)通知行(advising bank or notifying bank)是受开证行的委托将信用证转交出口方的银行,一般是出口地开证行的代理行。通知行只证明信用证的真实性,不承担其他义务。

(4)受益人(beneficiary),即信用证上所指定的信用证金额的收款人,一般为出口人或实际供货人。

(5)议付行(negotiating bank)是根据开证行授权买入或贴现受益人开具的信用证项下单据的银行,议付行一般为通知行或其他指定的银行。如果信用证未做指定,受益人可向任何愿意接受该项业务的银行议付。议付行对受益人有票据追索权。

(6)付款行(paying bank 或 drawee bank)是信用证规定履行信用证付款责任的银行,一般是开证行,也可以是开证行指定的其他银行。付款行一经付款,不得向受益人行使追索权。

此外,还可能设计其他派生的当事人,主要有:

(7)偿付行(reimbursing bank),是接受开证行委托或授权,向议付行或付款行偿付货款的银行。偿付行只负责付款而不受理单据,不审单。如果开证行在见单后发现单证不符时,可直接向议付行或付款行追回货款。如果偿付行未能偿付,开证行仍应承担付款责任。

(8)承兑行(accepting bank)是对信用证项下的汇票和单据履行承兑手续的银行。承兑行可以是开证行,也可以是通知行或其他指定的银行。承兑行在承兑后倒闭或丧失付款能力,则由开证行承担最后付款责任。

(9)保兑行(confirming bank)是根据开证行的请求,在信用证上加具保兑的银行。保兑行通常为通知行或第三家银行。信用证一经保兑,保兑行即对信用证独立负责,承担必须付款或议付的责任。一经付款,就无权向受益人追索。

3.信用证的种类

信用证按不同的角度进行分类,可分为以下几种类型:

(1)按银行是否承担绝对付款责任,可分为:

● 可撤销信用证(revocable L/C) 未经受益人同意,开证行在该证议付前有权随时修改改证的内容的信用证。由于可撤销信用证对出口方安全收汇无法提供保障,在国际贸易中,出口商一般不愿意接受可撤销信用证。

● 不可撤销信用证(irrevocable L/C) 信用证一经开出,在有效期内,未经有关当事人同意,开证行不能随意修改和撤销的信用证。只要受益人能将规定的单据全部提交开证行或其指定银行,开证行就必须履行付款的义务。

(2)按是否保兑,可分为:

● 保兑信用证(confirmed L/C) 指开证银行开出的经另一家银行加以保兑的信用证,只有不可撤销信用证才能被保兑而成为保兑信用证。若开证行授权或委请另一家银行对不可撤销信用证予以保兑,凡同意对信用证加以保兑者应承担对受益人签发的即期、远期信用证的议付、承兑或付款的责任。

● 非保兑信用证(unconfirmed L/C) 指在信用证中未注明“保兑信用证”(Confirmed credit)字样的信用证。

(3)按付款时间不同,可分为:

● 即期信用证(sight L/C) 开证行通过信用证授权人开立即期汇票或仅凭货运单据、银行见票或单据立即付款的信用证。即期信用证中,由谁付款应依照信用证规定的条款为准。若由开证银行或指定付款银行付款,则由付款银行见票即付,并要求开证申请人偿还垫付款。

● 远期信用证(usance L/C) 指开证行向信用证受益人开立远期汇票,到规定的汇票到期日再行付款的信用证。远期信用证还可分为下列几种:

● 银行承兑远期信用证(banker's acceptance L/C) 以开证银行作为远期汇票付款人的信用证。这种信用证项下的汇票,承兑前,银行对出口商的权利义务以信用证为准;承兑后,银行作为汇票的承兑人,应按票据法规定,对出票人、背书人、持票人承担付款的责任。

● 延期付款信用证(deferred L/C) 指开证行在信用证中规定货物装船后若干天付款,或开证行收单后若干天付款的信用证。延期付款信用证不要求出口商开立汇票,所以出口商不能利用贴现市场资金,只能自行垫款或向银行借款。因此,在出口业务中,若使用这种信用证,货价应比银行承兑远期信用证高一些,以拉平利息率与贴现率之间的差额。

●“假远期信用证” 规定受益人开立远期汇票,由付款人负责贴现,并规定一切利息和费用由进口人负担。这种信用证从表面上看是远期信用证,但从上述条款规定来看,出口人可以即期收到全部货款。

(4)按信用证的权利是否可转让,可分为:

● 可转让信用证(transferable L/C) 指信用证的受益人可以要求信用证全部或部分转让给一个或几个受益人使用的信用证。

● 不可转让信用证(non-transferable L/C) 指只限于信用证上指定的第一受益人使用,而不能转让给他人使用。

(5)信用证议付时,按有无附属单据可分为:

● 跟单信用证(documentary L/C) 指凭跟单汇票进行议付的信用证。跟单信用证在进行议付时,要求随附代表货物所有权的单据凭证。国际贸易中绝大多数商品进出口的结算使用跟单信用证。

● 光票信用证(clean L/C) 指议付时仅需汇票而不需要随附代表货物所有权的单据凭证。光票信用证大多是在非贸易结算的情况下使用。

(6)按付款方式的不同来划分,可分为:

● 付款信用证(payment L/C) 指定某一银行付款的信用证。一般不要求受益人开具汇票,而仅凭受益人提交的单据付款。

● 承兑信用证(acceptance L/C) 指定某一银行承兑的信用证称为承兑信用证,当受益人向指定银行开具远期汇票并提示时,指定银行即行承兑,并于汇票到期日履行付款。

● 议付信用证(negotiation L/C) 指开证行允许受益人向某一指定银行或任何银行交单议付的信用证。

(7)备用信用证

备用信用证(standby L/C) 指开证行根据开证申请人的请求,对受益人开立的承诺承担某项义务的凭证。备用信用证属于银行信用,开证行保证在开证申请人未履行其义务时,即由开证行付款。

(8)对开信用证

对开信用证(reciprocal L/C) 指一个买卖合同中双方当事人互为开证申请人,互为受益人,双方相对开出的信用证。对开信用证一般用于易货贸易、来料加工或补偿贸易中。用于易货贸易时,一般两张信用证的交货期和金额基本相等。

(9)背对背信用证

背对背信用证(back-to-back L/C)又称转开信用证、从属信用证、桥式信用证,是指原证受益人要求原证的通知行或其他银行以原证为基础,另开立的一张内容相似的新信用证。

在国际贸易中,进口商为其市场的需要,须进口商品,寻找货源;而制造商或供应商须开拓市场,寻找客户。但是,两者之间可能因某种原因不能直接通商或来往,故须请中间商介入。中间商把进出口业务联系在一起,而从中谋取利润。

中间商与进口商签订的契约,称第一份契约。依第一份契约所开具的信用证称原信用证(original L/C)。中间商与出口商签订的契约,称第二份契约,依第二份契约开具的信用证,称背对背信用证。原信用证的受益人为背对背信用证的开证申请人,即原信用证的出口方变成背对背信用证的进口方。原信用证的通知银行往往是背对背信用证的开证银行。

(10)循环信用证

循环信用证(revolving L/C) 指受益人在信用证被全部或部分使用后,能重新恢复原金额继续使用,直至规定的次数或金额使用完为止。在进出口双方订立长期合约而其货物实行较长时间分批装运的情况下,循环信用证可以使进口方不必为同批货物多次开证,也可使出口方简化手续。

(11)SWIFT 信用证

SWIFT 是环球同业银行金融电讯协会(Society for World-wide Interbank Financial Telecommunication)的简称。环球同业银行金融电讯协会是国际银行同行业间的国际合作组织,成立于 1973 年,目前全球许多国家的银行已使用 SWIFT 系统。SWIFT 的使用给银行的结算提供了安全、可靠、快捷、标准化、自动化的通信业务,从而大大提高了银行的结算速度。

凡依据国际商会所制定的电信信用证格式设计,利用 SWIFT 网络系统设计的特殊格式,通过 SWIFT 网络系统传递的信用证的信息,即通过 SWIFT 开立或通知的信用证称为 SWIFT 信用证,也有称为“环银电协信用证”。由于 SWIFT 的格式具有标准化,目前信用证的格式主要使用 SWIFT 电文。

SWIFT 具有以下特点:

- SWIFT 需要会员资格。我国的大多数专业银行都是 SWIFT 成员。
- SWIFT 的费用较低。SWIFT 的费用约只有电传的 18%,电报的 2.5%。
- SWIFT 的安全性较高。与电传相比,SWIFT 的密押可靠性更强、保密性更高、自动化程度更高。
- SWIFT 的格式标准化。对于 SWIFT 电文,要求采用统一的格式。

4.信用证的国际惯例

自 19 世纪信用证产生以来,随着国际贸易的发展,它已逐渐成为国际贸易支付中一种通用的支付方式。但信用证并无法定的、统一的格式,世界各国银行开出信用证的格式也各不相同。这对信用证业务的开展和国际贸易的发展都是不利的。

为了更好地规范信用证业务,促进国际贸易的发展,国际商会一直致力于"标准跟单信用证格式"的推广。最早于1930年 拟订了一套《商业跟单信用证统一惯例》(Uniform Customs and Practice for Commercial Documentary Credit),并于1933年正式公布。之后进行了多次修订。为了适应时代的发展,于1993年又着手对现行的《跟单信用证统一惯例》进行修订,称为《国际商会第500号出版物》,简称《UCP500》,并于1994年1月1日实行。

该惯例经过数次修订,至今已被世界各国银行广泛采用。开证行如果采用该惯例,就可在信用证中加注:"除另有规定外,本证根据国际商会《跟单信用证统一惯例(1993年修订)》即国际商会第500号出版物办理"(Except so far as otherwise expressly stated, this credit is subject to Uniform Customs and Practice for Commercial Documentary Credit (1993 Revision) International Chamber of Commerce Publication No. 500)。

国际商会《跟单信用证统一惯例》不是一个国际性的法律规章,但它已为各国银行普遍接受,成为一种国际惯例。在我国对外出口业务中,如果采用信用证支付方式,国外来证绝大多数均列明"按《UCP500》办理"字样,并作为该信用证条款的一个组成部分。

5.信用证的内容

信用证虽然没有统一的格式,但其基本内容是相同的。为适应《UCP500》条款的需要,国际商会制定了"516格式",该格式将信用证的内容规范为以下25项:

(1)信用证的性质(form of credit);

(2)信用证的号码(L/C number);

(3)开证日期和地点(date and place of L/C);

(4)有效期和地点(date and place of expiry);

(5)开证申请人的名称、地址(name and place of applicant);

(6)受益人的名称、地址(name and place of beneficiary);

(7)通知行及业务编号(advising bank and Ref. No.);

(8)信用证的金额(L/C amount);

(9)指定银行、信用证类型、汇票的付款期限及付款人(nominated bank, kinds of L/C, Draft date and drawee);

(10)是否分批装运(partial shipment allowed/prohibited);

(11)是否转运(partial transshipment allowed/prohibited);

(12)买方保险(insurance covered by buyer);

(13)装运港、目的港、装运期(port of loading, port of discharge, the latest date of shipment);

(14)特别条款(special terms/instructions);

(15)货物描述(goods descriptions);

(16)规定的单据(stipulated documents);

(17)商业发票(commercial invoice);

(18)运输单据(transportation documents);

(19)保险单据(insurance policy);

(20)其他单据(other documents);

(21)交单期限(documents to be presented within);

(22)对通知行的指示(instructions to advising bank);

(23)银行间指示(bank to bank instructions);

(24)信用证的页数(signed pages of L/C);

(25)开证行的名称及签字(name and signature of the issuing bank)。

6.信用证的业务程序

信用证方式的业务程序见图6.4。

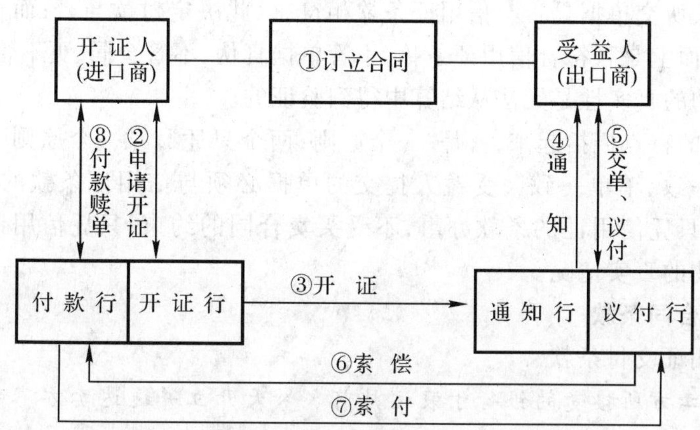

图6.4 信用证的业务程序

说明:

①买卖双方在合同中约定凭信用证付款。

②买方向当地银行申请开证,并按合同内容填写开证申请书和缴纳开证押金或提供其他保证。

③开证行接受申请人的开证申请后,按申请书规定的内容开证,并通过通知行转递或通知受益人(卖方)。

④通知行在收到信用证后,经核对证实无误,必须尽快将信用证转交受益人。

⑤卖方收到信用证后,若审核无误,即按信用证要求发货,并开出汇票和备妥各种单据向有关银行议付货款。

⑥议付行办理议付后,将汇票和单据寄给开证行或信用证指定的付款行请求偿付。

⑦开证行或被指定的付款行收到单据后,向议付行进行付款的行为。

⑧开证行履行偿付责任后,即通知买方付款赎单。

7.信用证的特点及使用

(1)信用证是一种银行信用

开证行在开出信用证以后就要承担第一性的付款责任,由开证行以自己的信用作为付款的保证。不管进口商破产或拒付,只要单证相符,开证行必须付款。因此,它是一种银行信誉,开证行的资信是能否安全收汇的重要因素。

(2)信用证是一种自足的文件

这一点在《UCP500》中有明确规定:“信用证与其可能依据的额销售合同或其他合同是相互独立的交易,即使信用证中提及该合同,银行也与该合同无关,并不受其约束。”信用证条款虽然是根据买卖合同开立的,但一经开立,它就成为独立于买卖合同以外的另一种契约，不受买卖合同的约束。因此，开证行和参与信用证业务的其他银行只按信用证所列条款办事。出口人提交的单据即使符合买卖合同的要求，但若与信用证条款不一致，仍会遭银行拒付。

(3)信用证是一种单据的买卖

《UCP500》中规定："在信用证业务中，有关各方面处理的是单据，而不是与单据有关的货物、服务或其他行为。"在信用证方式下，实行的是凭单付款的原则。银行处理信用证业务时，只审查受益人所交单据是否与信用证条款相符，以此决定付款与否；而且这种审查只是用以确定单据表面上是否符合信用证条款，不管单据真伪、不管合同、更不管货物。因此，进口商应明白，货物的真实性是无法从结算中得到验证的。

信用证结算的特点概括起来，就是"一个原则，两个只凭"。"一个原则"是"严格符合的原则"，即"单证一致、单单一致"，受益人提交的单据必须与信用证条款的要求严格相符。"两个只凭"就是只凭信用证的条款办事，不受买卖合同的约束；只凭信用证规定的单据办事，不问有关货物的真实情况。

8. 信用证的合同条款

(1)即期信用证支付条款

买方应通过卖方所接受的银行于装运月前××天开立并送达卖方不可撤销即期信用证，有效期至装运月份后第 15 天在中国议付。

The Buyer shall open through a bank acceptable to the Seller an Irrevocable Sight Letter of Credit to reach the Seller ×× days before the month of shipment, valid for negotiation in China until the 15th day after the month of shipment.

(2)远期信用证支付条款

买方应通过卖方所接受的银行于装运月前××天开立并送达卖方不可撤销见票后 30 天付款的信用证，有效期至装运月份后第 15 天在上海议付。

The Buyer shall open through a bank acceptable to the Seller an Irrevocable Letter of Credit at 30 days' sight to reach the Seller ×× days before the month of shipment, valid for the negotiation in Shanghai until the 15th day after the month of shipment.

(3)循环信用证支付条款

买方应通过为卖方所接受的银行于第一批装运月前××天开立并送达卖方不可撤销的即期循环信用证，该证在××年期间，每月自动可供××(金额)，并保持有效至××年 1 月 15 日在天津议付。

The Buyer shall open through a bank acceptable to the Seller an Irrevocable Sight Revolving Letter of Credit to reach the Seller ×× days before the month of shipment, the amounts paid under this credit are again available to you automatically until the total of the payments reaches US $ ...

第三节 支付方式的应用

前两节已经分别介绍了汇付、托收、信用证等几种常用的结算方式。在一般的国际货物买卖合同中，通常只单独使用某一种方式。但在特定情况下，也可在同一笔交易中把两种甚至多种不同的方式结合起来使用。总之，在实际业务中，要根据不同国家和地区、不同客户、不同交易的实际情况，正确和灵活地选用货款结算方式，这是关系到交易成败的重要问题。

一、选择支付方式应注意的问题

从上文中可以看出，各种不同的结算方式，对国际货物买卖中的进出口人而言，各有利弊优劣。因此，在实际业务中，应针对不同国家和地区、不同客户、不同交易的具体情况全面衡量，取长补短，趋利避弊，力求做到既能达成交易，又能维护企业的权益，最终达到确保外汇资金安全、加速资金周转、扩大贸易往来的目的。

在影响不同结算方式优劣的诸多因素中，能否安全及时收汇是第一重要问题，其次是占用资金时间的长短，此外，办理手续的繁简、银行费用的多少也应给予适当的注意。以下是选择结算方式时经常要考虑的一些问题：

1. 客户信用

在国际货物买卖中，依法订立的合同能否顺利圆满地得到履行，客户的信用是决定性的因素。因此，在选择贸易支付方式之前，必须对国外客户的资信情况进行调查，以便根据客户的信用情况选用适当的结算方式。对于信用不是很好，或者尚未充分了解的客户，尽量选择风险较小的支付方式，如采用跟单信用证结算，或争取一定额度的预付货款。若对方是一贯信用良好的老客户，可以选择手续简便、费用较少的方式，如付款交单托收方式。

2. 经营意图

选用支付方式时，应结合出口商的经营意图。在国际交易过程中，支付条件仅次于价格条件，是买卖双方关注的重点问题。在货物畅销时，卖方可以适当提高售价，同时选择对自己最有利的结算方式，包括资金占用方面；如果货物滞销或供方市场竞争激烈情况，则只能在价格和结算方式上作必要让步，选择对进口商有吸引力的支付方式。

3. 贸易术语

如前所述，国际货物买卖合同中采用不同的贸易术语，它所表明的交货方式与适用的运输方式是不同的。因此在实际业务中，也不是每一种交货方式和运输方式都能适用于任何一种结算方式。

例如，在采用CIR，CFR等属于象征性交货或称推定交货术语的交易，卖方交货与买方收货不在同时发生，货物所有权的转移是以单据为媒介的，可选择跟单信用证方式结算。在买方信用较好时，也可采用跟单托收方式收取货款。

在使用EXW，EXS等属于实际交货方式贸易术语的交易中，由于是卖方或通过承运人向买方直接交货，卖方无法通过单据控制物权，因此一般不能使用托收。否则就相当于货到付款，卖方承担的风险极大。

以FOB，FCA条件达成的买卖合同，虽然进口方也是凭单付款，但该方式的运输由买方安排，货物装在买方指定的运输工具上或交给买方指定的承运人，因此卖方很难控制货物，也不宜采用托收方式。

4. 运输单据

海运提单和多式联运提单是物权凭证，出口商可以通过持有单据来控制货物所有权，因此适用于信用证和托收支付方式。但空运、铁路和邮政运输的运输单据以及不可转让的海运提单,都不代表物权,收货人提货不需要凭这些单据。因此,在这些条件下,都不宜使用托收来结算货款。即使采用信用证,大多也规定必须以开证行作为运输单据的收货人,以便银行控制货物。

二、支付方式的组合应用

在出口业务中,一般情况下如果采用即期信用证,则收汇比较迅速、安全。如果需要采用远期信用证,计算价格时,应将利息因素考虑在内。通常情况下,一笔交易只选择一种支付方式。但在实践中,有时出于节省费用、安全收汇、加快资金周转、促成交易等目的,在双方未能就某一支付方式达成协议时,也可以采用两种或多种方式结合使用的方式。常见的综合支付方式有以下几种。

1.信用证与托收相结合

信用证与托收相结合是指一笔交易的部分货款用信用证支付,余数用托收方式结算。一般做法是,信用证规定出口人开立两张汇票,属于信用证部分的货款凭光票付款,而全套单据附在托收部分汇票项下,按即期或远期付款交单方式托收,但信用证上必须注明"在发票金额全部付清后才可交单"的条款,以保安全。

这样,进口方可以减少开证金额,少付开证押金,减少资金占用;而出口方仍有信用证作保证,开证行须俟进口方付清全部货款后才能放单。如果托收部分金额被拒付,该笔交易的全套货运单据仍在出口方控制下,凭其处理。

其合同中的支付条款通常如下订立:

买方应通过为卖方所接受的银行于装运月份前××天开立并送达卖方不可撤销即期信用证,规定50%发票金额凭即期光票支付,50%用托收即期付款交单。100%发票金额的全套装运单据随附于托收项下,于买方付清发票的全部金额后交单。如果买方不付清全部发票金额,装运单据由开证行掌握,凭卖方指示处理。所开立的信用证应清楚地包括以上条款。

The Buyer shall open through a bank acceptable to the Seller an Irrevocable Sight Letter of Credit to reach the Seller ×× days before the month of shipment, stipulating that 50% of the invoice value available against clean draft at sight while the remaining 50% on Documents against Payment at sight on collection basis. The full set of the shipping documents of 100% invoice value shall accompany the collection item and shall only be released after full payment of the invoice value. If the buyer fail to pay full invoice value, the shipping documents shall be held by the issuing bank at the Seller's disposal. The above terms should be explicitly included in the established Letter of Credit.

2.信用证与汇付相结合

信用证与汇付相结合是指部分货款用信用证支付,余下部分用汇付方式结算。这种做法常用于商品品质不太稳定的初级产品交易中。进口方为掌握主动权,在交货前先用跟单信用证支付部分货款,待货到目的地经检验合格后,再用汇付方式付清其余货款。

3.汇付、托收和信用证相结合

在成套设备、大型机械产品和交通工具的交易中,因为成交金额较大,产品生产周期较长,一般采取按工程进度和交货进度分若干期付清货款,即分期付款和延期付款的方法,一般采用汇付、托收和信用证相结合的方式。

4.托收与预付押金相结合

货款的结算采用跟单托收并由进口方预付部分货款或一定比例的押金作为保证。出口方在收到预付款或押金后发运货物，并从货款中扣除已收款项，将余额部分委托银行以付款交单方式托收。如果托收金额被拒付，出口方可将货物运回，并从已收款项中扣除来往运费、利息及合理的损失费用，从而保护了出口方利益。

其合同中的支付条款通常如下订立：

装运货物以电汇向卖方提交预付款××为前提，其余部分采用托收凭即期付款交单。

Shipment to be made subject to an advance payment or down payment amounting ×× to be remitted in favor of seller by T/T and the remaining part on collection basis, documents will be released against payment at sight.

5.备用信用证与托收相结合

采用备用信用证与托收相结合的方式，主要是为了防止跟单托收项下的货款，一旦遭到进口人拒付时，可凭备用信用证利用开证行的保证追回货款，即在备用信用证项下，由卖方开立汇票与签发进口人拒付的声明书要求开证银行进行偿付。

其合同中的支付条款通常如下订立：

即期付款交单付款，并以卖方为受益人的总金额为××的备用信用证担保。备用信用证应载有责任条款：如××号合同项下跟单托收的汇票付款人未能在预定日期付款，受益人有权在本信用证项下凭汇票连同一份列明××号合同项的款项被拒付的声明书支款。

Payment available by D/P at sight with a Standby L/C in favor of seller for the amount of ×× as undertaking. The Standby L/C should bear the clause: In case the drawee of the documentary collection under S/C No. ×× fails to honor the payment upon due date, the Beneficiary has the right to draw under this L/C by their draft with a statement stating the payment on S/C No. ×× was not honored.

复习思考题

1.何谓汇票？汇票有哪几种？汇票在市场上是怎样流转使用的？

2.何谓本票？银行本票与商业本票的区别何在？

3.何谓支票？何谓空头支票？出票人对其签发的支票应承担什么责任？

5.何谓托收？其性质、特点与作用如何？采用托收应注意什么事项？

6.在远期付款交单条件下，进口商凭信托收据借单提货，如日后进口商在汇票到期时拒付，收不回货款的责任由谁承担？

7.信用证的性质、特点和作用如何？为什么它在国际贸易中被广泛采用？

8.信用证付款方式涉及的当事人有哪些？各当事人之间的相互关系怎样？

9.信用证的主要内容有哪些？它与买卖合同有什么关系？

10.在国际贸易中常见的信用证有哪些？其使用情况各如何？

11.何谓备用信用证？其使用范围怎样？它与信用证有何不同？

12.在采用信用证付款方式时，装运期、交单期和信用证有效期之间有什么关系？

13.何谓保函？见索即付保函与有条件保函的区别何在？

14.何谓分期付款？何谓延期付款？两者有何区别？

15.国内某企业从国外进口一批货物,采用即期信用证付款。外商如期完成装运,进口企业开出金额为50万美元的汇票,银行垫付货款的时间是15天,如果银行放款的年利率为6%,请计算银行要向进口企业收取多少开证利息?

16.某公司持有一张承兑期限为60天的银行承兑汇票,票面金额为100万美元,为提前取得款项,该公司将该汇票拿到市场上进行贴现。已知当时市场上的贴现率为8%,手续费为100美元,则该公司贴现后可取得多少金额?

17.某公司出口一批货物,采用远期信用证进行结算,若远期汇票的金额为30万美元,该公司提前30天到银行结款,银行按照6%的贴现率扣除贴现利息,请问该公司能够得到多少金额?

第七章　纺织品与服装检验条款

21世纪是一个以保护资源环境为特征的新世纪。世界环境保护浪潮兴起，并席卷到纺织品市场。特别是欧美市场，越来越重视纺织品的环保、安全因素。通过制定各种环境标准、环境法律法规，建立起一道限制和阻止外国商品进入本市场、保护本国商品市场竞争力的"绿色贸易壁垒"。消费者也变得越来越关注绿色、无毒和生态的消费品，更愿选择对人体和环境无害的产品。因此在纺织品服装进出口贸易中，必须高度重视纺织品的环保与安全问题，这是未来发展的趋势。

第一节　生态纺织品服装的概念与有关规定

一、生态纺织品服装的概念

生态纺织品服装又称"绿色纺织品服装"，它是指采用新型天然原料、无公害染化料、无公害工艺、保健类原料及产品所制成的最终成品。生态纺织品服装包括纺织资源的开发，纺织生产过程及工艺，纺织产品的销售、使用和废弃物处理这一系列的过程。

有关生态纺织品的定义目前尚无统一的说法，从完整意义上看应包括下列几方面的含义：

(1)原料资源的可再生和可重复利用；

(2)在生产加工过程中对环境不会造成不利的影响；

(3)在使用过程中，消费者的安全和健康以及环境不会受到损害；

(4)废弃以后能在自然条件下降解或不对环境造成新的污染。

二、生态纺织品服装的有关规定

为了适应有关法规的实施以及迎接绿色消费的浪潮，国际上有关商品的生产和经营者也不失时机地向消费者推出了环保纺织与服装产品，于是绿色环保纺织品标志或标签应运而生。具有环境标志或图形的纺织服装产品说明该产品不但质量符合标准，而且在生产、使用、消费和处理过程中，也符合规定的环境保护要求，对生态环境和人体健康没有伤害，或者采取适当的措施可减低各种危害。国际上目前常用的绿色标签介绍如下：

1.纺织品生态标签(Oeko-Tex Standard 100)

1991年，德国专家讨论纺织品系列的生态问题，推出了"Oeko-Tex Standard 100"(生态纺织品标准 100),用于测试纺织品和服装对人类的生态影响。标准包括某些有害参数的分析及其用量限值。若产品符合该标准,就颁发“根据生态纺织品标准有害物质的测定,对此纺织品表示信任”的标志(如图 7.1 所示)。

通过对有害物质检验

根据 Oeko-Tex Standard 100 证号 000 00000 TESTEX Zürich

图 7.1

在每一个 Oeko-Tex Standard 100 标签的下方,都有一个证书号码和认证机构的名称。核查证书号码和认证机构的名称可以识别有效的 Oeko-Tex Standard 100 标签。Oeko-Tex Standard100 标签是世界范围内注册的标签,受马德里公约保护。

0eko-Tex Standard 100 禁止和限制使用纺织品上已知的可能存在的有害物质,他们包括 pH 值超标、甲醛、可萃取重金属、镍、杀虫剂、除草剂,含氯苯酚,可解离芳香胺染料、致敏染料、有机氯化导染剂,有机锡化物(TBT/DBT),PVC 增塑剂、色牢度、有机挥发气体、气味。

Oeko-Tex Standard 100 的证书号码提供了独一无二的证明,证明了在该产品认证时,所有按照 Oeko-Tex Standard 100 规定应该进行的测试,全部都已经完成。Oeko-Tex Standard 100 证书的有效期是一年。一年期满,证书持有者需要续证。证书续期使用的许可也是在认证机构对认证产品进行必要的测试和认证后发出的。新证书的有效期是在原有效期的基础上再延展一年。

Oeko-Tex Standard 100 是世界上最权威的、影响最广的纺织品生态标签。悬挂有 Oeko-Tex Standard 100 标签的产品,都经由分布在世界范围内的十五个国家的知名纺织检定机构(都隶属于国际环保纺织协会)的测试和认证。Oeko-Tex Standard 100 标签产品提供了产品生态安全的保证,满足了消费者对健康生活的要求。

2.欧盟生态标签 Eco-label 体系

Eco-label(欧盟生态标签)体系是由欧盟委员会于 1992 年建立的。该体系涉及纺织品服装、油漆、棉纸、土壤改良产品、餐具清洗剂、床垫、鞋类、洗衣用品、复印纸、冰箱、洗碗机、灯泡、餐具手洗清洁剂、各种清洁用具、硬地板、个人桌式电脑、手提电脑、电视机、洗衣机共 19 类产品。

该体系建立的主要目的是把各类产品中在生态保护领域的佼佼者挑选出来,给予肯定和鼓励,从而逐渐推动欧盟各类产品的生产厂家进一步提高自己的生态保护意识,使其生产过程和最终产品都能符合一定的生态标准。该标签呈一朵小花的图样,因此也有人将通过该生态标签的产品称为贴花产品。

目前,申请加贴该标签纯属生产厂家的自愿行为,有的厂家希望借此提高公众的环保意识从而培育自己的市场,有的希望借此体现自己产品的优越性,还有的是为了增加自己产品的知名度。经过十年的发展,生态标签已经逐渐被欧盟消费者所认可,加贴生态标签商品的受欢迎度也逐渐增高。由于该标签在纺织品服装领域发展得比较早,并且欧盟通过生态服装展等活动在该领域的宣传工作也做得比较到位,因此目前"生态标签"在纺织服装领域的发展也最好。

目前获得此生态标签的欧盟企业数量较少的原因是该标签的申请标准非常严格,其中在纺织品服装领域的申请标准可以简单归纳为如下几点:

(1)关于纺织品原料的标准

主要是把原料分成腈纶、棉花、亚麻、羊毛、赛璐璐纤维、聚酯等不同类别,分别制定所含有害物质的限量标准。例如对腈纶中的丙烯腈含量、棉花中的氯丹、DDT等杀虫剂和聚酯中锑的含量限制等。

(2)关于纺织品生产过程及产品本身的标准

比如在生产过程中使用的添加剂至少90%以上必须是可生物降解的;运输贮藏过程中不得使用氯酚和有机锡化合物等;去色过程不得使用重金属盐类和甲醛;对染料中银、硒、砷、钡、镉、钴、铬、铜、铁、汞、锰、镍、铅、锑、锌和锡等离子杂质的含量限制,对铬媒染剂染料的禁用,对偶氮类染料的限制使用,对产品甲醇含量的限制,对废水处理的要求,对防火防缩材料有害物质含量的限制和衬料的要求等等。

(3)关于产品耐用性的标准

主要是关于产品洗涤或干燥后尺寸变化的标准和产品在各种情况下褪色的标准。目前,最新的纺织品生态标签申请标准的详细情况包含在欧委会颁布的第2002/371/EC号决议中。

3. Arbeitskreis Naturtexilién

它是一种基于最终产品要求较严的生态标志,是由20个公司组成的4种天然纺织品工作组制定的。他们把天然纺织品定义为用植物或动物纯天然纤维生产、不进行处理或用无害染料染色的服装或纺织品;辅料和处理用化学试剂不允许含乙氧基化合物、甲醛、乙二醛、重金属和可能形成有机卤素等物质。

4. Comitextil

面对生态标志的增多,为了给欧洲一般社团提供产品的生态标志,EEC(欧洲经济共同体)纺织工业委员会建立了一种针对产品的标志Comitextil。该标志与Clean Fashion和Steilmann相似,它是一个公司规范,主要用于鉴别产品是否满足生态要求。

5. Clean Fashion

它是基于最终产品而设计的标志,由世界上最大的10家纺织品销售商制定。它对于甲醛含量的规定类同MST,OTN 100,Comitextil和Eco Mark准则;杀虫剂含量的规定类同MST,Steilmann和Eco Mark准则,对偶氮染料、重金属等规定则类似于其余几个准则;但对氯漂和卤素载体不作任何规定。

6. Eco Mark

该标志是印度环境和森林部配合印度标准局为友好环境的产品所制定,其准则与国际标准保持一致,它除禁用德国公布的20种芳香胺外,还禁用可能有致癌性的对氨基偶氮苯和2-甲氧苯胺为中间体的偶氮染料。

7. 北欧环境标志

瑞典标准协会(SIS)计划推出的用于在没有农药和合成肥料的有机条件下生产天然纤维的生态标志。它对环辛二烷和来自各个加工阶段的废水的极限定得较高,对荧光增白剂、特定柔软剂、特效洗涤剂、苄氯菊酯、重金属和金属络合染料的应用有严格的规定,要求标志上说明产品所用的助剂和染料的 SIS 的成分和结构。

8. 国家纺织产品基本安全技术规范

2005 年 1 月 1 日正式实施的国家强制性标准《国家纺织产品基本安全技术规范》是中国对纺织品基本安全作出科学合理规定的一部最新的技术法规。

纺织产品在印染和后整理等生产加工过程中需要加入各种染料、助剂等化学制剂,这类化学品或多或少含有或会产生对人体有害的物质,当其残留在纺织品上的含量达到一定值时,就会对人的皮肤和身体健康造成危害。由国家质检总局颁布的《国家纺织产品基本安全技术规范》标准将纺织品分为 A,B,C 三大类,分别是婴儿用品、直接接触皮肤的产品和非直接接触皮肤的产品。其所规范的具体产品范围包括婴儿尿布、成人内衣、外衣、帽子、手套、袜子以及床上用品等等。该规范对三大类纺织品的甲醛含量、pH 值、色牢度等安全及物理特性作出了明确的限制规定,并规定产品中不得有异味和使用可分解芳香胺染料。2005 年 1 月 1 日前生产并符合相应标准要求的产品允许在市场上销售,过渡期为一年。

执行新标准后,对纺织产品是否合格的判定将是同时符合这项强制性标准、纺织品和服装使用说明强制性国家标准以及相应的产品标准。不符合该技术规范要求的产品,将禁止生产、销售和进口。

实际上,目前绝大部分买家(进口商或经销商)会根据自己的实际需要或进口国(地区)的法律法规确定自己的验收标准,不仅对检测项目会有所增删,对限定指标也会有所变化。其中,有些监控项目因尚无成熟的检测方法而要求供应商签署承诺书,保证在其产品中不含或不使用其规定禁用的化学品和原材料。但从长远看,某些权威性强、影响力大的标志标准具有很大的发展潜力,并将逐渐成为在国际贸易中被广泛采用的生态纺织品标准,对此我国相关企业切不可掉以轻心。

三、生态纺织品服装认证的实施

由于目前对生态纺织品的认定尚无统一的国际标准,因而在实际操作中各方的做法也千差万别。事实上,目前在生态织纺织品领域并不存在所谓的"国际通行证"。采用什么标准、是否需要申请某种标志或者必须提供哪家检验机构提供的检测报告,所有与此相关的主动权实际上都掌握在买家手里。当然,作为一种参照体系,尽快建立统一的生态纺织品认定标准已成为近年来国际纺织品服装贸易领域的一种共识。目前,国际上影响最大的是国际环保纺织协会制定的"Oeko-Tex Standard 100"(生态纺织品标准 100)和欧盟生态标签"Eco-label"两种绿色标签。

目前,我国已有 316 家纺织企业获得了生态纺织品国际认证,但获证企业与实际数量的纺织服装企业相比,显得少之又少。联合国贸易发展会议的一份资料表明,因不符合环保要求,中国每年有 74 亿多美元的出口商品受到影响。因此,我国纺织服装企业应积极创造条件,向驻我国上海、北京等地的生态纺织品认证中国推广机构申请这两类绿色标签认证,早日领取进军欧盟市场的通行证,突破欧盟绿色壁垒,促进外贸出口的健康快速发展。

欧盟在纺织品和服装领域主要标示两种绿色标签,即“Oeko-Tex Standard 100”和“Eco-label”,前者是国际纺织品生态研究检验协会制定的,后者是欧盟制定的。“Oeko-Tex Standard 100”主要关注纺织品本身,“Eco-label”的标准涉及纺织品原料、生产、产品本身和耐用性等多方面,后者比前者的要求严格。

应当说,申请获得这两种绿色标签对我国纺织品、服装生产企业进入欧盟市场具有十分重要的意义。

其一,可以适当提高价格,从而获得更多利润。带有绿色标签的纺织品服装比同类普通纺织品服装价格高出20%至30%,而且绝大部分欧盟消费者倾向于购买前者。针对这种情况,如果企业成功地获得了绿色标签后,则可以适当提高其产品向欧盟出口的价格,增加产品的附加值,利润回报也将相应增加。

其二,可以拥有更广阔的客户群体。欧盟的进口商受消费者影响,越来越青睐加贴了绿色标签的纺织品,甚至有些欧盟成员国的进口商非绿色纺织品不买。这样,不带绿色标签的第三国纺织品就很有可能被许多欧盟进口商拒绝,开拓市场的空间自然也就比较狭小。生态纺织认证在欧洲,尤其是德语地区,已经由最初的市场竞争中的优势条件,逐渐变为一个基本条件。

其三,可以不用担心欧盟关于纺织品所含有害物质的限量。欧盟对纺织品中有些物质的含量是有严格限制的,如果第三国进口的纺织品不符合欧盟对有害物质的限量要求,那么欧盟将禁止在其欧盟市场销售。但获得加贴这两类绿色标签的产品可以不用担心欧盟关于纺织品所含有害物质的限量要求。

1.生态纺织品的生态过程

关于授权纺织产品使用纺织品生态标签的最新生态标准根据纺织产品大致的生态过程分成3个主要部分:

(1)纺织纤维标准

列入的纤维包括腈纶、棉和其他天然纤维素种子纤维、聚氨酯弹性纤维、亚麻和其他韧皮纤维、含脂原毛和其他蛋白质纤维、人造纤维素纤维、聚酰胺、聚酯和聚丙烯以及其他不包含在本标准中的纤维,但矿物纤维、玻璃纤维、金属纤维、碳纤维和其他无机纤维不包含在内。

(2)纺织加工和化学品标准

列入本节标准考核范围的内容包括纤维和纱线用助剂和整理剂、杀虫或生物抑制产品、剥色或脱色、增重、辅助化学品、清洗剂、织物柔软剂和络合剂、漂白剂、染料中的杂质、颜料中的杂质、铬媒染色、金属络合染料、偶氮染料、致癌、致突变或对生殖系统有毒害的染料、具有潜在致敏性的染料、聚酯用卤化载体、印花、甲醛、湿态加工的废水排放、阻燃剂、防缩整理、整理剂、填充材料、涂层、复合和薄膜产品。

(3)性能测试标准

包含一项尺寸稳定性条款、5项色牢度条款和一项标签标识条款,具体为:在洗涤和烘干后尺寸的变化、耐洗色牢度、耐汗渍色牢度(酸性、碱性)、耐湿摩色牢度、耐干摩色牢度、耐光色牢度和出现在Eco-label标签上的信息。

2.生态纺织品服装的认定方式

目前,在各个国家(地区)和国际贸易中对生态纺织品服装的认定主要采取3种方式:自愿申请、由买家指定、由卖家确定自己的验收标准。

几乎所有的授权使用某种标志的申请均实行自愿申请的原则。根据非歧视、公开的原则,所有与此相关的产品分类、标准、评价方法、管理机构、申请程序、审核程序、标志图形和收费等信息均可以公开的方式获得。如申请授权使用欧共体的纺织品生态标志,可以由欧盟任一成员国指定的机构受理,经规定的审核程序后告知是否同意授权使用纺织品生态标志。大部分标志使用的有效期为一年,申请人必须缴纳申请费和年费,欲继续使用则必须经过一个规定的复核程序。

四、生态纺织品的检验项目

目前欧洲主要国家和美国的纺织品与服装买家注重绿色纺织品成衣消费的倾向已经十分普遍,对纺织品服装的生产和产品提出了更高的要求。一般生态纺织品的主要检测项目有如下几种:

(1)pH 值(pH Value);

(2)甲醛含量(Formaldehyde);

(3)可萃取的重金属(Heavy Metals Residues);

(4)五氯苯酚含量(PCP Content);

(5)偶氮染料(Banned Azo Colourants);

(6)摩擦色牢度(Colour Fastness to Rubbing);

(7)水渍色牢度(Colour Fastness to Water);

(8)过敏染料(Allergic Dye);

(9)汗渍色牢度(Colour Fastness to Perspiration);

(10)唾液色牢度(用于婴儿服装)(Colour Fastness to Saliva(for baby wear only));

(11)阻燃整理(Inflammability Finish);

(12)农药残留物(Pesticides Residues)。

第二节　纺织品服装的检验方法与标准

纺织品服装检验是指商检机构或订货方依据买卖双方在合同中制定的产品标准或《中华人民共和国进出口商品检验法》的有关规定,对产品的品质、规格、包装、数量及安全、卫生、环保等项目进行检验和管理的工作。许多国家的法律和国际公约都对此作了明确的规定。

《中华人民共和国进出口商品检验法》第 5 条规定:"列入《商检机构实施检验的进出口商品种类表》(2001 年 2 月 1 日起开始使用《检验检疫商品目录》)的进出口商品和其他法律、行政法规规定须经商检机构检验的进出口商品,必须经过商检机构或者国家商检部门、商检机构指定的检验部门检验。"该条款同时规定,凡是列入《检验检疫商品目录》的进出口商品,除非经国家商检部门审查批准免予检验的,进口商品未经检验或经检验不合格的,不准销售、使用;出口商品未经检验合格的,不准出口。

英国《1893 年货物买卖法》(1979 年修订)第 34 条规定:"除非双方另有约定,当卖方向买方交付货物时,买方有权要求有合理的机会检验货物,以确定它们是否与合同规定的相符。"买方在未有合理机会检验货物之前,不能认为他已经接受了货物。

《联合国国际货物销售合同公约》第 38 条也对货物的检验问题作出了明确规定:"买方必须在按实际情况可行的最短时间内检验货物或由他人检验货物。如果合同涉及到货物运输,检验可推迟到货物到达目的地后进行。"

上述各种有关商品检验的规定都体现了一个共同的原则,即除非买卖双方另有约定,买方在接受货物之前应享有对所购买的货物进行检验的权利。但需要注意的是,买方对货物的检验权并不是强制性的,它不是买方接受货物的前提条件。因此,交易双方应在买卖合同中对与商品检验与检疫有关的问题作出明确具体的规定,这就是合同中的检验、检疫条款。国际纺织品服装买卖合同中的检验、检疫条款,通常都包括检验、检疫时间和地点,检验机构,检验、检疫证书,以及货物与合同规定不符时买方索赔的时限等项内容。

一、检验的时间和地点

商品检验的时间和地点,各国法律一般没有统一的规定,但是为了明确双方的责任,通常要在合同中对如何行使检验权的问题作出明确的规定,例如检验的时间和地点等,一般有以下几种规定方法:

1. 在出口国检验

在出口国检验又可分为在产地(工厂)检验和装运港检验。

(1)在产地(工厂)检验

对于批量较大、质量要求较严的服装,在工厂由生产检验人员进行检验或按照合同由买方验收人员进行检验,这样有助于对产品质量的跟踪,有利于及时发现和清除不合格的因素,避免造成经济损失。按此方法检验,卖方只承担服装离开产地时的责任,对于在运输途中所发生的一切变化,卖方概不负责。

(2)在装运港检验

服装在装船前,由买卖双方约定的检验机构进行抽查检验,并出具证明,作为交货品质的依据。

2. 在进口国检验

在进口国检验又可分为在目的港检验和买方营业处所(最终用户所在地)检验。

(1)在目的港检验

服装到达目的地后,由双方约定的目的港检验机构进行检验,并出验证明,作为交货品质的依据。

(2)买方营业处所(最终用户所在地)检验

这一做法是将检验延伸和推迟至买方营业处所(最终用户所在地)检验,主要用于在口岸开箱检验后难以恢复原包装的商品。

3. 在出口国检验、在进口国复验

由装运地的检验机构进行检验,并出具检验证明,作为卖方议付货款的凭证之一。到达目的地后,由双方约定的检验机构进行复验,并出具检验证明。如果产品品质、数量与合同不符,可根据检验证明向有关方面进行索赔。这样做兼顾了买卖双方的利益,产品质量有保障,因而它是一种国际贸易中最常用的检验方法。

二、商品检验的方法

服装检验的方法一般为随机抽样检验。

1. 抽样的规定

服装检验的被检品应是产品标识齐全并包装入箱的服装成品，按批分色别、规格，依照标准规定随机抽取服装成品，以一次出厂同种成品的单位总量为批量基数，一般按批成品出厂总箱数的10%抽取被检箱数，对所取样品的检验，评定该批服装的质量。

2. 抽样的基本要求

(1)产品的质量缺陷程度判定细则，按相应合同规定的产品标准执行。

(2)在规定的检验数量中，合格品数≥92%，不合格品(不含严重缺陷)数≤8%，判定为合格。

(3)在正常检验判定为不合格时，应采用加倍检验，即在正常抽查的基础上增加一倍。

三、检验机构与标准

在国际贸易中，买卖双方除了自行进行必要的检验外，通常还要委托独立于买卖双方之外的第三方对货物进行检验。我国境内的检验机构不仅仅有国家官方检验机构，还有许多民间的、私营的或半官方的检验机构，包括一些国外著名的跨国公司和一些合资检验机构，他们参与我国进出口商品的检验鉴定工作，有些检验机构与世界许多国家有着各种协议及多年的合作关系，为我国的进出口商品的检验工作作出了贡献。现将纺织品服装的主要检验机构及检验标准介绍如下：

1. 中华人民共和国出入境检验检疫局(CIQ)

1999年8月国务院批准全国各地出入境检验检疫机构重新组建，将原来卫生部负责的国家出入境卫生检疫、农业部负责的动植物检疫和国家进出口商品检验总局负责的进出口商品检验三检合一，成立了国家出入境检验检疫局，下设省市级35个直属局，负责所辖区域的出入境检验检疫、鉴定、监管工作。

(1)纺织品的检验标准

纺织品的检验中参照的主要检验标准和方法有：

●GB 中华人民共和国国家标准

●AATCC (American Association of Textile Chemists and Colorists)美国纺织化学家和染色家协会

●ASTM (American Society for Testing and Materials)美国测试和材料学会

●JIS (Japanese Standards Association)日本标准协会

●ISO (International Organization for Standardization)国际标准化组织

●DIN (Deutsches Institut Fur Normung)德国标准学会

●BS (British Standards Institution)英国标准学会

●IWS (International Wool Secretariat)国际羊毛局

●AS (Standard Australia)澳大利亚标准学会

●CAN/CGSB (Canadian General Standards Board)加拿大标准委员会

●NF (Associati on Francaise de Normalisation)法国标准化电会

(2)主要检验项目

● 纤维含量 Fiber Content

●尺寸变化率 Dimensional Change

●色牢度 Color Fastness

●物理性能 Physical Properties

●有毒有害物质 Poisonous and Harmful Substance

2.SGS 集团

瑞士通用公证行(Societe Generale de Surveillance S. A.)是目前世界上最大的专门从事国际商品检验测试和认证的集团公司,是一个在国际贸易中有影响的民间独立检验机构。SGS 集团作为全球最大的跨国第三方检验机构,成立于 1878 年,总部设在日内瓦。现在 142 个国家中设有 1200 个办事处和实验室,雇用了近 3 万名员工。SGS 现已在我国的北京、天津、青岛、大连、秦皇岛、南京、上海、宁波、武汉、厦门、广州、深圳、湛江等地设立了办事处或实验室。SGS 通标标准技术服务有限公司(SGS-CSTC Standards technical Service Co., Ltd.)是在上海设立的办事机构,设有纺织品实验室,为国内外进出口方提供全面的检验、实验和认证服务。

(1)检测采用的标准/方法

纺织品的检验中参照的主要检验标准和方法有:

- ISO
- AATCC/ASTM
- BS
- DIN
- JIS
- CAN/CGSB
- AS
- GB

(2)主要检测项目

SGS 通标标准技术服务有限公司上海纺织品实验室提供以下主要的纺织品与服装检验、检测项目。

1)尺寸稳定性 Dimensional Stability

● 水洗 Washing ● 干洗 Dry C1eaning

2)染色坚牢度测试(Colour Fasteness Tests)

● 皂洗 Washing ● 汗液 Perspiration

● 摩擦 Dry&Wet Crocking/Rubbing

● 水渍 Water ● 氯漂 Chlorine Bleach

●光照 Light

3)外观稳定性 Appearance Retention

● 水洗 Washing ● 干洗 Dry Cleaning

4)物理性能 Physical

5)防水性能 Water Repellency

6)燃烧性能 Flammability

7)成分分析 Fiber Content

8)pH 值 pH Value

9)甲醛含量 Formaldehyde Content

10)偶氮染料测试 AZO Test

11)金属辅料镍的释放度 Nickel Release

3.天祥检验集团(ITS)

天祥检验集团(Intertek Testing Services,ITS)的前身是英之杰检验服务集团,是世界上规模最大的工业与消费品测试、检验和认证机构之一。天祥检验集团的总部设在伦敦,全球服务网络跨越 73 个国家,共有 197 个实验室和 405 个办事处,全球性的分布可十分方便地满足客户对于品质保证的需求。测试和检验服务范围广泛,包括纺织品和服装、鞋类、玩具、礼品和赠品、电子及电气产品、食品、塑料制品、陶瓷制品和日常用品等。现在上海和深圳设立分支机构,尤其在上海建立了国内及亚洲地区最大的检验实验室。

天祥检验集团为适应进口国强制性法规的不断变化和买家对高品质产品的期望,在纺织品与服装有如下的检测项目:

(1)强制性测试纤维标签开发

识别所用纤维和混合纤维的含量,如苎麻/亚麻/棉的混合、羊毛/安哥拉兔毛/尼龙的混合纤维、羊绒、马海毛和羔羊毛的混合纤维等。

(2)洗涤护理标签开发

(3)羽绒测试

羽绒含量分析、蓬松度、保温性能、羽绒移动性和面料对羽绒及其他纤维填充料的抗渗透性测试等。

(4)燃烧性能测试

(5)品质和性能测试

水洗色牢度和干洗色牢度、光照色牢度、漂白色牢度、尺寸稳定性、外观保持度、物理性能评估(强度、耐磨度、织物结构、拒水性、抗起毛起球性)、化学分析(后整理种类、染料识别等)。

(6)环保纺织品测试

禁用之偶氮染料、甲醛含量、重金属残留物、破坏臭氧层化学物、杀虫药残留物、五氯苯酚含量、聚氯物含量、镍放射、酸碱值。

四、检验证书

检验证书是第三方检验机构对进出口商品进行检验后签发的书面证明文件。

1.检验证书的作用

现代对外贸易多数实行凭单(证)交接结算的象征性交货制度。因此,买卖双方认可的检验、鉴定机构签发的各种检验、鉴定证书、证明书具有法律约束力。

检验证书所证明的品质、重量或数量、残损等具有鉴定结果的评定意见,直接关系到对外贸易买卖双方以及运输、保险等有关各方的责任和经济权益。因此,商检证书是买卖双方以及运输、保险等有关各方极为关心的具有经济效用的证件。从经济角度看,检验证书具有如下的作用:

(1)作为证明履约情况的有效证件。

(2)作为进出口商品的品质证书、重量或数量证书是议付货款的凭证。

(3)报关验放的有效证件。

(4)是明确责任归属、办理索赔和理赔的有效证件。

(5)是计算关税的有效证件。

(6)是计算运费的有效证件。

(7)作为仲裁、诉讼举证的有效证件。

2.证书的种类

检验证书的种类很多,与纺织纤维及制品有关的主要包括如下几种:

(1)品质证书(inspection certificate of quality)

品质证书是证明进出口商品质量、规格的证件。品质证书可以用来证明进出口商品是否符合进出口贸易合同及有关规定,它是进出口商品交接货物、结算货款、对外索赔、理赔、通关验放和仲裁诉讼举证的有效凭证。

(2)重量、数量证书(inspection certificate of weight or quantity)

重量、数量证书是证明进出口商品的重量和数量的证件。重量、数量证书可以用来证明进出口商品的重量和数量是否符合贸易合同的规定,国际贸易关系人以此作为出口商品交货结汇、签发提单和进口商品结算、对外索赔的有效凭证;出口商品的重量证书也是国外报关征税和计算运费、装卸费用的证件。

(3)兽医检验证书(inspection certificate of veterinary)

兽医检验证书是证明出口动物产品已经过检疫合格的证件。主要用于出口冻品(冻禽、冻畜肉)、罐头、禽肉、畜肉、皮张、毛类、绒类、肠衣、猪鬃等畜产品。

(4)消毒检验证书(inspection certificate of disinfection)

消毒检验证书是证明出口动物产品经过消毒处理,保证安全卫生的证件。它是出口交货、银行结汇和进口国通关验放的有效证件,主要适用于皮张、羽毛、猪鬃、马尾、人发等商品。

(5)残损鉴定证书(inspection certificate on damaged cargo)

残损鉴定证书是证明进口商品残损情况的证件,是进口商品发生残、短、渍、毁时,经商检机构检验鉴定确定其受损情况,估算损坏程度,判断致损原因并出具证书,向责任方(发货人、承运人、保险人、装卸部门等)索赔的有效凭证。有时还附残损照片和实物样品作为证书的附件。

(6)积载鉴定证书

积载鉴定证书是证明船方和集装箱装货部门正确配载积载货物,作为证明履行运输合同义务的证件。供货物交接以及发生共同海损时分摊损失的依据。

(7)积载吨位衡量证书

积载吨位衡量证书是证明进出口商品的重量、体积的证件。它可作为计算运费和制定配载计划的依据。国际贸易关系人往往需单独申请丈量商品的体积并出证。如果国内收货人对进口商品的运费有疑问,可对进口到货申请衡量鉴定,作为海运和集装箱装运商品计算运费和处理运费索赔的凭证。

(8)产地证明书(inspection certificate of origin)

产地证明书是出口商品在进口国通关输入和享受减免关税优惠待遇和证明商品产地的凭证。产地证明书包括一般产地证、限制禁运产地证、野生动物制品产地证、普惠制产地证等。产地证可以由进口国驻出口国的使领馆签发或认证,还可由出口国的官方鉴定机构或商会团体签发。

(9)价值检验证书(inspection certificate of value)

价值检验证书是证明发票所列商品的价格真实和正确的文件。它是进口国管理外汇和征收关税的凭证;在发票上签盖商检机构的价值证明章后则与价值证明书具有同等效力。

进出口服装经检验合格后,根据贸易合同、信用证和申请人的要求,由商检机构签发品质、数量、包装检验证书或签发出口商品放行单。对检验不合格的出口服装,签发不合格通知单。预验合格的出口服装,签发预检验结果单或出口商品检验换证凭单。

第三节　服装检验条款

国际货物买卖合同中的服装检验条款一般包括下列内容:有关检验权的规定、检验的时间和地点、检验机构、检验标准和项目、检验证书等。合同中的商检条款一般分为品质数量条款和检验索赔条款两个方面。

品质数量条款是进出口商品品质、规格、等级、包装和数量、重量等的具体条款,各种商品、各个合同往往不一样。品质数量条款是评定进出口商品是否合格的重要依据,条款的文字、内容必须明确具体,用语、数据力求准确、恰当,便于检验和分清责任,避免使用“大约”、“左右”、“先进设备”、“良好品质”等含糊不清的字样。

检验索赔条款是有关检验交货和复验索赔的条款,包括发货人的检验、检验机构、检验时间、地点、收货人的复验、复验机构、索赔期限、检验费用、检验证书的种类以及仲裁等条款。

国际货物买卖合同中的检验条款除了包括上述内容外,有时还需明确买方对不符货物向卖方索赔的具体期限。现举例如下:

以装运港(地)××(检验机构名称)签发的品质和重量检验证书作为信用证项下议付所提交单据的一部分。买方对于装运货物的任何索赔,须于货物到达目的港(地)后××天内提出,并须提供经卖方同意的公证机构出具的公证报告。

The Certificates of Quality and Weight issued by ××(name of the inspection organization)at the port(place)of shipment shall be a part of the documents to be presented for negotiation under the relevant letter of credit. Any claim by the Buyers regarding the goods shipped shall be filed within ×× days after the arrival of the goods at the port(place)of destination, and supported by a survey report issued by a surveyor approved by the Sellers.

复习思考题

1. 生态纺织品的含义包括哪些内容?

2. 生态纺织品检测项目有哪些?

3. 目前世界上常用的绿色生态标签有哪几个?

4. 何谓买方的检验权? 各国法律对买方检验权主要有哪些规定?

5. 为什么在国际服装买卖合同中要对检验的时间和地点作出具体规定?

6. 为什么在国际服装买卖合同中要订立商品检验条款? 合同中的检验条款一般应包括哪些内容? 举例说明。

第八章　索赔、不可抗力与仲裁条款

国际货物买卖履约时间长，涉及面广，业务环节多，一旦在货物的生产、收购、运输、资金等任何一个环节发生意外或差错，都可能给合同的顺利履行带来影响；如果一方不履行合同或不完全履行合同义务，致使另一方当事人的权利受到损害，将导致索赔和理赔，甚至引起争议和仲裁。

第一节　索　赔

一、索赔的含义

国际货物买卖履约时间长，涉及面广，业务环节多，一旦在货物的生产、收购、运输、资金移动等任何一个环节发生意外或差错，都可能给合同的顺利履行带来影响。加上国际市场变幻莫测，一方当事人如果不履行合同义务，致使另一方当事人的权利受到损害，从而导致索赔和理赔，甚至引起争议。

索赔(claim)是指在进出口交易中，因一方违反合同规定直接或间接给另一方造成损失，受损方向违约方提出赔偿请求，以弥补其所受损失。索赔是指受损方提出要求的行为。与此相对应的是理赔。理赔则是一方对于对方提出的索赔进行处理。因此，索赔和理赔是一个问题的两个方面。在国际贸易活动中，发生索赔情况的主要原因一般有三种：一是卖方违约，如拒不交货，未按合同规定的时间、品质、数量和包装交货或单证不符等；二是买方违约，不按时开信用证、不按时赎单付款、无理拒收货物、在买方负责运输的前提下，不按时派船和指定交货地点等；三是由于合同条文订得不明确而引起的经济损失。无论属于上述哪一种情况，只要有一方不履行合同的条款，在法律上就构成违约行为，必须负有相应的法律责任，例如应承担继续履行、采取补救或者赔偿损失等违约责任。

二、违约责任的认定

根据各国法律和国际条约的规定，不同性质的违约行为，其承担的责任是不同的，但各国法律对于违约行为的性质划分，却不一致：有的国家是以合同交易条件的主次为依据进行划分的；而有的则以违约的后果轻重程度为依据来进行划分。例如，英国的法律规定，当事人乙方违反合同中带实质性的主要约定条件，如卖方交货的质量或数量不符合合同规定，或不按合同规定的期限交货，均作为“违反要件”，受损害的一方除可要求损害赔偿外，还有权解除合同。如果违反的是合同中的次要条件,称为“违反担保”或“违反随附条件”,则受损害的一方不能解除,仍须继续履行他所应承担的合同义务,但有权请求违约的一方给予损害赔偿。至于货物买卖合同中哪些条款属于“要件”,哪些条款属于“担保”或“随附条件”,英国的法律未作具体规定,要由法官在审理案件时根据合同的内容和推定双方当事人的意思作出决定,因此,有较大的任意性。但在实际业务中,受损害的一方对于另一方的违反要件,可以放弃作为要件处理,即不要求解除合同,而只要求损害赔偿。英国的法律也允许当事人不把另一方的违反要件作为解除合同的理由。此外,如果买方在法律上已被视为接受的货物,并且因此而丧失了拒收货物的权利,买方就必须将对方的违反要件作为违反担保处理。值得注意的是,近年来,英国法院在司法实践中已承认了一种新的违约类型,称之为“违反中间性条款或无名条款”。该条款是一种既不是要件,也不是担保的合同条款。违反这类条款应承担的责任须视违约的性质及其后果是否严重而定。如果性质及后果严重,受损害的一方有权解除合同,并可要求损害赔偿,否则,就只能要求损害赔偿。

美国的法律规定,一方当事人违约,以致使另一方无法取得该交易的主要利益,则是“重大违约”。在此情况下,受损害的一方有权解除合同,并要求损害赔偿。如果一方违约,情况较轻微,并未影响对方在该交易中取得的主要利益,则为“轻微违约”,受损害的一方只能要求损害赔偿,而无权解除合同。

《联合国国际货物销售合同公约》第 25 条规定:“一方当事人违反合同的结果,如使另一方当事人蒙受损害,以至于实际上剥夺了他根据合同规定有权期待得到的东西,即为根本违反合同。”此时,《联合国国际货物销售合同公约》第 49 条(1)款,第 64 条(1)款,第 81 条(1)款规定:“受损的一方就可宣告合同无效,同时有权向违约方提出损害赔偿的要求。”如违约的情况尚未达到根本违反合同的程度,则受害方只能要求赔偿损害,而不能宣告合同无效。

我国《合同法》第九十四条规定,有下列情形之一的,当事人可以解除合同:

(一)因不可抗力致使不能实现合同目的;

(二)在履行期限届满之前,当事人一方明确表示或者以自己的行为表明不履行主要债务;

(三)当事人一方迟延履行主要债务,经催告后在合理期限内仍未履行;

(四)当事人一方迟延履行债务或者有其他违约行为致使不能实现合同目的;

(五)法律规定的其他情形。

我国《合同法》第九十七条规定:合同解除后,尚未履行的,终止履行;已经履行的,根据履行情况和合同性质,当事人可以要求恢复原状、采取其他补救措施,并有权要求赔偿损失。

总之,由于各国法律和国际条约对于违约行为的区分有不同的方法,对于不同的违约行为应承担的责任,以及另一方可以采取的补救方法都有不同的规定,因此,为维护我方的权益,根据我国法律和国际上有关的法律和惯例,订好国际货物买卖合同中的索赔条款,并在合同的履行中加以正确运用,是十分重要的。

三、索赔条款

买卖双方为了在索赔和理赔工作中有所依据,一般在合同中订立索赔条款。在实践中,索赔条款可根据不同的需要作不同的规定,通常采用的主要有“异议和索赔条款”和“罚金条款”。

1.异议和索赔条款(discrepancy and claim clause)

异议和索赔条款一般是针对卖方交货质量、数量或包装不符合合同规定而订立的,主要包括索赔依据、索赔期限,有的还规定索赔的处理方法。如我国进口货物索赔的检验机构是国家监督检验检疫总局。而对出口合同如果允许国外有复验权,应该在合同中规定“须以买卖双方同意的检验机构出具的检验报告作为索赔依据”。索赔依据应该明确规定并与检验条款的内容相一致,索赔必须按规定提供齐全、有效的证据,并在规定的索赔期限内进行。逾期索赔,违约方可以不予受理。一般货物的索赔期限在货物到达目的地后的30～45天。在《联合国国际货物销售合同公约》中规定“如果买方不在实际收到货物之日起两年内将货物不符合合同情形通知卖方,他就丧失声称货物不符合合同的权利,除非这一时限与合同规定的保证期不符。”

2.罚金条款(penalty clause)

罚金条款是指合同的一方如果未能旅行合同或未完全履行合同,应向对方支付一定金额的违约金,以补偿对方的损失。

有关合同的罚金条款,各国的法律规定有不同的解释和规定。有些国家的法律对于罚金条款是给予承认和保护的。他们认为,合同当事人事先可约定一方当事人如果不履行或不适当履行合同,另一方可要求其支付一定金额的违约金,作为惩罚或作为预先约定的损害赔偿。但有些国家的法律则认为,对于违约只能要求赔偿,而不能予以惩罚。例如,英美等国的法院对于合同中订有固定赔偿金额条款的,区分为两种性质:一种是作为预定的损害赔偿,另一种是作为罚金。如果法院认为当事人约定支付的金额是属预定的损害赔偿,则不管损失金额的大小,均按合同规定的固定金额判付;反之,如属罚金,则不予承认,而是根据受损方所遭受的实际损失确定赔偿金额。至于双方当事人事先约定的赔偿金额,究竟属于预定的损害赔偿还是罚金,全凭法院根据具体情况案情作出它认为适当的解释,而不管双方当事人在合同中采用什么措辞。

我国《合同法》第一百一十三条规定:“当事人一方不履行合同义务或者履行合同义务不符合约定,给对方造成损失的,损失赔偿额应当相当于因违约所造成的损失,包括合同履行后可以获得的利益,但不得超过违反合同一方订立合同时预见到或者应当预见到的因违反合同可能造成的损失。”

关于违约赔偿额的确定,参照《联合国国际货物销售合同公约》第七十四、七十五条和七十六条的规定,主要有下列三种方式:(1)一方当事人违反合同应负的损害赔偿额,应与另一方当事人因他违反合同而遭受的包括利润在内的损失金额相等;(2)如果合同被宣告无效,而在宣告无效后一段合理时间内,买方已以合理方式购买替代货物转卖,则要求损害赔偿的一方可以取得合同价格和替代货物交易价格之间的差额;(3)如果合同被宣告无效,而货物又有时价(指原应交付货物的地点的现行价格,或如该地点没有时价则指另一合理替代地点的价格),要求损害赔偿的一方,如果没有根据第七十五条规定进行购买或转卖,则可以取得合同规定的价格和宣告合同无效时的时价之间的差额,如果在接受货物之后宣告合同无效,则应适用接受货物时的时价。

由于不履行合同而发生的损失,各国有关法律的规定以及国际贸易实践中的做法,大体是合同公约中规定的上述三种方法。第一种确定方法,一般称为“肯定损失”或“实际损失”,包括“失去的利益”,即因不履约所失去的本来实际可以获得的利益。第二种确定方法,是国际贸易中常采用的所谓差价计算法，由于卖方未供应货物，买方从另一供货人处以较高价买了货物，卖方赔偿合同价格和买方另购进货物价格之间的差价；由于买方不接受货物，卖方将货物低价转售，则买方应赔偿卖方合同价格和实际卖出货物价格之间的差价。第三种确定方法，一般称为"抽象损失"的赔偿，即不供应货物或不接受货物的损失，以合同价格和应当履约时市场上的价格间的差价来确定。

由于在各国法律上关于罚金和赔偿金的条款有不同的解释和规定，所以，在签订合同时应对不同国家的法律规定加以分析研究，尽量做到既不与对方法律规定有抵触，又能符合国际惯例的规定。

四、对待索赔理赔应注意的问题

1.对待对外索赔时应注意的问题

(1)查明造成损害的事实，分清责任，备妥必要的索赔单证(包括用货部门的验收记录、现场情况的验收记录等)和单据。单据包括提单、发票、保险单、装箱单、商检证以及其他证明等。

(2)正确确定索赔的项目及金额，对索赔项目的决定，既不能让国家蒙受不应有的损失，也不能脱离实际损失。

(3)认真订好索赔方案，及时向国外提出索赔，争取在索赔期内解决问题。

(4)索赔工作完结，工作人员要登记、归档。

2.处理出口理赔时应注意的问题

(1)认真细致审核国外提出单证机关的合法性，对检验方法，使用标准都要一一复核。

(2)注意调查研究，澄清事实，分清责任。

(3)确定损失及赔付方法。可以赔付部分货物，退货、换货、补货及修整；赔付一定的价格折扣或部分降价等。

总之，在实际业务中，正确处理索赔和理赔是一项维护国家和企业权益和信誉的重要工作。在对外做好调查研究，查清责任事实、分清责任的基础上，既要坚持原则，正确运用合同所适用的法律和国际贸易惯例，又要力求在友好的气氛下进行协商，争取公平合理的解决。

第二节　不可抗力

买卖双方的合同一经签订，交易双方必须严格按照合同的规定执行，任何一方出现违约，都要承担赔偿损失的责任。但是，有时客观情况会发生非当事人所能控制的根本变化，即不是因为买卖的任何一方的过失和疏忽，而是出现了当时买卖双方当事人所不能预见、无法预防、无法避免的意外事件，而且是不能避免和不能克服的事件，使之失去原有履行合同的基础，对此，法律可以免除未履行或未完全履行合同一方对另一方的责任，这就是免责。在实践中，要判断哪些事件可以构成当事人有权免责，有时是很困难的，各国法律的解释也并不一致，因此，为了防止产生不必要的纠纷，维护当事人的各自利益，通常要在买卖合同中订立不可抗力条款。

一、不可抗力的含义

不可抗力(force majeure)也叫人力不可抗拒,是指在合同签订以后,不是由于当事人的过失,而是发生了当事人所不能预见、不能避免并且不能克服和控制的意外事故,以致不能履约或不能如期履约或不能全部履约,有关当事人即可根据契约或法律的规定,因此免除履行合同的责任或延期履行合同,并可以免除责任,对方不得对此要求损失赔偿。因此,不可抗力条款是一种免责条款。

引起不可抗力的原因主要有两种情况:一是自然原因,指洪水、暴风、干旱、暴风雪、地震等人类无法控制的自然界力量所引起的灾害;二是社会原因,指战争、罢工、政府禁止有关商品进出口等。

但是不能错误地认为,所有的自然原因和社会原因引起的事件都属于不可抗力。对于不可抗力的认定必须慎重,并与诸如商品价格波动、汇率变化等正常的贸易风险严格区别开来。至于哪些事件属于不可抗力,国际上并无统一的解释。

我国《合同法》第 117 条规定:不可抗力是指不能预见、不能避免并不能克服的客观情况。按《联合国国际货物销售合同公约》第 79 条的解释:不可抗力是指非当事人所能控制,而且没有理由预期他在订立合同时所能考虑到或能避免或克服它或它的后果而使其不履行合同义务的障碍。虽然各国法律解释不一致,但一般认为不可抗力应当具备以下条件:

(1)它是签约以后发生的;

(2)它不是由于任何一方当事人的故意或过失造成的;

(3)它的发生及其后果是双方当事人所不能控制的,即不能预见、无法避免、无法克服的。

例如,根据各国法律和国际贸易惯例解释,由于自然灾害致使农副产品全部毁灭或减产,使合同全部或部分不能履行,有关当事人根据不可抗力条款的规定提出证明是可以免除责任的。但应指出,这种自然灾害成为阻碍履行合同的不可抗力,其影响程度必须是根本性的或全面性的,因而无法取得货源。因此当事人如以自然灾害作为不可抗力来免除自己的责任,不仅须对事实提出证明,还必须对无法克服和无法预防所出现的自然灾害提出证明。

不可抗力是国际贸易中通用的一个术语,各国法律一般都允许当事人自行商定在合同中订立不可抗力条款。其内容在外贸合同都应订上这一条款,对这类意外事故事先作出明确的规定,以便一旦出现合同所规定的意外事故,使合同无法履行时,可以据此确定有关当事人的权利与义务。国际货物买卖合同中的不可抗力条款主要规定不可抗力的范围、对不可抗力的处理原则和方法、不可抗力发生后通知对方的期限和方法,以及出具证明文件的机构等。

二、不可抗力的法律后果

不可抗力事故所引起的后果有两种情况:一种是解除合同,一种是变更合同或延迟履行合同。一般解释为,如不可抗力事故使合同的履行成为不可能,则可解除合同。例如地震使生产厂房设备遭到严重破坏,即可援引不可抗力条款解除合同;如果不可抗力事故暂时阻碍了合同的履行,则只能延期履行合同。例如暴风雪阻塞交通,只有延期,等路途恢复交通后才能继续履行合同。

《联合国国际货物销售合同公约》规定,一方当事人享受的免责权利只对履约障碍存在期间有效。如果合同未经双方同意宣告无效,则合同关系继续存在,一旦履行障碍消除,双方当事人仍须继续履行合同义务。再者,一方当事人对于上述障碍不履行合同义务的免责,只以免除损害赔偿的责任为限,而且不妨碍另一方行使《公约》规定的要求损害赔偿以外的任何权利。例如,卖方遭遇履行交货义务的严重障碍,履行交货已无可能,卖方未提出解除合同,买方不能无限期地等待卖方在消除障碍后履行义务,买方就有权终止合同,从他处另行购买代替物。但买方行使此项权利时,必须遵循《公约》第 79 条(3)款和(5)款的规定:障碍的严重程度、持续期间不致使合同不能履行的,当事人不得任意解除合同。

注意:即便是由于政府禁令等原因发生,只要还有一线可能,一方不经过另一方同意也不能完全解除责任。

三、不可抗力的通知和证明

不可抗力事故发生后,当事人必须及时地将事故的发生及其对履行合同义务的能力的影响如实地通知另一方,并按合同规定提供有关公证机构的证明,而且在通知中应提出处理意见,以利对方及早安排,免受更大的经济损失。在我国,一般由中国国际贸易促进委员会(即中国国际商会)出具事故证明。如果由对方提供时,则大多由当地的商会或登记注册的公证行出具。对于出证机构应在合同中作出具体规定。一般来讲,一方接到对方关于不可抗力的事故或证明后,无论同意与否,都应及时答复。否则按有些国家的法律,如《美国统一商法典》,将被视作默认。我国《合同法》第 118 条规定:当事人一方因不可抗力不能履行合同的,应当及时通知对方,以减轻可能给对方造成的损失,并应当在合理期限内提供证明。

四、签订不可抗力条款时应注意的问题

1.必须合理确定不可抗力事故的范围

对于外商提出的要求,要根据我国的方针政策,区别不同情况,作出不同的处理,不能无原则地接受。对于洪水、地震、暴风、大雪等自然灾害和战争行为都是可以接受的,但其影响程度必须是根本性的或全面性的而且是直接的;对于某些含义不清的或是某些社会原因引起的如革命、暴动、罢工等是不能全都算作不可抗力内容的。

2.不可抗力条款的规定方法

我国进出口合同中的不可抗力条款可采用概括式、列举式和综合式。

(1)概括式规定,即在合同中不具体订明哪些现象是不可抗力事故。例如:“由于人力不可抗拒事故影响而不能履行本合同的一方,在与另一方协商同意后,可根据实际所受影响的时间,延长履行合同的期限,对方对由此而产生的损失不得提出赔偿要求。”

(2)列举式规定,即在不可抗力条款中明确规定出哪些是不可抗力事故。凡合同中没有订明的,均不能作为不可抗力事故加以援引。例如:“如由于战争、洪水、火灾、地震、雪灾、暴风的原因致使买卖双方不能按时履行各自的义务时,可以推迟这些义务的履行时间,或者撤销部分或全部合同。”

(3)综合式规定,即采用概括和列举综合并用的方式。例如,我进口合同中规定:“由于战争、地震、严重的风灾、雪灾、水灾、火灾以及双方同意的其他人力不可抗拒事故。致使任何一方不能履行合同时,遇有上述不可抗力事故的一方,应立即将影响履行合同的不可抗力

事故的情况，以电报方式通知对方，并应在15天内，以航空挂号信提供事故的详细情况以及影响合同履行程度的证明文件。此项文件若由卖方提出时，应由发生不可抗力事故地区的商会或登记公证人出具；若由买方提出时，应由中国国际贸易促进委员会出具。”

第三节 仲 裁

在国际贸易中买卖双方为维护自己的利益，在合同执行中发生纠纷是不可避免的，买卖双方在产生争议后，首先应该通过友好协商或者由第三者进行调解来解决争议，在经过友好协商无法解决时，可以采用提交仲裁机构仲裁的办法，或者诉讼，即提交法院处理争议。

一、仲裁的含义

所谓仲裁是指买卖双方发生争议通过协商无法解决时，双方自愿将争议提交双方都同意的第三方仲裁。其仲裁是终局的，对双方都有约束力，双方必须依照执行。仲裁同诉讼相比有以下几个特点：

(1)仲裁机构是民间性组织，当事人可以自行选定，仲裁机构不受理没有仲裁协议的案件。必须有双方当事人的仲裁协议才能进行，是双方志愿提交仲裁，且不得向法院起诉，排除法院对有关争议案件的管辖权。

(2)仲裁比诉讼的程序简单、费用较少、处理案件的时间较短。仲裁庭由一些熟悉业务的专家和知名人士组成，比较熟悉贸易业务知识。仲裁是终局性的，败诉方不得上诉，败诉方拒不执行，胜诉方有权向法院要求强制执行，而且对双方贸易关系的发展影响较少。

我国《仲裁法》规定，当事人采用仲裁方式解决纠纷，应当双方自愿，达成仲裁协议。没有仲裁协议的，仅一方申请仲裁的，仲裁机构不予受理。据此，发生争议的双方中任何一方申请仲裁时必须提交双方当事人达成的仲裁协议。

二、仲裁协议

仲裁协议是指当事人在合同中订明的仲裁条款或者以其他方式达成的提交仲裁的书面协议。它一般包括仲裁地点、仲裁机构、仲裁程序、仲裁裁决的效力、仲裁费用的负担等内容。

仲裁地点是仲裁条款的主要内容之一，在选择地点时可以采用三种不同的地点进行仲裁：在本国仲裁、在对方国家仲裁、在第三国仲裁。一般在商订仲裁地点时，交易双方都力争在本国进行仲裁，在自己比较了解和信任的地方进行仲裁，其次才考虑在被诉方所在地进行仲裁或在第三国进行仲裁。但在选择国家时应注意所选择的国家在政治上友好，具备一定的业务能力，并且是公正合理的仲裁机构。因为一般在哪个国家仲裁，其国家的法律对仲裁的权利和义务的解释也有所不同，那么其仲裁的结果就可能不同。

国际贸易中的仲裁机构有临时机构和常设机构两种。临时机构，是为了解决特定的争议而组织的仲裁庭，案件审理完毕，仲裁庭即自动解散。常设机构，我国常设的仲裁机构是中国国际经济贸易仲裁委员会及设在上海、深圳的分会；国外的常设机构有英国伦敦仲裁院、美国仲裁协会、瑞典斯德哥尔摩仲裁院、瑞士苏黎世商会仲裁院、日本国际商事仲裁协会及国际组织的仲裁机构国际商会仲裁院等。

仲裁程序是根据仲裁协议的规定提交仲裁机构进行裁决的程序，在我国遵循的仲裁程序规则是《中国国际经济贸易仲裁委员会仲裁规则》，仲裁程序一般包括仲裁申请、组成仲裁庭、仲裁审理、仲裁裁决等。

各国的仲裁规则均规定仲裁裁决一经作出，即具有法律效力，仲裁裁决对双方均有约束力，败诉方不得向法院上诉，必须执行裁决，而且也不得向其他任何机构提出改变裁决的请求，败诉方拒不执行，胜诉方有权向法院要求强制执行，也就是说仲裁裁决是终局的。

仲裁费用一般规定由败诉方的一方负担，但也有由仲裁庭酌情决定的。

为了进一步理解和掌握本章的主要内容，了解在进出口贸易过程中的索赔、不可抗力与仲裁条款以及应注意的问题，我们来作一些具体的案例分析。

例 1　某年某月我国某公司与英国某公司成交某纺织原料 1500 吨，每吨 CFR 某港 348 英镑，总金额为 522000 英镑，交货期为当年 5 – 9 月。由于当时我方缺货，只交了 450 吨，其余 1050 吨经双方协商同意延期至下一年度内交货。次年，我国发生自然灾害。于是，我方公司以不可抗力为理由，要求免除交货责任。但对方回电拒绝，并称该商品市场价格上涨，由于我方公司未交货已使其损失 15 万英镑，要求我方公司无偿提供其他品种的同类纺织原料抵偿其损失。我方公司对此项要求不同意。该外国公司根据仲裁条款规定向中国仲裁机构提出仲裁，仲裁申请中强调我方公司所称不可抗力的理由不充分，并指出我方公司如果不愿以商品抵偿其损失，就坚持索赔 15 万英镑。在仲裁机构的调解下，双方经过多次协商，我方公司赔偿对外 41820 英镑结案。

分析　本案双方争议的主要问题有两个，一个是不可抗力问题。究竟什么是不可抗力，我方公司在上述情况下可否引用不可抗力条款免除交货责任？第二个问题是，关于因交货责任引起的赔偿，如何赔偿才算合理？第二个问题不仅是解决本案争议的关键，在国际贸易中也有一定的普遍意义。

本案涉及的是自然灾害问题。我方公司提出，由于自然灾害致使其不能取得货源如期履约，因此提出免除其履约责任。根据各国法律和国际贸易惯例解释，由于自然灾害致使农副产品全部毁灭或减产，使合同全部或部分不能履行，有关当事人根据不可抗力条款的规定提出证明是可以免除责任的。但应指出，这种自然灾害成为阻碍履行合同的不可抗力，其影响程度必须是根本性的或全面性的，因而无法取得货源。因此当事人如以自然灾害作为不可抗力来免除自己的责任，不仅须对事实提出证明，必须对无法克服和无法预防所出现的自然灾害提出证明。我方公司所销售的商品确因我方当时遭受自然灾害受到一定的影响，但尚未影响到根本取不到货源。当时交不上货，主要原因是由于供应货的加工厂停止生产这种产品，我方也就无法提出上述两项证明，仅凭口头说明是不能引用不可抗力而免除交货责任的。

关于违约赔偿额的确定，参照《联合国国际货物销售合同公约》第七十四、七十五条和七十六条的规定，主要有下列三种方式：(1)一方当事人违反合同应负的损害赔偿额，应与另一方当事人因他违反合同而遭受的包括利润在内的损失金额相等；(2)如果合同被宣告无效，而在宣告无效后一段合理时间内，买方已以合理方式购买替代货物转卖，则要求损害赔偿的一方可以取得合同价格和替代货物交易价格之间的差额；(3)如果合同被宣告无效，而货物又有时价(指原应交付货物的地点的现行价格，或如该地点没有时价则指另一合理替代地点的价格)，要求损害赔偿的一方，如果没有根据第七十五条规定进行购买或转卖，则可以取得合同规定的价格和宣告合同无效时的时价之间的差额，如在接受货物之后宣告合同无效，则应适用接受货物时的时价。

由于不履行合同而发生的损失，各国有关法律的规定以及国际贸易实践中的做法，大体是合同公约中规定的上述三种方法。第一种确定方法，一般称为“肯定损失”或“实际损失”，包括“失去的利益”，即因不履约所失去的本来实际可以获得的利益；第二种确定方法，是国际贸易中常采用的所谓差价计算法，由于卖方未供应货物，买方从另一供货人处以较高价买了货物，卖方赔偿合同价格和买方另购进货物价格之间的差价；由于买方不接受货物，卖方将货物低价转售，则买方应赔偿卖方合同价格和实际卖出和货物价格之间的差价。第三种确定方法，一般称为“抽象损失”的赔偿，即不供应货物或不接受货物的损失，是以合同价格和应当履约时市场上的价格间的差价来确定。根据上述三种确定赔偿额的习惯做法，我方公司考虑到合同未履约商品确已涨价，并按实际涨价的幅度来确定40000多英镑的赔偿额，应当说是比较合理并符合国际贸易的习惯做法的。所以，外商不得不放弃原索赔金额，而接受该金额。

例2 某进出口公司与国外商人签订了进口化纤合同，订约后，对方生产原料的两个工厂中有一个工厂发生爆炸事故。根据合同，这种事故属于不可抗力事故范围。当时化纤涨价，卖方即利用这个机会，通知要求免除全部交货义务。若你作为我方代表将如何处理这个问题?

分析 我方不能接受对方的免除全部交货义务的做法。原因是另一个工厂还能提供原料，对方还有可能继续交货。延长期限是可行的，全部免除交货责任是不能同意的。

复习思考题

1. 各国法律对罚金的规定有哪些分歧？对此，我国法律又是如何规定的？

2. 各国法律对于违约行为、违约责任的认定有什么不同?

3. 什么叫不可抗力？为什么要在进出口合同中订有不可抗力条款?

4. 什么叫仲裁？为什么在买卖合同中通常应订立仲裁条款?

5. 在援引不可抗力条款时要求免责时，应注意哪些问题?

6. 我国某服装公司与美国某公司成交20000件西服，交货期在5月15日前。签约后，工厂所在地发生特大洪水，无法进行正常生产，我方及时将情况通知美方，要求延期交货，但对方以服装已经订出为由，要求我方赔偿因延期而造成的损失。对此，你认为该如何处理?

7. 我某进出口公司出口服装一批，合同中明确规定一旦在履约过程中发生争议，若友好协商不能解决，就将争议提交中国国际经济贸易仲裁委员会在北京进行仲裁。后来，双方就商品的品质发生争议，对方在其所在地法院起诉我方，法院也发来了传票，传我公司出庭应诉。对此，你有何评论。

8. 我某出口企业以CIF纽约条件与美国某公司订立了2000套家用纺织品的出口合同。合同规定2003年12月交货。11月底，我企业出口商品仓库发生雷击火灾，致使一半左右的出口家用纺织品烧毁。我企业以发生了不可抗力事故为由，要求免除交货责任，美方不同意,坚持要求我方按时交货。我方无奈经多次努力,于2004年1月初交货,美方要求索赔。试问:(1)我方要求免除交货责任的要求是否合理?为什么?(2)美方的索赔要求是否合理?为什么?

第九章　服装出口合同的磋商与签订

第一节　服装贸易磋商的形式与内容

交易磋商(business negotiation),又称贸易谈判,是指交易双方就买卖商品的有关条件进行洽商,以期达成交易的过程。

一、贸易磋商的形式

(1)口头磋商(desk negotiation),即双方通过口头直接谈判交易。如洽谈会、交易会、邀请国外客户来访、派遣出国推销小组或电话磋商等。这种方式便于了解对方的诚意和态度,以便采取相应的对策,并可根据进展情况及时调整策略,速度快、效率高,主要适合于谈判内容复杂、数量金额较大的交易。

(2)书面磋商(letter negotiation),指买卖双方通过信函、电报、电传或传真等通信方式磋商。这种方式简便易行,费用相对较低,内容简单扼要便于理解,是交易磋商的通常做法。

(3)网络洽商(net negotiation),即通过电子数据交换,在计算机互联网络中磋商。随着现代通信技术的发展,尤其是计算机网络技术的发展和普及,这种方式正逐渐被广泛采用。

(4)行为表示(act express),如在拍卖场进行拍卖或购进等。

以上各种磋商方式可以相互结合,综合运用。需要注意的是:传真件(Fax)会褪色,不能长期保存,而且容易作伪;传真件是否可作为法律上有效的书面文件,当前各国法律尚无定论。至于电子邮件(electronic mail)可否作为有效书面文件,其法律性质迄今在国际范围内也有待明确。因此,如果通过交换传真或电子邮件达成交易,有关当事人必须以信函补寄正本文件或另行签订合同书,以掌握合同成立的可靠证据。

二、贸易磋商的内容

(1)带有变动性的主要交易条件

这里的主要条件指商品的品质(规格、花色、款式、等级等)、数量、包装、价格、交货期和支付方式等条件。这六项条件是交易磋商的主要内容,会因每笔交易的具体情况而不同。因此,买卖双方欲达成交易、订立合同,必须至少就这六项交易条件进行磋商并取得一致意见,这是成立买卖合同不可缺少的交易条件。

(2)相对固定的一般交易条件

这里的一般条件指检验、保险、索赔、仲裁和不可抗力等。

从理论上讲,只有以上条款逐项达成一致意见,才能充分体现"契约自由"的原则。然而,在实际业务中,并非每次磋商都需要把这些条款一一列出、逐条商讨。这是因为,在普通商品交易中,一般都使用固定格式的合同,而上述条款中的一般交易条件已经印在合同中,只要对方没有异议,就不必逐条重新协商。这些条件也就成为双方进行交易的基础。在许多老客户之间,事先已就"一般交易条件"达成协议,或者双方在长期交易过程中已经形成一些习惯做法,或者双方已订有长期的贸易协议,就无需在每笔交易中对所有条款一一重新协商。这对于简化交易磋商内容、加速磋商的进程,并缩短洽商时间和节约费用开支是有益的。

一般交易条件大都印在由进口商或出口商自行设计和印制的销售合同或购货合同格式的背面或格式正面的下部。有的则将其拟订的一般交易条件单独印制成文,以供分发给可能与之交易的客户之用。因此,一般交易条件也称格式条款。

第二节　服装贸易磋商的程序

贸易磋商的程序可概括为四个环节:邀请发盘、发盘、还盘和接受,其中发盘和接受是必不可少的两个基本环节或法律步骤。

一、邀请发盘

邀请发盘(invitation to offer)是指交易一方准备购买或出售某种商品,向对方询问买卖该商品的有关交易条件,或就该项交易提出带有保留条件的建议。

邀请发盘可有不同形式,其中最常见的是询盘(enquiry)。询盘是为了试探对方交易的诚意和了解其对交易条件的意见。其内容可以涉及价格、规格、品质、数量、包装、交货期以及索取样品、商品目录等其中的一项或多项交易条件,而多数是询问价格,所以,通常将询盘称作询价。

询盘可由买方发出,也可由卖方发出,因此,询盘从发出的对象上可分为买方询盘和卖方询盘两种形式。买方询盘习惯上被称为"邀请发盘"(invitation to make an offer);卖方询盘又可称为"邀请递盘"(invitation to make a bid)。询盘可采用口头方式,也可采用书面方式。书面方式包括书信、电报、电传、传真、电子邮件等,经常还采用询价单(inquiry sheet)格式进行询盘。

询盘一般不直接使用询盘一词,而常用"请告(please advise)","请报价(please quote)","可供(can supply)"等词句。询盘仅表示买卖双方交易的一种愿望,对于询盘人和被询盘人均无法律上的约束力。一个询盘可同时向多家发出,以便"货比三家",了解国外行情。

二、发盘

发盘(offer)是指交易的一方(发盘人)向另一方(受盘人)提出购买或出售某种商品的各项交易条件,并愿意按此条件达成交易订立合同的一种肯定性的表示。

发盘既是商业行为,又是法律行为,在法律上称作“要约”。发盘在有效期内,一经受盘人无条件接受,发盘人将受其约束,并承担发盘条件和订立合同的法律责任。

发盘多为卖方发出,称作售货发盘(selling offer),也可由买方发出,称作购货发盘(buying offer)或递盘(bid)。

1.发盘的构成条件

(1)发盘必须表明订立合同的意旨(contractual intent)。《联合国国际货物销售合同公约》(United Nations Convention on Contracts for the International Sale of Goods,以下简称《公约》)规定,发盘人必须在发盘中表示出订立合同的意旨,或者说是订约的意图。如果被发盘人接受发盘,合同即告成立,双方就确立了合同关系。

(2)发盘要有特定的受盘人。受盘人可以是一个或多个;可以是自然人或法人。但必须是特指的人(specific persons),而不能是泛指公众。同时,发盘必须被送达到受盘人(be communicated to the offeree),这是《公约》和各国法律普遍的要求。发盘无论是口头的还是书面的,只有被传达到受盘人时才生效。送达标志是将发价送交特定受盘人的营业场所或通信地址,若无营业场所或通信地址,则送交受盘人惯常居住地。

(3)发盘的内容必须十分确定,即在发盘中所列的交易条件必须是完整的、明确的和终局的。

根据《公约》相关条款的解释,“十分确定”(sufficiently definite)是指在发盘中明确货物,并且明示或暗示地规定数量和价格或规定如何确定数量和价格。按此规定,一项订约建议只要列明货物、数量和价格三项条件,即可被认为其内容十分确定,而构成一项有效的发盘。如该发盘为受盘人所接受,即可成立合同。至于所缺少的其他内容,可在合同成立后,按双方之间已确定的习惯做法、惯例或按《公约》第三部分有关买卖双方义务的规定,予以补充。反之,如果一项建议缺少上述三个方面的任何一个内容,就不是一个确定的发盘,即使对方接受也不构成合同。

尽管如此,为了防止误解和可能发生的争议,在我国外贸业务的实际工作中,一般都要求在发盘中明示或暗示地至少规定商品名称、品质或规定、数量、包装、价格、交货和支付等主要交易条件。这样,一旦对方接受,便可据此制作详细的书面合同。

(4)表明发盘人受其约束。这是指发盘人在发盘时向对方表示,在得到有效接受时双方即可按发盘的内容订立合同。

2.实盘与虚盘

在我国外贸业务中,发盘有实盘和虚盘之分。

(1)实盘(firm offer)是表示发盘人有肯定订立合同的意图,受盘人一旦承诺,合同即告成立。

实盘的特征是:

1)内容明确(clear),无任何语义含糊的字句;

2)内容完整(complete),发盘中各项主要交易条件齐全;

3)终局(final),发盘人愿意按提出的条件与受盘人订立合同,不再附带其他条件。实盘就是法律中的“要约”,发实盘必然要承担相应的法律责任。受盘人若在有效期接受发盘,则协议达成并具有法律效力。

运用实盘进行磋商交易时应注意以下问题:

1)实盘的含义不在于是否注明“实盘”字样,而在于是否具备上述必要条件;

2)应根据磋商交易的全部过程来判定实盘;

3)实盘的内容在有效期内,发盘人不得任意撤销或修改,并要受其约束。

(2)虚盘(free offer)是发盘人有保留地按一定条件达成交易的一种不肯定的表示,不具有约束力。它通常具有交易条件不完整、附有保留条件等特征,如“以我方确认为准”等。发虚盘的意图在于试探对方交易态度,吸引对方递盘,使我方保留对交易的最后决定权。

必须注意:如前所述,我国习惯认为,实盘必须具备品质、数量、包装、价格、交货期、支付方式等6项内容才算交易条件完整。而《公约》规定:发盘“如果写明货物并且明示或暗示地规定数量和价格或如何确定数量和价格,即为十分确定。”

3.发盘的有效期

在国际货物买卖中,凡是发盘都要规定有效期(time of validity 或 duration of offer)。发盘的有效期是发盘人受约束和受盘人接受的有效期限。它有两层含义:一是发盘人在发盘有效期内受约束,即如果发盘人在有效期内将接受通知送达发盘人,发盘人承担按发盘条件与之订立合同的责任;另一层意思是指超过有效期,发盘人将不再受约束。因此,发盘的有效期,既是对发盘人的一种限制,也是对发盘人的一种保障。

但规定有效期并非构成发盘的必要条件,如果发盘中没有明确规定有效期,受盘人应在合理时间内(within a reasonable time)接受,否则无效。所谓“合理时间”,视交易的具体情况而定。一般按惯例处理,即要根据商品的特点和采用的通信方式来合理确定。主要有以下几种方法:

(1)规定最迟接受的期限,如“发盘限我方时间15日复(offer subject reply 10th July in our time)”,“发盘有效至我方时间本星期五(offer valid until this Friday our time)”;

(2)规定一段接受的期间,发盘人可规定发盘在一段期间(a period of time)内有效,如“发盘有效三天(offer valid three days)”,“发盘七天内复(offer reply in seven days)”。发盘人在规定有效期时最好明确具体,否则容易在执行中发生争执。

4.发盘的生效、撤回、撤销和失效

(1)生效。按照《公约》的解释:“发盘于送达(reaches)受盘人时生效。”可见,发盘在到达受盘人之前并不产生对发盘人的约束力。

(2)撤回(withdrawal)。《公约》规定:“一项发盘,即使是不可撤销的,也可以撤回,如果撤回的通知在发盘到达受盘人之前或同时到达受盘人。”也就是说:发盘到达受盘人之前对于发盘人没有产生约束力,所以,发盘人可以将其撤回。如果发盘通知先于撤回通知达到受盘人,发盘即已生效,对发盘人产生了约束力。这时发盘人再想改变主意,就不是撤回的问题,而是撤销的问题。

(3)撤销(revocation)。发盘的撤销是指发盘送达受盘人,即已生效后,发盘人再取消该发盘,解除其效力的行为。对于发盘生效后能否再撤销的问题,各国合同法的规定有较大分歧。《公约》规定:1)在未订立合同之前,如果撤销的通知在受盘人发出接受通知前送达受盘人,发盘可予撤销;2)但在下列情况下,发盘不得撤销:发盘是以规定有效期或其他方式表明为不可撤销的;如受盘人有理由依赖该项发盘是不可撤销的,而且受盘人已本着对该发盘的信赖采取行事。

也就是说,已为受益人收到的发盘基本上是不得撤销的。因此,在我国外贸实践中,我进出口企业对外发盘时，必须认真对待，审慎从事，谨防差错，以免造成损失。

(4)失效，也称终止(termination)，是指发盘法律效力的消失。它含有两方面的意义：一是发盘人不再受发盘的约束；二是受盘人失去了接受该发盘的权利。发盘遇到以下情况之一便告失效：1)发盘被受盘人拒绝；2)发盘中规定的有效期届满；3)发盘人依法撤销发盘；4)不可抗力造成发盘失效；5)在发盘被接受前当事人丧失行为能力；6)受盘人作出还盘。

三、还盘

还盘(counter offer)在法律上又叫反要约，指受盘人不同意或不完全同意原发盘，为进一步协商而对原发盘提出修改意见。还盘可以用口头方式或者书面方式表达出来，一般与发盘采用的方式相符。还盘可以是针对价格，也可以是针对品质、数量、交货时间及地点、支付方式等重要条件提出修改意见。

还盘的法律后果：一是拒绝原发盘，原发盘失效，发盘人不再受其约束；二是构成一个新发盘，还盘一方成为新的发盘人，原发盘人则变成了受盘人。新受盘人有权针对还盘的内容进行考虑，决定接受、拒绝或是再还盘。在还盘时，一般只针对原发盘提出不同意或需要修改的部分，已同意的内容在还价中可以省略。有时一笔交易要经过往返多次的还盘才能完成。

四、接受

接受(acceptance)是指受盘人接到对方的发盘或还盘后，同意对方提出的条件，愿意与对方达成交易，并及时以声明或行为表示出来。在法律上称作承诺。表示接受，一般用接受(accept)、同意(agree)和确认(confirm)等术语。接受如同发盘一样，既属于商业行为，也属于法律行为。接受产生的法律后果是交易达成、合同成立。

1.构成接受的条件

(1)接受必须由指定的受盘人作出，而不能是第三者。

这一条件与构成发盘的要件之一是对称的。发盘必须向特定的人(a particular person or group of persons)发出，因此，接受只能由受盘人作出才具有效力，其他人即使了解发盘内容并表示完全接受，也不能构成有效的接受。

(2)接受的内容必须是无条件的、对发盘的实质性内容的同意。

如果发盘人在答复对方发盘时虽使用了“接受”的字眼，但同时又对发盘的内容作出了某些更改，这就构成有条件的接受(conditional acceptance)，其实质是对发盘的拒绝，构成还盘，而不是有效的接受。

但并不是说受盘人在表示接受时，不能对发盘的内容作出丝毫的变更，关键是这种变更是否属于实质性的。《公约》规定，将受盘人对原发盘的更改分为实质性(material alteration)和非实质性变更(non-material alteration)。“有关货物价格、付款、货物质量和数量、交货地点和时间、一方当事人对另一方当事人赔偿责任范围或解决争端等等的添加或不同意条件，均视为实质上变更发盘的条件。”

如果受盘人对发盘内容所作的变更不属于实质性的，能否构成有效的接受，要取决于发盘人是否反对。如果发盘人不表示反对，合同的条件就包括了发盘的内容以及接受通知中所作的变更。在实际业务中，如果受盘人对发盘内容作了变更，只要是发盘人不能同意的，就应及时提出反对,阻止合同成立,以免延误时机,造成被动。

(3)接受必须在发盘有效期内传达到发盘人。

发盘中通常都规定有效期,这一方面是约束发盘人,使发盘人在有效期内不能任意撤销或修改发盘的内容,过期则不再受其约束;另一方面是约束受盘人,只有在有效期内作出接受,才有法律效力。如果发盘中未规定有效期,则应在合理时间内接受方为有效。

至于接受何时生效,《公约》采用"到达生效"原则,它规定:接受于到达发盘人时生效。如果接受在发盘的有效期内,或者,如果发盘未规定有效期,在合理时间内未到达发盘人,接受即为无效。对口头发盘必须立即接受,但情况有别者不在此限。

(4)接受必须由受盘人以某种方式向发盘人表示出来。

《公约》规定:"受盘人声明或作出其他行为表示同意一项发盘,即为接受,沉默或不行动(silence or inactivity)本身不等于接受。"根据这一规定,接受必须用声明(statement)或行为(performing an act)表示出来,声明包括口头和书面两种方式。一般来说,发盘以口头表示,则接受也以口头表示;发盘人如果以书面形式发盘,受盘人也以书面形式来表示接受。若卖方以发运货物,买方以开立信用证、支付货款等实际行动表示接受,即为用行为表示接受。

2.接受的生效与撤回

对于一项接受何时生效,国际上有不同的规定。《公约》采用到达生效原则,它规定:以函电表示接受,接受的通知于送达发盘人时生效;受盘人对口头发盘必须立即接受,除非事先约定具体有效期限。以行为表示接受时,无需向发盘人发出接受通知,在此情况下,接受于受盘人作出某种行为时开始生效。

对于接受的撤回(Withdrawal),《公约》采用到达生效原则,在接受通知送达发盘人之前,受盘人可以随时撤回接受,但撤回通知必须在接受通知送达发盘人之前或同时送达发盘人。接受通知一经到达发盘人即不能撤销。因此,接受不得撤销。接受一经生效,合同即告成立,如果要撤销接受,在实质上已属于毁约行为,应承担毁约的法律责任。

据此规定,接受原则上可以因其尚未发生法律效力而被撤回。但是,在业务实践中真正能做到把一项已发出的接受撤回是很困难的。因为目前大多数交易都采用快捷的数据电文,如传真、EDI、E-mail 等。因此,在拟接受文稿时一定要审慎。

3.逾期接受

逾期接受(late acceptance)是指由于各种原因,导致受盘人的接受通知晚于发盘人规定的有效期送达。迟到的接受,从原则上讲,不具有法律效力,发盘人可不受其约束。在一般情况下,逾期接受不能视为法律上有效的接受,而是一项新的发价,因而须经原发价人及时地表示接受,才能达成交易。

但《公约》对以下两种特殊情况做了例外处理:(1)如果发盘人毫不延迟地用口头或书面形式将认为其有效的意思通知受盘人;(2)如果载有逾期接受的信件或其他书面文件表明,它在正常传递的情况下,本是能够及时送达发盘人的。这项逾期接受仍具有接受效力。除非发盘人毫不延迟地用口头或书面方式通知受盘人,他认为发盘已经失效。

总之,决定一项逾期接受是否有效的主动权在发盘人。在实务中,对逾期接受,发盘人通常立即向对方发出通知,明确表达对它是否有效的意见。

五、交易磋商中应注意的问题

交易磋商是达成一笔进出口交易所不可缺少的重要环节。凡是有关交易的各项条件，都要通过磋商确定下来。也就是说，买卖双方在一笔交易中的权利和义务均需通过磋商来加以确定。经磋商达成的有关货物买卖的协议(即合同)，对买卖双方均具有法律约束力，任何一方不得擅自变更或取消。所以，磋商的结果如何，直接关系到交易的成败和企业的利益，有时还会影响国家的对外信誉和在国际上的形象。因此，交易磋商是外贸业务活动中最为重要的一个环节。以下是做好交易磋商应予注意的几个问题：

1.坚持平等互利和友好协商的原则

在一般情况下，交易双方既是对手，又是伙伴。双方都想通过磋商达成一笔交易，因而双方是合作的伙伴，都有合作的愿望。但是，在合作中又必然涉及各自的权利、义务和责任、风险的分担等问题，这就决定了双方之间必然存在矛盾和冲突。要解决这些矛盾和冲突，取得双方意思一致，达成交易，只有在磋商中坚持平等互利的原则才有可能。同时，在磋商中还须坚持友好协商的原则。只有在友好合作、相互谅解的气氛下，才有可能对双方的分歧和不同意见通过磋商取得协议。对待谈判对手，必须坚持“不卑不亢、以礼相待”的态度。在此基础上，争取在谈判中的优势地位也至关重要。

2.制定磋商方案

为了保证在磋商中取得预期的效果，必须在磋商开始前做好充分的准备，而事先制定好磋商方案则是最为重要的准备工作。磋商方案原则上应根据既定的商品经营方案并针对不同谈判对手和当时市场情况来制定。由于磋商方案对谈判成败关系重大，实现必须做好对谈判对手和国际市场的调查研究，诸如谈判对手的资信情况和经营作风，有关商品的国际市场供求情况和当前的价格水平等。

磋商方案的内容一般包括以下几项。

(1)磋商的方针和策略：在方案中，应拟定所要达到的最高目标和最低目标，以及为达到目标所应采取的策略和步骤。

(2)交易条件：对需要磋商的交易条件或合同条款，应从政策、法律、经济效益等各方面进行衡量和比较，从中明确哪些应坚持，哪些该争取，哪些可以磋商，以便在磋商中加以贯彻。

(3)价格幅度：在方案中制定一个价格掌握幅度以及争取最佳结果的具体措施，至关重要。应尽可能搜集支持我方意见的各种资料，使自己在磋商过程中所提出的意见有充分的说服力和足够的依据，有利于加强我方在谈判中的地位。

3.组织谈判班子

在涉及金额较大的交易磋商，特别是与国外客户作面对面的谈判时，有必要组织一个好的谈判班子。一般商品的交易磋商，通常由主管业务人员担任；重大交易应由企业经理或有关业务部门领导人员主谈。参加谈判的人员应当熟悉我国外贸方针政策以及我国政府颁布和有关部门制定的涉外法律和行政法规；熟悉各种有关的业务知识，包括商品知识和外贸知识；熟悉国际贸易法律、惯例和国际上有关行业和商品买卖的习惯做法；应熟练掌握外语，以便能直接用外语与对方进行洽谈和函电往来，避免误解。

第三节 服装贸易合同的签订

经过上述贸易磋商的过程,一方发盘经另一方接受以后,交易即告成立,买卖双方就构成了合同关系。双方在磋商过程中的往返函电,即是合同的书面证明。但根据国际贸易习惯,买卖双方还要签订书面合同(written contract),以进一步明确双方的权利和义务。

一、签订书面合同的作用

(1)书面合同是合同成立的重要证据

根据法律要求,凡是合同必须能得到证明,提供证据,包括人证和物证。在用信件、传真或电子邮件磋商时,其往来过程就是书面证明。但是,通过口头磋商成立的合同,举证就难以做到。因此,口头磋商成立的合同,如不用一定的书面形式加以确定,就将由于不能被证明从而无法得到法律的保障,甚至在法律上成为无效。

(2)书面合同是合同生效的条件

书面合同虽不拘泥于某种特定的名称和格式,但是,假如在买卖双方磋商时,一方曾声言以签订书面合同为准时,即使双方已对交易条件全部协商一致,在书面合同签订之前,合同不能生效。在此情况下,签订书面合同就成为合同生效的条件。

(3)书面合同是合同履行的依据

在国际贸易中,货物买卖合同的履行涉及企业内外的众多部门和单位,过程也很复杂。口头合同,如果不形成书面,几乎无法履行。即使通过信件、传真等书面形式达成的交易,虽然双方在磋商过程中交换的书面材料可作为合同成立的依据,但是,如不将分散于多份函电中的双方协商一致的条件,集中归纳到一份有一定格式的书面合同上来,也将难以得到准确的履行。所以,无论通过口头或书面形式磋商达成的交易,均须把协商一致的交易条件综合起来,全面、清楚地列明在一份书面合同上,以便进一步明确双方的权利和义务,为合同的准确履行提供更好的依据。

二、合同有效成立的条件

合同是双方当事人确定、变更、终止权利和义务关系的协议。只有具备以下条件的合同才会得到法律保障,对合同当事人具有约束力。

(1)当事人必须具有订立合同的行为能力

签订买卖合同的当事人主要为自然人或法人。按各国法律的一般规定,自然人签订合同的行为能力,是指只有精神正常的成年人才能订立合同,而未成年人、精神病人等不具备行为能力的人在订立合同方面必须受到限制。关于法人签订合同的行为能力,各国法律一般认为必须通过其代理人,在法人的经营范围内签订合同,即越权的合同不能发生法律效力。

(2)当事人必须在自愿和真实的基础上达成协议

各国法律都要求,当事人订立合同的意思表示必须真实,如果意思表示存在瑕疵,通常情况下合同不能有效成立。法律上所指的意思表示真实,是指当事人在意思表示时必须是自由的,而不能迫于他人的欺诈、胁迫或者基于错误的认识而作出。欺诈(fraud)是指一方当事人为了从另一方那里图谋利益,故意捏造事实或隐瞒真相,诱使另一方产生错误,并作出不真实的意思表示的一种行为。胁迫(threat)是指一方使用威胁、恐吓手段,并由于这种故意的行为或不行为使另一方身不由己地订立合同。错误(mistake)是指当事人的认识与客观存在的事实不一致,以致订约的意思表示有错误,且这种当事人的认识所依据的事实是指订约时已存在的。

(3)合同的标的和内容必须合法

合同的内容必须合法。根据许多国家国内法的规定,大致可以包括以下三种情况:1)合同内容不得违反有关国家法律强制性的规定,即不得违法;2)不得违反公共政策或公共秩序,或者损害社会公共利益;3)合同内容的确定,应当遵循公平原则,不能显失公平。

(4)合同必须有对价和合法的约因

"对价"(consideration)是英美法系的一种制度,是指合同当事人之间所提供的相互给付(counterpart),即双方互为有偿。例如,在买卖合同中,买方支付的货款是为了得到卖方提交的货物,而卖方交货是为了取得买方支付的货款,买方支付和卖方交货就是买卖双方的"相互给付",这就是买卖合同的"对价"。

"约因"(cause)是大陆法所强调的,它是指当事人签订合同所追求的直接目的。买卖合同只有在有"对价"或"约因"的情况下才是有效的,否则得不到法律的保障,是没有强制执行力的。

(5)合同的形式必须符合法律规定的要求

《公约》规定:"买卖合同无须以书面订立或证明,在形式方面不受任何其他条件的限制,买卖合同可以包括人证在内的任何方法证明。"但公约允许缔约国对该条款的规定提出声明予以保留。我国在加入《公约》时对这一条提出保留,坚持订立国际货物买卖合同必须采用书面形式,包括电报和电传。

三、书面合同的形式和内容

1.书面合同的形式

(1)买卖合同(contract)

它是书面合同中内容最为详细、条款最为具体、格式相对稳定的一种形式。其包括销售合同(sales contract)和购货合同(purchase contract)。合同中主要包括品名、规格、数量、包装、价格、运输、交货期、付款方式、商品检验、争议的解决以及不可抗力等条件,对买卖双方的权利和义务进行全面、完整、明确的规定,主要用于大宗业务。

(2)确认书(confirmation)

它是一种简式合同,主要包括品名、规格、数量、价格、包装、装运、保险和付款方式等条件。一般用于金额不大、批数较多的小批量业务,以及已订有代理、包销等长期协议的交易。其包括销售确认书(sales confirmation)和购货确认书(purchase confirmation)。

在我国进出口业务中主要采用这两种形式。合同和确认书尽管在格式上、条款项目和内容繁简上有所不同,但作为合同主体的双方一致商定的交易条件,都应完整、明确地加以订立。出口企业一般都印有固定格式的进出口合同或成交确认书,于成交后,由业务员按双方谈定的交易条件逐项填写即可。当面成交的,即由双方共同签署;通过函电往来成交的,由我方签署后，一般将正本一式两份送交国外买方签署后退回一份，以备存查，并作为履行合同的依据。经买卖双方签署的合同和确认书，都是法律上有效的文件，对买卖双方有同样的约束力。

(3)协议(agreement)

在法律上协议是"合同"的同义词。因为合同本身就是当事人为了设立、变更或终止民事权利义务关系而达成的协议。书面合同若以"协议"或"协议书"为名称，只要它的内容对买卖双方的权利和义务已作了明确、具体和肯定的规定，它就与合同一样对买卖双方有约束力。

(4)备忘录(memorandum)

备忘录也可作为书面合同的形式之一，但在我国外贸实际工作中较少使用。如果买卖双方商定的交易条件，明确、具体地在备忘录中一一作了规定，并经双方签字，那么，这种备忘录的性质与合同无异。

(5)意向书(letter of intent)

在交易磋商尚未最后达成协议前，买卖双方为了达成某项交易，将共同争取实现的目标、设想和意愿，有时还包括初步商定的部分交易条件，记录于一份书面文件上，作为今后进一步谈判的参考和依据。这种书面文件可称之为"意向书"(letter of intent)。但它只是双方当事人为了达成某项协议所作出的一种意愿的表示(expression of intentions)，它不是法律文件，对有关当事人没有约束力。

(6)订单和委托订购单(order and indent)

订单(order)是指由进口商或实际买户拟制的货物订购单。委托订购单(indent)是指由代理商或佣金商拟制的代客购买货物的购物单。有时，国外客户往往将他们拟就的订单或委托订购单寄来一份，以便我出口企业履行交货和交单等合同义务；有的还寄来正本一式两份，要求我方签署后退回一份。这种经磋商成交后寄来的订单或委托购物单，实际上是国外客户的购货合同或购货确认书。

2.书面合同的内容

(1)合同的首部。它是指合同的序言部分，其中包括合同的名称、合同编号、合同的签订时间和地点、订约双方当事人的名称和地址全称，订立合同和执行合同的保证等。该序言对双方均具约束力。合同的订约地点往往要涉及合同准据法的问题，因此交易双方往往都力争将签约地点定在本国。

(2)合同的主体。这是合同的主要部分，具体列明各项交易的条件或条款，如品名、品质规定、数量、单价、包装、交货时间与地点、运输与保险条件、支付方式以及检验、索赔、不可抗力和仲裁条款等。这些条款明确了双方当事人的权利和义务。

(3)合同的结尾。它一般包括合同适用的法律和惯例、合同的有效期、合同的份数、合同的文字及其效力、生效的时间、附件及其效力和双方代表签字等内容。

四、电子合同

电子合同是指平等民事主题的自然人、法人、非法人组织之间的数据电文形式通过计算机网络设立、变更、终止民事权利义务关系的协议。电子合同的应用给全球经济贸易注入了新的活力，使得传统的"有纸贸易"的法律制度受到挑战和冲击。

1.电子合同的形式特点

(1)电子合同的要约和承诺是通过计算机网络进行的,订立合同的双方或多方大多互不见面,在虚拟市场上运作,其信用依靠密码的辨认或认证机构的认证。

(2)电子合同的产生、修改、储存、传递等过程都是通过计算机和互联网络进行的,因此电子合同的订立过程比较敏捷、迅速和自动化。签订电子合同的当事人无须直接参与,可由计算机按预定程序自动运作。

(3)电子合同存在形式电子化,签名电子化。电子合同形式的特殊性必然带来一系列的法律问题。因此,联合国国际贸易法委员会在1992年关于EDI的研究报告中提出了两点解决方法:一是扩大法律对"书面"一词所下的定义,以便把EDI记录纳入书面范畴。《公约》已作了相应的规定,承认了以"电话、电传或其他快速通信方法"进行的要约。"其他快速通信方法"应被理解为电子数据交换的方法。二是当事人在通信协议中一致商定,将EDI视为书面文件,确认EDI电文的有效性或可强制执行性。

2.电子合同的法律问题

(1)要约与承诺。在普通购物中,商品标价的行为是一种要约。在电子商务中,买方没有可见购买实物的条件,所以,在网页上发现已登载自己欲购买商品的价格、图片及价格的有效时间,应认为是要约。只要卖方发出电子邮件,应视为承诺,合同即成立。无论任何方不履行合同成立的义务都应承担违约责任。如果卖方发布出售商品信息不具备构成要约的条件,应视为要约邀请。

(2)合同是当事人意思表示一致的产物,合同当事人的意思表示是否真实一致往往是合同生效要件之一。然而,对于全部或部分由计算机自动订立的电子合同是否是当事人真实意思的表示被人们怀疑。在电子商务中,当事人的意思表示正式通过其所编制或认可的程序得到了反映。计算机的自动处理并不妨碍当事人真实意思的体现,只不过将真实意思格式化、电子化和自动化了。所以,通过电子商务系统订立的电子合同,当事人不能以非其真实意思表示为由,对合同成立的效力提出抗辩。

(3)电子合同成立的时间和地点。合同成立的时间和地点对于合同的当事人具有重大的现实意义。合同成立的时间决定合同效力的起始与法律关系的确立,是当事人开始合同内容约束的标志。合同成立地点则是确定合同的司法管辖和法律适用的重要决定因素之一。

联合国国际贸易法委员会制定的《电子商务示范法》第15条对电子要约和承诺的发出作了如下规定:除非发端人与收件人另有协议,一项数据电文的发出时间以它进入发端人或代表发端人发送数据电文的人控制范围之内的某一信息系统的时间为准。对到达时间规定:除非发端人与收件人另有约定,数据电文的收到时间按下述办法确定:如果收件人认为已接收数据电文,而且指定了某一信息系统,则以数据电文进入该指定信息系统的时间为收到时间;如果数据电文发给了收件人的一个信息系统但不是指定的信息系统,则以收件人检索到该数据电文的时间为收到时间;如果收件人并未指定某一信息系统,则以数据电文进入收件人的任何信息系统的时间为收到时间。

《电子商务示范法》以营业地为标准来确定电子合同的承诺生效地点。该法第15条第4款对数据电文的发出和到达的地点作了如下规定:除非发端人与收件人另有协议,数据电文应以发端人设有营业地的地点视为其发出地点,而以收货人设有营业地的地点视为其收到地点。如发端人或收件人有一个以上的营业地的，应以对其基础交易具有最密切关系的营业地为准，如果并无任何基础交易，则以其主要的营业地为准；如发端人或收件人没有营业地，则以其惯常居住地为准。

五、签订合同时应注意的问题

签订书面合同是一项具体、复杂而又特别重要的工作，在操作过程中要特别注意以下几个问题：

(1)必须符合合同有效成立的要求

双方当事人的意思表示必须一致和真实；当事人都有订约行为能力；合同标的、内容必须合法等。

(2)要注意合同条款间的内在联系

合同是一个有机整体，各项条款之间应相互衔接，保持一致，不应出现相互矛盾的内容。例如，贸易术语为 CFR 或 FOB 成交，在保险条款里就应订明“保险由买方自理。”关于签约以后发生的额外费用负担，或外汇汇率变动引起的损失承担等，也可在合同中明确规定由何方负担。

(3)合同条款要明确、完善和肯定

合同条款一定要订得具体、完善，防止错列和漏列主要事项。合同的文字要简练、严谨、明确，切忌使用模棱两可或含混不清的词句和文字。合同内容应与洽商达成的协议内容一致，在条款的规定上必须严密，要明确责任，权利义务对等。

(4)必须遵守和符合我国有关的法律、法令、条例的规定

我国对外签订的任何国际货物买卖合同，都必须遵守我国的法律规定，否则将被视为无效合同，不能得到我国法律的承认和保护。

(5)必须符合和贯彻我国的各项对外政策

目前，对外贸易已经成为各国对外关系的一个十分重要的方面，我国奉行独立自主的对外政策，愿意在和平共处五项原则的基础上发展同各国、各地区的经济和贸易关系。必须贯彻我国的对外贸易方针政策，特别要体现平等互利的原则。

(6)必须遵守有关的国际公约与国际贸易惯例

国际贸易是已经超出一国国界的行为，因此，必须接受有关国际公约的约束。目前，《联合国国际货物销售合同公约》已经成为国际货物买卖方面影响最大的国际公约。我国是《公约》的签字国，理应遵守《公约》的各项规定，但我国政府提出保留意见的除外。此外，我国对外签订的各种贸易协定、支付协定，以及有关的国际贸易惯例也是对外签订贸易合同时应遵守的规则。

复习思考题

1. 服装贸易谈判的原则和策略有哪些？
2. 发盘与询盘有什么区别？
3. 构成一项有效接受的条件有哪些？

4. 简述逾期接受的效力。

5. 合同有效成立的要件有哪些?

6. 2004年3月10日,马来西亚客商以传真向我客商发盘"JA-1型蝴蝶牌缝纫机,木箱装,1000台,每台160美元FOB上海,7,8月装运,即期信用证支付,限12日复到有效"。试分析马来西亚客商该项发盘的效力在哪些情况下终止?

7. 我公司向国外某客商询盘出售某棉制品,不久我公司收到外商发盘,有效期至8月20日,我方于8月22日用电传表示接受,对方一直没有音讯。因该商品市场行情发生变化,市价上涨,9月24日对方突然来电要求我方必须在9月26日将货物发出,否则我方将承担违约责任。问:我方是否应该发货? 为什么?

8. 我某公司与外商洽商进口某商品一批,经往来电传洽谈,已谈妥合同的主要交易条件,但我方在电传中表明交易于签订确认书时生效。事后对方将草拟的合同条款交我方确认,但因有关条款的措辞尚需研究,故我方未及时给对方答复。不久该商品的市场价格下跌,对方电催我方开立信用证,而我方以合同未成立为由拒绝开证。问:我方的做法是否有理? 为什么?

第十章　服装出口合同的履行

出口合同的履行，是指出口人按照合同的规定履行交货等一系列义务，直至收回货款的整个过程。履行合同，既是经济行为，又是法律行为。在国际贸易中，买卖合同一经依法有效成立，有关当事人必须履行合同规定的义务。卖方的基本义务是按照合同规定交付货物，移交一切与货物有关的单据和转移货物的所有权；买方的基本义务是按照合同规定支付货款和收取货物。所以，履行合同是双方当事人共同的责任。在我国出口业务的履行过程中，货、证、船、款是四个主要环节。

第一节　备货、报验

备货工作是指卖方根据出口合同规定的品质、包装、数量和交货时间等的要求，按时、按质、按量地准备好应交的货物，并做好申请报验和领证工作。

一、备货的业务内容

备货是进出口公司根据合同和信用证对货物的要求进行生产、加工或仓储，生产型企业要及时组织生产，贸易型企业应及时联系货源或催交货物，核实货物的加工、整理、包装和刷唛情况，并对货物进行验收和清点，以及办理报验和申领出口许可证等项工作。

二、备货应注意的问题

(1)货物的品质、规格应与合同规定一致。凡凭规格、等级、标准等文字说明达成的合同，交付货物的品质必须和合同规定的相符；如系凭样品达成的合同，则必须与样品相一致；如既凭文字说明、又凭样品达成的合同，则两者均应相符。

(2)货物的数量应满足合同和信用证的要求并适当留有余地，备货数量一般以略多于出口合同规定的数量为宜，一般允许5%～10%的增减幅度。

(3)货物的包装要与信用证规定相符，并做到保护商品和适应运输的要求。货物的运输标志设计要清楚醒目，应按合同规定的式样刷制。

(4)备货时间应严格根据信用证规定，结合船期安排，以利于船货衔接。为防止发生意外，造成延误装运期限的违约行为，从而引起纠纷或经济损失，在时间掌握上，一般还要留有适当余地。

(5)所备货物必须是第三方不能提出任何权利和主张的，如抵押品、涉及留置权的货物等,卖方应保证对所售货物享有合法、完全的所有权,并不得侵犯第三方的工业产权或其他知识产权。

三、报验

凡属国家规定或合同规定必须经中国进出口商品检验局检验出证的商品,在货物备齐后,应向商品检验局申请检验。检验内容包括商品质量、重量、数量和包装。只有取得商检局发给合格的检验证书,海关才准放行。凡检验不合格的货物,一律不得出口。

办理申请出口商品检验的基本程序是:

(1)报验。凡需要法定检验出口的货物,具有该商品出口经营权的单位或受其委托的单位应填制"出口报验申请单",同时附上合同、信用证副本、发票、装箱单以及其他必要的有关凭据,向当地商检局办理申请报验手续。

(2)检验。报验的出口商品,原则上由检验机构进行检验,或由国家出入境检验检疫部门指定的检验机构进行检验。该机构也可视情况,根据生产单位检验或外贸部门验收的结果换证。检验检疫机构应当在不延误装运的期限内,实施或者组织实施检验检疫完毕。

(3)出证。检验、检疫合格的按照规定签发检验检疫证书和(或)放行单,或者在出口货物报关单上加盖检验印章,海关凭以放行。进出口公司应在检验证书规定的有效期内将货物运出。如超过有效期装运出口,应向商检局申请展期,并在商检局复验合格后才能出口。经检验不合格的,由该机构签发"不合格通知单",根据不合格的原因,该机构可酌情同意申请人申请复验,原则上仅限一次,或由申请单位重新加工整理后申请复验。

第二节 催证、审证和改证

国际货物买卖合同的有效履行,一方面取决于卖方按照合同规定交付货物;另一方面还取决于买方按照合同规定支付货款。在凭 L/C 支付的交易中,落实 L/C 是履行出口合同不可缺少的重要环节,通常包括催证、审证、改证三项内容。原则上,出口商应在收到进口商开来的信用证后开始备货。如果进口商没有及时开证,出口商应酌情考虑一边催证,一边备货。

一、催证

催证是指由出口方通知或催促进口方及时开出信用证,以便出口方如期备货装运。在正常情况下,买方信用证最少应在货物装运期前 15 天开到卖方手中。对于资信情况不是很了解的新客户原则上坚持在装运期前 30 天或 45 天甚至更长的期限。在实际业务中,催开信用证不是履行每一个出口合同都必须做的工作。但国外客户在遇到市场行情变化或缺乏资金的情况下,往往拖延开证,因此通常在以下情况下,出口方需要催促买方开立信用证:

(1)合同规定的装运期距合同签订日较长,或合同规定买方应在装运前的一定时间开证。

(2)出口方备货完毕,在征得国外进口方同意后,提前交货,可催请对方早日开证。

(3)开证期限未到,但发现客户资信不佳,或市场情况有变,也可催证。

二、审证

信用证是银行承担第一性付款责任的保证文件,但银行的付款保证是以受益人提交的单据符合信用证条款为条件的，所以，开证行的资信、信用证的各项内容，都关系到收汇的安全。从理论上说，进口商依据合同申请开立 L/C，受益人收到的 L/C 的内容应与买卖合同相一致。但在实务中，经常出现 L/C 内容并不完全符合合同规定。原因很多，有的是开证申请人或开证行的工作疏忽和差错；有的是进口国家的习惯做法；有的是不了解我国政策；有的是国外客户故意在信用证中加列一些不合理的软条款。

因此，为了确保收汇，出口商和银行收到买方开来的信用证后，应立即对照销售合同并依据《跟单信用证统一惯例》进行认真的核对和审查。审核 L/C 是银行与出口企业的共同责任，但各有分工侧重。银行着重审核有关开证行的资信、付款责任以及索汇线路等方面的条款和规定；出口企业着重审核 L/C 条款是否与合同规定相符。

1. 信用证与买卖合同的关系

买卖合同是开证申请人向开证银行申请开立信用证的基础。按照国际贸易法律和惯例的规定和解释，买卖合同和信用证是两个不同的文件。买卖合同是约束买卖双方的法律文件，而信用证是约束开证行和受益人(出口人)及其他当事人的文件。凡是当合同规定凭信用证支付货款时，买卖合同条款虽然反映在信用证上，但从法律观点来看，买卖合同和信用证是各自独立的文件，不能互相代替和混同。信用证不能代替买卖合同对买卖双方的约束，只有买卖合同才是买卖双方权利与义务的主要依据。

2. 银行审核的重点

(1)政治性、政策性的审核

凡我国规定不与之进行经济交往的国家开立的 L/C 不予接受；凡属协定项下的交易 L/C 必须符合协定(贸易协定、支付协定)的规定；载有歧视性条款的应视具体情况予以退回或要求改正。

(2)开证银行资信审核

对开证银行和保兑银行的资信情况的审查，在经济上应要求其本身资信情况必须与所承担的信用证义务相适应。凡资信较差的开证行开出的信用证，原则上不予接受，但若由资信可靠的保兑行保兑，可考虑接受；对于不熟悉的银行开立的信用证不应轻易接受，以防有诈。

(3)信用证真伪的审核

银行应合理谨慎地检验信用证表面的真实性，包括证实开证行签字、密押的责任。如果银行不能确定信用证的表面真实性，必须不延误地告知开证行，并且告知受益人他不能核对信用证的真实性。

(4)信用证的种类与开证行的付款责任审核

1)审核信用证是否可撤销。若信用证中未注明是否可撤销，作为不可撤销处理。同时受益人对信用证的修改的沉默，不等于接受，受益人表示接受该修改之前，原信用证对受益人仍然有效。

2)若对方开来保兑信用证，必须明确规定保兑行的责任独立于开证行的责任之外，保兑行、开证行均负第一性责任。

3)信用证必须有开证行保证付款的责任性文句，否则它就如同一张废纸。

3. 进出口公司审核的重点

(1)审核开证申请人和受益人

由于开证申请人的名称或地址经常会与进口商在进出口合同上显示的名称或地址不一

样，因此要仔细审核开证申请人的名称和地址，以防错发错运货物。受益人的名称或地址必须正确无误，前后一致，否则会被视为不符点，影响安全收汇。

(2)审核信用证的支付货币和金额

信用证的金额和支付的货币种类应与合同一致，金额中单价与总值要填写正确，总金额的大小写数字必须一致。如果合同订有溢短装条款，信用证金额也应规定相应的机动条款。信用证金额是开证银行承担付款责任的最高金额，因此，发票和/或汇票金额不能超过信用证金额，否则将被全部拒付。

(3)审核信用证有关货物的记载

审核商品的品质、规格、数量、包装、单价、金额等项内容是否与合同规定相符，特别是要注意有无额外的特殊条件。同时，还应注意最迟装运日期(latest date for shipment)、装卸港口、运输方式、保险、可否分批装运转船等内容的审核。对于分批装运的信用证，应注意每批装运的时间是否留有合适的间隔。按照国际惯例，若任何一批未按期装运，则信用证中的该批和以后各批均视作失败，所以审证时要认真对待。

(4)审核信用证对单据的要求

单据中主要包括商业发票、提单、保险单等。对于来证中要求提供的单据种类和份数及填制方法等，要进行仔细审核，若发现有不正常规定，例如是否需要提供客户检验证明，或要求商业发票或产地证明须由国外第三者签证等字样，都应慎重对待，视具体情况判断是否接受或提请修改。

(5)审核信用证有关时间的说明

L/C与合同的装运期原则上应一致。但在实际业务中，如果信用证中规定的装运期较合同的装运期稍晚，我方可接受。如果我方在备货、托运方面有困难，不能按合同和信用证要求的时间装运，应及时要求延期，并且同时要求信用证的有效期相应延展。信用证的有效期一般应与装运期有一定的合理的时间间隔，以便在装运货物后有足够的时间进行制单结汇工作。信用证还应规定一个运输单据出单日期后必须向信用证指定的银行提交单据要求付款、承兑或议付的特定期限，即"交单期"(date for presentation of documents)，实务中通常为15天。如果信用证未规定交单期，按管理规范，银行有权拒受迟于运输单据日期21天后提交的单据。但无论如何，单据也不得迟于信用证到期日提交。

(6)审核信用证的到期日及到期地点

通常到期日有议付到期日、承兑到期日和付款到期日三种。前一种到期地点在出口国，后两种到期地点在开证行所在地。一般我方只接受前一种做法，对后两种原则上不接受，除非有十分把握。不规定到期日的信用证属于无效证。

(7)审核信用证的付款方式

银行的付款方式有四种：即期付款、延期付款、承兑汇票、到期付款或议付。所有的信用证都必须清楚地表明采用哪一种付款方式。

(8)对银行审核的内容进行复核

在复核时还要审核有无任何附加特殊条款及保留条款。尤其对信用证空白处和边缘处加注的字句和戳记应特别注意，这些内容往往是信用证内容的重要补充或修改，稍不注意就可能造成事故或损失。对于信用证上的特殊要求条款(special condition)，如果不能做到或认为不合理，要及时提出修改。

三、改证

受益人对来证仔细审查后,若发现问题应区别其性质,分别同银行、运输、保险、商检等部门研究,作出妥善处理。在未收到银行修改信用证通知前,切勿对外发货,以防我方工作被动和遭受经济损失。

1.信用证修改的一般程序

(1)开证申请人向开证银行申请修改信用证,应提交信用证修改申请书。

(2)开证银行审核同意后,向信用证原通知行发出信用证修改书,修改书一经发出就不可撤销。

(3)通知行收到修改后,审核修改书的表面真实性后,将修改书转交给受益人。

(4)修改书的通知程序与信用证的通知程序大致相同,修改通知书上应作如下指示:"请书面回复我行可否接受本次修改以便答复开证行。"受益人如果不接受信用证项下修改,应尽快告知通知银行并将修改书正本退回,以便通知银行将受益人意见及时转告开证银行。

(5)受益人同意接受信用证修改后,则信用证项下修改正式生效。如果受益人拒绝接受信用证修改,将修改通知书退回通知银行,并附上表示拒绝接受修改的文件,则此项修改不能成立,视为无效。受益人对修改拒绝或接受的表态,可延期至交单时。

2.提出改证时应注意的问题

(1)掌握好改与不改的界限

凡属于不符合我国对外贸易政策的、影响合同履行和安全收汇的情况,如开证行承担付款责任不明确、来证规定与合同不符、一些特殊要求我方不能办到的等,应坚持要求改证。在一些条款和要求虽与合同规定不符,但不违反政策原则,经努力可以办到,又不增加太多费用的情况下,一般不改,以减少周折和改证费用。但在照办的同时可提醒开证人注意,此次作例外处理,今后务必按合同规定开立信用证。

(2)修改信用证内容,要征得开证人的同意,由开证行发改证通知才有效

改证通知书与开立信用证一样,仍需要通知行传递,以保证安全。对于需修改的内容,应一次向对方全部提出以维护我方信誉,节省双方的手续和费用。

(3)未经开证行、保兑行(若已保兑)和受益人同意,不可撤销信用证既不能修改,也不能取消

因为不可撤销信用证中任何条款的修改,都必须在有关当事人全部同意后才能生效。"原证的条款在受益人向通知该修改的银行发出他接受修改之前,仍然对受益人有效。"

(4)对于修改通知书的内容,只能全部接受或拒绝,不能只接受一部分而拒绝另一部分

对于修改通知书的内容若不能接受,应及时退给银行并明确表示不接受该修改。按银行惯例的解释,一般应在三个工作日内退还。如果银行在此期间未收到拒绝通知书,即作为受益人已接受对待。

(5)对修改通知书的内容审核无异议后,应立即向通知行表示接受,然后再装船出运。同时应将改证通知书与原信用证钉在一起(俗称"锁证"),以防改证通知书丢失,影响受益人议付货款。

第三节 托运、通关和投保

在备妥货物和落实信用证后,出口企业应按出口合同和信用证规定,对外履行交付货物。对于以FOB价格术语成交的合同,当货物备妥后,应在装运期内即时向进口方发出通知,并要求对方租船订舱。在CIF和CFR条件下,出口方应在货物备妥后,并在有关信用证的审核和修改无误后,即时办理租船订舱;同时办理出口货物通关(包括申请检验和报关)和货物投保工作,在信用证规定的装运期内将货物装运出口。办理租船订舱后,出口方应即时向进口方发出装运通知,让进口方准备接货。对于CIF成交的合同,出口方应在货物出运前办理投保;而CFR成交的合同出口方发出的装运通知更为重要,因为进口方需要凭此办理货物保险。

一、托运

租船订舱是卖方的责任之一,需要安排订班轮或租订部分舱位运输。一般来说,订舱需要经过以下几个程序:

(1)查看船期表,填写托运单

出口企业根据外运公司每月定期发布的出口船期表,从中获知航线、船名、开航及抵港日期等信息,并结合货物安排和装运的实际情况,填写托运单(booking note, B/N),委托货运代理人租船订舱。承运人根据托运单内容,并结合船舶的航线挂靠港、船期和舱位等条件考虑,认为合适后,即接受这一托运,并在托运单上签章,留存一份,退回托运人一份。至此,订舱手续即告完成,运输合同即告成立。

(2)接受托运人的托运单

船公司或其代理人在接受托运人的托运单证后,即发给托运人装货单(shipping order, S/O)。装货单俗称下货纸,其作用有三:一是通知托运人货物已配妥××航次××船,装货日期,让其备货装船;二是便于托运人向海关办理出口申报手续,海关凭此验放货物;三是命令船长接受该批货物装船凭单装货的通知。

(3)船长签收货单

预定的船只到港后,外运公司代各进出口公司将货从仓库运至船边,向海关报关查验放行后,凭装货单装船。货物装船后,即由船长或大副签发收货单,即大副收据(mate's receipt)。收货单是船公司签发给托运人表明货物已装船的临时收据。托运人凭收货单向外轮代理公司交付运费并换取正式提单。收货单上如果有大副批注,则在换取提单时,将该项批注转注在提单上。

货物装船完毕后,一般均应向买方发出装船通知(shipping advice),包括货物名称、数量、总值、唛头、船名航次、开航日期、装运港和目的港、预计抵达目的地日期等信息,和装运货物对应的合同号和信用证号告知买方,以让客户做好接应货物和办理进口清关、进口货物运输保险。

二、通关

海关是国家的大门,是国家设在口岸的进出关境的监督管理机关。通关是指进出境的运输工具的负责人、货物的收发货人及其代理人、物品的所有人向海关申请办理进出口货物的进出口手续,海关对其呈交的单证和申请进出口的货物依法进行审核、查验、征缴税费、批准进口或者出口的全过程。进出口货物的通关一般分为四个环节,即报关、查验、征税和海关放行。其中报关和海关放行是必经的最为重要的环节。

报关是指进出口货物装运前,向海关申报的手续。按照我国海关规定:凡是进出国境的货物,必须经由设有海关的港口、车站、国际航空站进出,并由货物所有人向海关申报,经过海关放行后,货物才可装运出口或提取货物。报关时,必须填写"出口货物报关单",并随附出口收汇核销单、商业发票、装箱单、商检证书、出口许可证及合同、信用证的副本等单证。

海关放行是指海关在接受进出口货物的申报,经过审核报关单据、查验货物、依法征收税费、对进出口货物作出结束现场监管决定的工作程序。海关在决定放行进出口货物后,需要在有关的报关单据上签署"海关放行章"。进出口货物的收发货人凭此办理提取进口货物或装运出口货物手续。经海关签章的出口货物报关单、出口退税专用报关单和出口收回核销单,是出口公司办理出口收回核销和出口退税的重要依据。对需办理出口退税的货物,出口货物的发货人应在向海关申报出口时,在办理出口货物报关时注明或申明要求办理退税,海关放行后,退回注明"出口退税专用"的黄色报关单,并且加盖"验讫章"退回企业。

三、投保

国际贸易涉及一系列的风险问题,需要进行保险,而保险具体由谁来办理,要视成交合同中所商定的价格条件而定。以CIF和CIP条件成交的出口公司,卖方必须在装船前向保险公司办理投保手续,填制投保单,根据需要提供商业发票、出口合同或信用证等文件。出口商品的投保手续,一般都是逐笔办理的,投保人在投保时,应将投保人名称、货物名称、唛头、保额、运输路线、运输工具、开航日期、投保险别等一一列明。保险公司接受投保后,即签发保险单或保险凭证。

保险单据是保险人对被保险人承担保险责任的书面证明。它是保险合同的证明。根据保险业惯例,一旦投保人在其填写的投保单上签字,保险合同即告成立。保险单据也是赔偿证明,作为一种权利证明,货物运输保险单像提单一样可以背书转让,但是赔偿只是偶然发生的,因此保险单只是潜在利益凭证。

第四节 制单、结汇

货物运出后,出口公司应立即按合同或信用证的要求整理和缮制各种单据,并在信用证规定的交单有效期内送交银行,要求办理付款、承兑或议付手续,并在收到货款后向银行进行结汇。

一、出口结汇方式

在我国,信用证结算方式和托收方式项下的结汇有三种做法,即押汇、收妥结汇和定期结汇。

(1)押汇

押汇又称买单结汇,是指议付行在审单无误的情况下,按信用证条款买入受益人(进出口公司)的汇票和单据,从票面金额中扣除从议付日到估计收到票款之日的利息,将余款按议付日外汇牌价折成人民币,拨给外贸公司。议付行向受益人垫付资金,买入跟单汇票后,即成为汇票持有人,可凭票向议付行索取票款。此种做法实际上是议付行对出口方提供资金通融的便利,有利于出口方的资金周转。

(2)收妥结汇

收妥结汇又称收妥付款,是指议付行收到进出口公司的出口单据后,经审查无误,将单据寄交国外付款行索取货款,待收到付款行将货款拨入议付行账户的贷记通知书(credit note)时,议付行按当日外汇牌价,将货款折成人民币拨给进出口公司。

(3)定期结汇

定期结汇是议付行根据向国外付款行索赔所需要的时间,预先确定一个固定的结汇期限,一般是出口地议付行审单无误后10~20天,到期后无论是否收妥货款,议付行主动将票款折成人民币交进出口公司。定期结汇的议付行不需要垫付资金,也不需要扣除汇票利息。

收妥结汇和定期结汇方式,对出口人来说,虽然利息负担较轻,但收回货款的速度较慢,不利于资金周转;对议付行来说,不必动用自身资金,也不承担任何风险。采用押汇可以加快外贸公司资金周转速度,但银行需承担部分收回风险。当国外付款行拒付或缓付时,银行虽然可行使追索权,索回票款,但终究会引起某些不便,也可能造成利息上的损失。

二、单据的制作要求

一般而言,单据是信用证所要求提供的与信用证交易相关的一切凭证和证明文件,包括汇票、运输单据、保险单据、商业发票和其他单据等。对于出口方来说,在FOB,FCA,CFR,CFP,CIT,CIP这六种象征性交付的出口合同项下,单据是出口方履行国际货物买卖合同的证明。出口方凭提交的单据来证明其是否履行了合同的义务,以及履行的程度。出口方只要在规定的时间内提交了合乎要求的单据,就是履行了自己在合同项下的义务,而不必亲自交付实际的货物。

根据跟单信用证统一惯例,开证行只有在审核单据与信用证完全相符后,才承担付款的责任。开证行如发现提交的单据有任何的不符,均有拒付货款的可能。因此,各种结汇单据的缮制是否正确完备,与安全迅速收汇有着十分重要的关系。出口公司应重视单据的制作。

对结汇单据的制作,要求做到"正确、完整、及时、简明、整洁"。

(1)"正确"是指制作的单据要做到两个一致,即单证一致和单单一致。所谓单证一致,是指单据与信用证一致,凡是信用证规定的条款,都必须明白、准确地体现在出口单据上,不能有任何含糊或差错。单单一致,是指单据之间相互一致,所有单据均以发票为中心,其他单据与发票、单据与单据之间相互核对,做到单据齐全、数字一致、内容相符。

(2)"完整"是指所提供的单据按照信用证规定要齐全,不得短缺。单据的份数和单据本身的项目,如产地证明上的原产国别、签章,其他单据上的货物名称以及数量等内容,也必须完整无缺。

(3)"及时"是指在信用证规定的交单有效期内及时将单据送交银行议付,以便银行早日寄出单据,按时收汇。

(4)“简明”就是单据的内容,应按信用证要求和国际惯例填写,力求简明,切勿加列不必要的内容,以免画蛇添足。

(5)“整洁”就是单据的布局要美观大方,缮写或打印的字迹要清楚,单据表面要清洁,对改正的地方要加盖校对图章。有些单据,如提单、汇票以及其他一些重要单据的主要项目,如金额、件数和重量等,一般不宜修改。

三、常用单据

按照单据的不同作用,单据分为基本单据和附属单据。基本单据是国际贸易不可缺少的单据,一般包括商业发票、运输单据和保险单据。附属单据是根据不同业务需要或规定,要求出口方特别提供的单据。这些附属单据一般因进口国家和地区、产品性质和数量、运输方式的不同而异,主要包括海关发票、领事发票、产地证、检验证、船运公司证明以及附属于商业单据的装箱单、受益人证明等。

1.基本单据

(1)商业发票(commercial invoice)

商业发票又称发票,它是出口人对进口人开具的、详细说明装运货物全面情况的清单,以便使进口人凭以核对应收的货物和应支付的货款价目,以及货物是否与合同相符。商业发票是出口单据中最主要的单据之一,是许多其他单据填制的依据,也是销售货物的凭证,可作为买卖双方记账的依据和报关纳税的依据。

(2)保险单据(insurance documents)

我国的出口货物大部分是通过海上运输,因而海上保险单是最重要的保险单,它有很多不同的种类,常见的有按保险单据的形式进行区分的保险单(insurance policy)、保险凭证(insurance certificate)和联合凭证(combined certificate)。保险单是正规的保险契约,背面印有保险条款。对受让人来讲,保险人的责任非常明确,俗称“大保单”,又称“正式保险单”,是被保险人在货物发生损失时进行索赔的主要依据。

(3)海运提单(ocean bill of lading)

海运提单是证明海上运输合同的货物由承运人接管以及承运人保证凭以交付货物的单据,它是装运单据中最重要的单据,是物权凭证。提单是流通证券,除了少数记名提单不可转让外,其他的大部分提单可以通过背书或交付连续多次地转让;提单是处分证券,提单制成后,不根据提单就不能处分其项下的货物,只有交付提单才等于交付货物;同时,提单也是有价证券,提单本身代表提单上记载的货物,买卖提单等于买卖货物。

2.附属单据

(1)海关发票(customs invoice)

海关发票是根据进口国海关规定的特定格式填制的、供进口商凭以清关用的一种特殊单证,主要用于海关统计、原产地核实、进口价格构成之查核,以便课税和确定是否有低价倾销、虚报价格等情况。

(2)其他种类发票(other kinds of invoice)

其他种类发票有如领事发票(consular invoice)、形式发票(proforma invoice)等。前者是由进口国驻出口国领事认证或出具的发票,后者是在货物出运前就开立的发票,也称预开发票。

(3)装箱单(packing list)

装箱单是用来补充商业发票内容的不足,重点用来说明每件商品包装详细情况的单据。便于国外客户在货物到达目的港时,检查核对货物,同时也供进口国家海关查验进口货物。

(4)船公司证明(shipping company's certificate)

船公司证明是船运公司根据信用证条款的规定,应受益人的要求而开具的一系列证明,如黑名单证明(blacklist certificate)、航行线路证明(linerary certificate)、转船通知证明(certificate for transshipment advice)、船龄证、船级证和船长收据等。

(5)受益人证明(beneficiary's certificate)

受益人证明是指出口商自己出具的说明已经履行了合约义务的证明,常见的有商品品质、包装、已装船通知、已寄样本或副本单据等证明。

(6)一般原产地证(certificate of origin)和普惠制原产地证明书(generalized system of preference from A)

一般原产地证是证明货物原产地和制造地的证件。不使用海关发票或领事发票的国家,要求提供产地证明可确定对货物征税的税率。我国出口货物根据合同或信用证要求,产地证可由国家进出口商品检验机构或中国国际贸易促进委员会出具。

普惠制原产地证明书是普惠制的主要单据,凡是对给惠国出口一般货物,须提供这种产地证。由我进出口公司填制,并经由中国进出口商品检验机构出具,作为受惠国的原产品出口到给惠国时,享受进口国减、免关税优惠待遇的依据。

(7)纺织品出口许可证(export license of textile products)

根据纺织品贸易协议的有关规定,中国向发达国家出口的很大一部分纺织品受配额限制,出口时必须提供配额证明。但自从 2005 年 1 月 1 日起,配额限制已被取消。

四、单据瑕疵情况下出口商可采取的措施

在实际业务中,由于主、客观原因,例如制单疏忽、船期拖延、航程变更、意外事件等地发生,以致发生单、证不符的情形是难以完全避免的。一旦发现,出口商应针对实际情况采取积极措施补救,避免或减少损失,其处理方法主要有:

(1)倘若有较充足的时间及其他条件许可情况下,出口公司应尽快改单或改证,做到单、证相符,从而确保安全收汇。即改正单据中的不符点,并在信用证规定的单据提交期限内作第二次交单。采用这种方法要注意两点:一是在被通知不符时,受益人应立即联系尽早取回单据,修改全部不符点;二是修改后要尽快地向银行再次交单,最迟不晚于信用证规定的交单期限。

(2)倘若限于时间,无法在信用证交单到期日和交单期限内做到单、证相符,则可根据实际情况灵活处理,选择如下措施结算:

1)卖方将"不符点"通知买方,请求开证申请人即进口商接受,或授权开证行同意接受"不符点"交单。

2)有保留付款,即受益人承认单据有瑕疵,向议付行出具保函,请求议付行通融,并凭此保函予以议付。如果寄出单据遭到开证行拒付,银行保留从受益人处索回已付金额的权利。

3)表提,即议付行发现单证不符时,一般不先对受益人付款或作有保留付款,而是将所有不符点列在寄单信函上,征求开证行意见。多数情况下,开证行都会接洽申请人,询问申

请是否接受不符点。若开证申请人接受不符点,开证行就答复中间行并准备付款。如果不接受不符点,开证行即退回单据,中间行则照样把单据退还受益人,若已付款,则可向受益人索回款项。

4)电提,即在单证不符或单单不符的情况下,议付行先向开证行发电报或电传,列明单证不符点,请求授权付款,待开证行复电同意再将单据寄出。电提的情况一般是单证不符属实质性问题,金额较大。如果开证行不接受"不符点",议付行应立即通知受益人采取其他补救措施,例如将货物转售他人、中途卸货、原船返回等,将损失降到最低。

5)采用信用证项下托收的方法,若出现单证、单单严重不符,议付行为了避免风险和维护自身的信誉,不同意表提、电提,在此情况下,信用证已经失效,出口人只好采取托收方式(D/P 或 D/A),委托银行寄单代收货款。

第五节　出口收汇核销和出口退税

根据国务院、国家外汇管理局、国家税务总局的有关规定,我国出口企业在办理货物装运出口以及制单结汇以后,应及时地办理出口收汇核销和出口退税手续。为加强管理,简便手续,自 1991 年 5 月 1 日起,我国执行出口收汇核销管理和出口退税管理挂钩的新办法。

一、出口收汇核销

出口收汇核销制度,是国家加强出口收汇管理,确保国家外汇收入,防止外汇流失的一项重要措施。凡是在中华人民共和国境内登记注册,并经省、自治区、直辖市的商务主管部门批准的经营出口业务的企业,均应当在其注册所在地外汇管理局办理出口收汇核销手续。

出口企业在初次办理出口收汇核销手续时,应凭单位介绍信、申请书、省、自治区或计划单列市的商务主管部门批准经营进出口业务的批件、工商营业执照、企业法人代码证书、海关注册登记证明书、出口合同等到外汇管理局办理登记,经外汇管理局审核合格后颁发《出口收汇核销单领取证》。按规定,出口收汇核销工作实行核销员制度,出口企业应当指定一名核销员到外汇管理局申领《出口收汇核销员证》,并由核销员持证办理有关出口收汇核销事宜。

出口企业在办理出口报关前,应先由核销员凭《出口收汇核销单领取证》领取"出口收汇核销单"。"出口收汇核销单"是由外汇管理局制发,出口企业凭以向海关办理出口报关,向外汇指定银行办理出口收汇,向外汇管理局办理出口收汇核销,向税务机关办理出口退税申报的有统一编号和使用期限的凭证。出口企业在填写"出口收汇核销单"时应当准确、齐全,不得涂改,并与"出口货物报关单"上记载的有关内容相一致。

出口企业收到外汇并经银行确认其为直接从境外收入的出口货款后,应办理结汇或者进出口企业的外汇结算账户的入账手续,并出具加盖"出口收汇核销专用联章"的"出口收汇核销专用结汇水单",和"出口收汇核销专用收账通知单"(简称"出口收汇核销专用联")。"出口收汇核销专用联"是办理出口收汇核销的重要凭证。出口企业收到外汇后,应当在规定的期限内凭"出口收汇核销单"、"出口货物报关单"、"出口收汇核销专用联"等单证到外汇管理局办理出口收汇核销。外汇管理局为出口企业办理完核销手续后,在"出口收汇核销单”的“出口退税专用联”上签注净收汇额、币种、日期，并加盖“已核销章”，将“出口退税专用联”等凭证退给出口企业以便办理退税。

实行出口收汇核销制度，不仅可提高出口收汇率，加快结汇速度，而且对严格结汇制度，配合有关主管部门对出口贸易的管理也起到积极作用。

二、出口退税

为鼓励出口企业自主经营、自负赢亏，并增强我国出口产品的竞争力，根据国际惯例，我国从 1985 年开始对出口产品实行退税制度。出口退税是指有出口经营权的企业和代理出口货物的企业，可在货物报关出口并在企业财务账册做销售处理后，凭有关凭证按月报送税务机关批准退还或免征增值税和消费税。

增值税是以商品生产流通和劳务服务各个环节的增值额为课税对象而征收的一种流转税。1994 年，国家税务总局颁布了《出口货物退(免)税管理办法》，规定外贸企业在收购商品时，按规定的增值税率 17% 或 13% 纳税，产品出口后，予以退还全部已征税款，自 1995 年以来，国家税务总局已多次调整出口退税税率，2004 年后服装出口的退税税率为 13%。为加强出口退税的管理，堵塞出口退税管理中的漏洞，我国政府实行出口退税与出口收汇核销挂钩的政策，规定出口企业在申请出口退税时，应向国家税务机关提交出口货物报关单(出口退税专用联)、出口销售发票、购货发票以及出口收汇核销单(出口退税专用联)、税收款书等单据，经国家税务机关审核无误后才予办理。

目前，我国政府对流通型出口企业出口货物实行“先征后退”的管理办法；对生产型企业出口货物自 2002 年 1 月 1 日起实行“免、抵、退”税的管理办法。财政部、国家税务总局联合发布了《关于进一步推进出口货物实行免抵退税办法的通知》，国家税务总局还印发了《生产企业出口货物“免抵退”税管理操作规程(试行)》。按照这些规定，生产型企业自营或委托外贸企业代理出口的货物，除另有规定外，增值税一律实行免抵退税管理办法。实行免抵退税管理办法的“免”税，是指对生产企业出口的自产货物，免征本生产销售环节增值税；“抵”税是指生产企业出口自产货物所耗用的原、辅材料、燃料、动力等所含应予退还的进项税额，抵顶内销货物的应纳税额；“退”税是指对生产企业出口自产货物在当期内应抵顶的进项税额大于应纳税额时，对未抵顶完的部分予以退税。

实行出口货物“免、抵、退”税办法的企业是指独立核算、经主管税务机关认定的增值税一般纳税人并且具有实际生产能力的企业和企业集团，包括经对外经济贸易主管部门及其授权机构批准的有进出口经营权的自营生产企业和生产型集团公司、生产型外商投资企业、无进出口经营权委托外贸企业代理出口的生产企业、特准退还增值税的生产企业。

我国目前实行退税指标管理，有时会面临退税指标不足的问题。为解决出口企业因出口退税未能及时到账而出现短期资金困难的问题，中国人民银行、原对外贸易经济合作部、国家税务总局于 2001 年联合发布了《关于办理出口退税账户托管贷款业务的通知》。按此通知，申请出口退税账户托管贷款业务的企业必须在贷款经办行开立国家税务局确认的出口退税专户。已办理出口退税登记，并以出口退税应收款作为还款保证的，可向贷款经办银行进行贷款。该《通知》的出台为支持出口企业扩大出口，解决出口企业短期流动资金困难起到了积极的作用。

附样 10-1 为出口收汇核销单样张。

附 10-1　出口收汇核销单样张

出口单位:
单位代码:
出口币种总价:
收汇方式:
预计收款日期:
报关日期:
备注:
此单报关有效期截止到

（出口单位盖章）

国家外汇管理局 出口收汇核销单 监制章

225098595

（吉）编号: 225098595

出口单位:				
单位代码:				
银行签注栏	类　别	币种金额	日期	盖　章
海关签注栏:				
外汇局签注栏: 年　月　日(盖章)				

（出口单位盖章）（海关盖章）

国家外汇管理局 出口收汇核销单 监制章 出口退税专用

（吉）编号: 225098595

出口单位:		
单位代码:		
货物名称	数　量	币种总价
报关单编号:		
外汇局签注栏: 年　月　日(盖章)		

复习思考题

1.简述履行出口合同需要做哪些工作?

2.修改信用证应注意哪些问题?

3.装货单主要有什么作用?

4.比较商业发票和海关发票有哪些区别?

5.制作并审核单据的基本原则有哪些?

6.中方某公司与意大利商人在2004年10月份按CIF条件签订了一份出口某纺织品的合同,支付方式为不可撤销即期信用证。意大利商人于10月通过银行开来信用证,经审核与合同相符,其中保险金额为发票金额的110%。我方正在备货期间,意大利商人通过银行传递给我方一份信用证修改书,内容为将保险金额改为发票金额的120%。我方没有理睬,按原证规定投保、发货,并于货物装运后在信用证有效期内,向议付行议付货款。议付行议付货款后将全套单据寄开证行,开证行以保险单与信用证修改书不符为由拒付。问:开证行拒付是否有道理? 为什么?

7.我某公司与国外某客商订立一份针织内衣的出口合同,合同规定以不可撤销即期信用证为付款方式。买方在合同规定的时间内将信用证开抵通知银行,并经通知银行转交我公司,我出口公司审核后发现,信用证上有关装运期的规定与双方协商的不一致,为争取时间,尽快将信用证修改完毕,以便办理货物的装运,我方立即电告开证银行修改信用证,并要求开证银行修改完信用证后,直接将信用证修改通知书寄交我方。问:(1)我方的做法可能会产生什么后果? (2)正确的信用证修改渠道是怎样的?

8.我某公司凭即期不可撤销信用证出口袜子一批,合同规定装运期为2003年8月份。签约后,对方及时开来信用证,我方根据信用证的要求及时将货物装运出口。但在制作单据时,制单员将商业发票上的商品名称以信用证的规定缮制为:"MACHINERY AND MILL WORKS,SOCKS",而海运提单上仅填写了该商品的统称:"SOCKS"。问:付款行可否以此为由拒付货款? 为什么?

9.我国甲公司向印度乙公司以CIF条件出口服装一批,国外来证中单据条款规定:商业发票一式两份;全套清洁已装船提单,注明"运费预付";保险单一式两份。甲公司在信用证规定的装运期限内将货物装上船,并于到期日前向议付行交单议付,议付行随即向开证行寄单索偿。开证行收到单据后来电表示拒绝付款,理由是单证有下列不符:(1)商业发票没有受益人的签字;(2)正本提单是一份组成,不符合全套要求;(3)保险单上的保险金额与发票金额相等,所以投保金额不足。试分析开证行拒付的理由是否成立。

第十一章　进口贸易

在国际贸易中，进口贸易的一般原理、交易条件、习惯做法和惯例等，与出口业务基本相同。只是由于当事人所处的地位不同，在具体问题的掌握和处理上有所区别。由于在进口贸易中，我方处于买方地位，在当前国际市场竞争激烈，绝大多数国家采取奖出限入政策的情况下，一般处于较为有利的地位。但与其他国家一样，我国政府对进口贸易也有较出口贸易更为严格的管理，所以进口贸易的程序较复杂，我方争取的交易条件与出口贸易也有所不同。现分别按照进口交易的程序作一介绍。

第一节　进口交易前的准备工作

在进口交易之前，要进行调查研究工作，进行成本核算和经济分析，作出进口决策，然后，根据我国对进口商品的管理规定，办理必要的手续。

一、做好调查研究，选好采购市场和供货对象

为了保质、保量地得到进口采购的商品，在进行进口交易前，必须对国内外市场进行调查，包括有关商品的产、供、销和客户情况，尤其要弄清楚主要生产国和主要生产厂的供应情况、商品的价格趋势及供应商的资信情况等。在选择采购市场时，既要考虑国别地区政策，又要注重经济效益，两者不能偏废。在选择供货对象时，必须考虑两方面的因素：一是考虑所供商品是否先进适用；二是考虑对方的资信情况，包括经营能力及经营作风。在选好市场和供货对象的基础上，再制定进口商品经营方案。对供应商资信的调查有多种多样，要针对不同对象因时因地制宜，必要时，可以通过银行，以及我驻外商务机构、商会、行业协会及咨询机构等进行。进口商经营方案的内容大体上与出口商品经营方案相同，即对供货的主要交易条件（如品质、价格、支付方式等）以及贸易方式等作统一安排。为了适应对外洽商交易的需要，还可对同一商品作出几套不同的方案，以便灵活掌握运用，促进交易迅速成交。

二、进口成本结算

凡是进口商品都必须进行进口成本估算，以便进行经济效益的分析，做到进口合理化并最大限度地降低进口成本、节约外汇支出，或在一定的外汇数量下，增加实际进口量，从而提高企业的经济效益。进口成本一般是进口合同成交价加进口费用。如果进口是以 FOB 计价，则进口费用包括国外运输费用、保险费、进口税、银行费用、检验费、报关费、国内运费、利

息支出、外贸公司代理费以及其他杂费等。在进行价格评估时,应该认识到,最低的价格并不一定是最优价格,因为货物的质量、数量、付款条件、所使用的贸易术语等等,都与价格有密切关系。商品的价格受商品供求关系的影响,因此,应合理安排进口,避免集中进口,以防止发生需求旺盛的假象。

三、进口货物许可证的申领

我国对有的进口商品,采用凭进口许可证进口的办法。进口许可证是国家主管机关所发的准许货物进口的凭证。凡国家限制进口的商品,除国家另有规定者外,都必须事先申领进口许可证,经由国家批准经营该项进口业务的企业办理进口,海关凭进口货物许可证查验放行。

实行许可证管理的进口货物的品种,由外经贸部根据国家规定统一公布、调整。实行许可证管理的进口商品,除进料加工出口、来料加工、来件装配、外商投资企业的进口另有规定者外,都必须按国家规定的审批权限申领进口货物许可证。

进口企业在向外订货前,应填报"进口许可证申请表",连同有关证件向发证部门申请进口许可证。进口许可证由外经贸部代表国家统一签发,外经贸部授权的省、自治区、直辖市、计划单列市外经贸管理部门签发部分进口许可证。进口许可证自签发之日起一年内有效。若违反规定,事先没有申请领取进口许可证而擅自进口货物的,海关根据情况,可以将有关货物没收或责令退运。国家禁止未经批准经营进口业务的部门、企业自行进口货物。

第二节 进口交易磋商与签约

进口交易的达成和合同的订立是买卖双方就有关交易条件进行磋商并取得一致意见的结果。进口合同磋商的形式与出口合同磋商的形式是一样的,可用口头的直接面谈或书面的(信件、电报或电传)的洽商。无论哪种形式,最后都需要签订书面合同。磋商的内容也包括品名、数量、品质、价格、包装、交货、保险、检验、索赔、仲裁及不可抗力等交易条件。如果进口的是技术比较复杂、规格要求较高的生产资料如机器设备等,最好采用当面直接谈判形式。

磋商的过程,通常是先相互试探、摸底,再进行发盘、还盘和再还盘等交织在一起的反复循环的过程。一般也要经过询盘、发盘、还盘和接受四个程序。但在掌握每个程序的具体做法上,略有不同。如:一项询盘向谁发出比较好?向中间商还是直接厂商发出?向一家还是多家发出?这就需要认真研究。一般来讲,对机电设备、工程技术项目,如果厂商可以直接签约,最好直接向生产厂商询价,这样既可以保证产品规格对路、技术符合要求,又可以减少流通环节,节省时间,加速成交。又如,在收到国外客户或厂商报价后,可对不同国家、地区的商人报价,在其他条件完全相同的情况下进行比较,这称为比价。

比价的方式通常有:

(1)不同外商的同期报价比较。将不同国家、地区的供应商的报价,在其他条件完全相同的情况下进行比较,也就是说,在同样质量、同样数量、同样包装、同样交货期和同样付款条件的情况下进行价格比较。

(2)历史价格比较。将过去进口同样商品的成交价或过去供应商对同类商品的报价与现价进行比较，在比较中要考虑到生产国通货膨胀对价格影响及扣除各种因素的差价。

(3)对各种不同交易条件的发盘进行综合分析比较。比价不仅要比总价，还要对来盘的其他交易条件分项目逐条比较，对技术规格复杂、型号比较多的商品还应要求对方分项报价，以便一项一项进行比较。因为其他交易条件的不同会引起一定的价格差异，如品质、规格和标准的不同，会引起价格差异；成交数量的多少，会影响价格的高低；所使用贸易术语的不同，直接关系买卖双方费用和风险的承担，从而影响价格；交货时间和销售季节密切相关，也是影响价格的一大因素；付款条件则关系到资金周转、利息负担、汇率风险和用汇风险。因此，各种条件要逐项比较，综合分析。

在比价时，还应考虑汇率的变化。通过比较摸清国外市场情况，利用竞争，研究对策，提高进口合同的质量。

一旦国外的实盘最后被我方接受，或我方的还盘为对方所接受，则合同即告成立。根据我国《合同法》规定，依法成立的合同，对当事人具有法律约束力。当事人应当按照约定履行自己的义务，不得擅自变更或者解除合同。根据《联合国国际货物销售合同公约》与我国《合同法》规定，接受可以撤回。撤回接受的通知应当在接受通知送达发盘人之前或者与接受通知同时到达发盘人。但是，接受于接受通知送达发盘人后就不能撤销。因为接受通知一旦到达发盘人时即生效，接受生效合同即告成立，如果买方在发出接受通知后发现价格或其他交易条件对自己不利，为避免损失，接受人可以采用先于接受到达的方式，阻止接受生效，将接受撤回。

为了更好地明确买卖双方的责任，便于履行各自的义务，在实际业务中，进口交易达成后，通常都要签订有一定格式的书面合同。书面合同是表示买卖双方意思完全一致的证明文件和处理争议的主要依据。进口合同既体现了当事人之间的经济关系，也体现了当事人之间的法律关系，既受法律保护。也受法律约束。因此，合同条款对买卖双方的权利和义务必须明确具体地列述，并符合法律规范。

进口合同与出口合同一样，内容要全面完整、具体和准确，应当包括经双方当事人所同意的条款，各条款内容应前后一致，不能相互矛盾，所用文字、词句要简明达意，措辞严密，不能使用含糊不清、模棱两可的文字或词句，并应符合法律要求。

第三节　进口贸易的履行

进口合同依法订立后，买卖双方都必须严格按照合同规定，履行各自的合同义务，否则，不履行合同义务或不按合同规定履行的一方就应承担违约的法律责任。在进口业务中，我方作为买方，必须贯彻重合同、守信用的原则，按照合同、有关的国际条约和国际惯例的规定，支付货物的价款和收取货物，同时，还要随时注意卖方履行合同的情况，督促卖方按合同规定履行其交货、交单和转移货物所有权的义务。

我国进口交易在多数情况下是采用 FOB 和不可撤销信用证为条件成交的，以该条件为例，履行此种类型进口合同的一般程序是：

1. 开立和修改信用证

在进口合同签订后，进口企业应在合同规定的期限内向经营外汇业务的银行及时办理开证申请手续。信用证的内容应与合同条款一致，按UPC500规定，开证申请书的内容必须完整明确，为了防止混淆和误解，开证申请书中不应罗列过多的细节。银行审查批汇手续无误后，即可对外开证。开证时间应按合同规定。

申请人在填写开证申请书时应注意以下几个问题：

(1)信用证的种类　应按合同的规定。在进口业务中，一般不宜开立可转让信用证，以防因第二受益人不可靠而造成意外损失。

(2)信用证金额　即受益人可使用的最高限额。大小写金额要一致，除非确有必要，不宜在金额前加“约”(about)、“近似”(approximately)等类似词语，否则，按“UPC500”，将被解释为允许有不超过10％的增减幅度。

(3)汇票的付款人和付款期限　汇票的付款人应为开证行或信用证指定的其他银行，而不能规定为开证申请人，否则，该汇票将被视作额外单据；汇票为即期还是远期，应严格按合同规定。

(4)运输单据　如果采用海洋运输，一般应要求提供全套凭开证行或申请人指示并经发货人空白背书的已装船清洁提单。

(5)其他单据　产地证、品质、重量检验证书、化验证书等的签发机构，形式、内容及证明事项等应明确规定。

(6)分批装运和转运　进口合同如果规定不允许分批装运和转运的，应在信用证中明确注明不准分批转运、不准转运。如果信用证对此不作规定的，将被视为允许分批转运和转运。

(7)到期日和到期地点　信用证必须规定一个到期日和除了自由议付信用证外的一个交单地点，否则，该信用证就不能使用。

(8)进口许可证号码。信用证中应要求出口人在商业发票上记载进口许可证号码，以便进口通关时海关验收。

信用证开出后，如果发现内容与开证申请书不符，或因情况发生变化或其他原因，需对信用证进行修改，并立即向开证行提出修改申请书，要求开证银行办理修改信用证的手续。如果受益人收到信用证后提出要求修改信用证中的某些条款的，则应区别情况同意或不同意。如果同意修改，应及时通知开证行办理修改手续；如果不同意修改，也应及时通知受益人，敦促其按原证条款履行装货和交单。按UPC500规定，信用证经修改后，开证行即不可撤销地受该修改的约束。受益人可决定其接受修改抑或拒绝修改，但他应发出其接受或拒绝修改的通知。在受益人告知通知修改的银行他接受修改之前，原信用证的条款对受益人仍具有约束力。如果受益人未发出其接受或拒绝的通知而其提交的单据与原信用证的条款相符，则视为受益人已拒绝了该修改；但若提交的单据与经修改的信用证条款相符，则视为受益人已发出接受该修改的通知，从那时起，该信用证已被修改。

总之，我进口企业对信用证的开立和修改应持慎重态度。在申请开立信用证时，应做到开证申请书与合同相符，以避免不必要的修改，并避免不符条款被受益人利用而遭受损失。在修改信用证时，也应注意修改内容的正确并应考虑到受益人有可能拒绝修改而仍按原证条款履行。在进口业务中，有时对一些资信不很好的客户，在进口合同中规定在对方开到保证履约的银行保证书后，我方再开信用证，目的是为了防止对方欺骗。银行保证书必须是不可撤销的，并详细说明保证的内容，银行保证书的有效期要晚于卖方履行义务的时限，否则有可能造成卖方尚未按时履行义务而银行保证书已经过期失效，银行不再承担任何责任而造成损失。

除信用证支付方式外，进口业务还有使用汇付、托收，或两种或两种以上支付方式结合使用的。

2.租船订舱和催装

在进口业务中，货物大多通过海洋运输，凡以 FOB 和 FCA 贸易术语成立的合同，由我方安排运输，订立运输合同。货物由海洋运输的，我方应负责租船或订舱工作。我国外贸企业的大部分进口货物都委托中国对外贸易运输公司、中国租船公司或其他外运代理机构代办运输，并与其订立运输代理协议。也有直接向中国远洋运输公司或其他对外运输的实际承运人办理托运手续的。

在 FOB 价格条件下，进口货物的租船订舱工作，我们一般可以统一委托外运公司办理。根据合同规定，卖方在备货差不多的时候，要通知我方具体的装运日期。我接卖方通知后，即委托外运公司租船订舱，订妥后应及时通知卖方船名、船期，以便卖方准备装船。

在 CIF 和 CFR 条件下的进口合同，系由卖方负责租船、订舱，安排装运。但我方也应及时与卖方联系，掌握卖方的备货和装运情况。

对较大数量或重要物资的进口，若有必要可商请我驻外机构就地了解，或派员前去监督。

在进口业务中，国外供货商往往由于原料或劳动力成本上涨，出口许可证未及时获得、国际市场该商品价格上扬或无法按期安排生产等各种原因，不能或不愿按期交货。为此，进口企业除在合同中需争取订立迟交罚款等约束性条款外，还必须随时了解和掌握对方备货和装船前的准备工作情况，督促对方按期装运。对逾期未交的合同，如果责任在卖方，我方有权撤销合同并提出索赔；如仍需要该批货物者，则可同意对方延迟交货但可同时提出索赔。

3.保险

在 FOB,FCA,CFR 和 CPT 条件下的进口合同，由进口企业负责向保险公司办理货物的运输保险。外贸公司或外运公司收到国外装船通知后，立即将进口货物的船名、提单号、装船日期、品名、数量、金额、装运港、目的港等内容通知保险公司，表明保险手续已经办妥。保险公司对海运货物保险的责任期限，一般是从货物在国外装运港装上海轮时起开始生效，到保险单据载明的国内目的地收货人仓库或储存处所为止。若未抵达上述仓库或储存处所，则以被保险货物在最后卸载港离卸离海轮后 60 天为止，如不能在此期限内转运，可向保险公司申请延期，延期最多为 60 天。

4.审单和付汇

国外商人在货物装运后，会立即将全套单据和汇票交出口地银行转我方进口地银行，这时我方进口地银行既是开证行又是付款行。在我方银行审核单据和汇票与信用证相符后（即单证相符、单单相符），立即交外贸公司复核对单据进行详细认真审核，并通知银行确认付款、全部拒付。如进口单位在收到银行复核通知后三个工作日内不提出异议，银行立即对外付款。银行收到国外寄来的单据后，必须合理审慎地审核信用证规定的一切单据，以确定其表面上是否相符。在单证一致、单单一致的情况下,银行就必须付款。单据之间出现的表面上彼此不一致,将被视为单据表面上与信用证条款不符。但是,银行对任何单据的格式、完整性、准确性、真实性、伪造货法律效力或单据上规定的或附加的一般及/或特殊条件,一概不负责任;对于任何单据所代表的货物的描述、价值或存在,或货物的发货人、承运人、运输商、收货人或其他任何人的诚信或行为能力或资信情况,也不负责任。因此,在审单时对这些方面可能存在的问题要特别谨慎,以便早日发现问题,及时采取补救措施,减少损失。

5.报关与检验

进口货物到达目的港卸货后,外贸公司或其代理人应及时按海关规定向海关申报,称为报关。在报关时,除填写详细的报关单之外,还要交验有关报关证件。这些证件包括进口合同、海关进口货物报关单、提单、发票及其副本、装箱单、许可证以及其他证件等。海关根据上述单据按照进口关税税率、计征进口税。外贸公司或订货单必须在收到海关纳税通知后7日内向指定银行缴纳税款,税款缴纳后,海关即签发提货单。外贸公司或其代理人凭提货单和其他提货单据提货,然后拨交给订货单位。

根据我国规定,一切进口商品都必须在规定的限期内进行检验;未经检验的,不准安装生产,不准使用。为此,进口货物到达后立即向商检局报验。按照我国进口商品检验规定,进口商品分两大类:一大类是在卸货港口直接向口岸商检机构报验时需填写。报验时,需填写报验申请单,并提供合同、发票、提单、装箱单及检验标准等有关证件。口岸检验机构接受报验后,如果合格,就在《进口货物报关单》上加盖印章,海关据以验收。这一大类的商品是指列入《种类表》和合同规定由我国商检机构出证的进口商品;另一大类是指除了上述一类的进口商品之外,均在用货部门所在地区商检机构申报后,由当地商检机构检验或自行检验。如果自行检验,应在索赔有效期内将检验结果报商检机构。如果检验结果不合格,需向外商提出索赔,应及时请商检机构复验出证。

6.索赔和仲裁

为了严格执行合同并保证国家经济建设顺利地进行,维护用货部门和消费者的利益,在进口业务中索赔是一项十分重要的工作。造成索赔的原因不外乎以下三个方面:

(1)出口方未能全部或部分履行合同。如,实际到货品质规格与合同规定不符,数量不符,包装不良,交货延迟以及其他条件不符要求等。在此情况下,应及时直接向出口方提出索赔,具体做法是:先向出口方发出索赔声明,立即准备证明文件,正式发出索赔函件。

(2)由于运输部门的过失而造成的索赔应向运输部门(轮船公司)提出。如,实到货物少于提单所载数量或重量;提单是清洁提单,而货物有残缺;由于运输的原因,造成到货延迟等,都可以向轮船公司提出索赔。在提出索赔时,要特别注意提出索赔的时间限制。一般来讲,在提货以前,就已发现货物有明显的残损,应立即向船运公司发出索赔通知;如在接货之后才发现货损时,应于提货日起三天之内发出索赔通知,然后再补寄索赔证件。一般规定,货主的损害赔偿请求权的期限为一年,如果货主的索赔未予受理,则可在提货后一年内提出起诉;如果货物发生全损或未送到,则应于原定取货之日起一年内提出起诉。如果是航空运输,其索赔期又另有规定:即货物有损或短量时,收货后7天之内;货物延迟时,运货后14天内;货物遗失或灭失时,运单发单日起120天内。超过上述规定的期限,航空公司一律不予受理。

(3)造成的损失是属保险范围的,向保险公司提出索赔。如,由于自然灾害、意外事故或运输途中其他事故发生致使货物受损,并且属于承保险别范围之内;凡轮船公司不予赔偿或赔偿金额不足抵补损失的部分,并且属于承保险别范围之内的,进口部门都可以向保险公司发出货损货差通知,以保留索赔权利。然后,根据保险公司的规定,邀请轮船公司及保险公司代表去实地察看,研究是否要请检验局出具证明。在向保险公司索赔时,除提供必要的有关证件(如,合同、发票、检验单、装箱单、提单、保险单等)以外,提供运输途中的证明是非常重要的。为了免除船运公司的赔偿责任,必须提供证明足以说明不是由于船方的过失而是在运输过程中遭到意外事故导致货物的残损或灭失。如,海难报告或海难证明书(它是由船长根据航海日记资料编制而成,并请港务局签字证明)。

总之,在进口索赔中要注意索赔期限、索赔通知、索赔证件、索赔金额等问题,以保证进口货物所遭受的损失按期如数得到应有的补偿。至此,进口交易合同的履行全部结束。

为了进一步理解和掌握本章的主要内容,熟悉进口交易的一般程序,重视进口交易过程中的注意事项,我们来进行对具体进口业务的案例分析。

例 1 2000 年 4 月,我国某市一服装厂欲与美国某有限公司商定签订一项设备进口合同,外商未携带设备的详细清单,只有简要介绍。但外商所提出的条件比较优惠,符合我方条件。外商急于签约,并表示先签订合同,回国后立即寄来设备清单。但我方担心,万一外商寄来的设备清单与谈判不符,我方将毫无办法。为此,我方建议最好在确认清单后再签合同。但外商仍坚持先签订合同。对于这项设备,确为我方急需,时间比较紧迫,你对此有何好的建议?

分析 本案例中关于双方争执的焦点主要是设备清单,设备的详细清单是签订合同的重要基础,因为它规定了设备的品种、数量、质量、规格和价格等重要内容。如果合同中没有这些内容,合同的基本条款就不健全,按照我国法律规定,缺少主要条款的合同是无效的。因此,本案中我方首先应调查对方的资信和诚信情况。如果该外商在世界上有较好的声誉和有达成交易的诚意,而合同内容对我方也极为有利,因此可提出折中办法,先拟合同后生效,在合同中加上一条生效规定,写明合同于卖方寄交设备清单,并经买方确认签字之日起生效。如果外商同意接受,买卖就成交。不过,双方当事人订立的其实不是一项合同,而仅是附条件生效的协议,只有对方寄来设备清单并经我方确认签字后才能算是合同成立,如果我方能这样变通做,应该是无可挑剔的,因为在合同中增加的生效条件实际上已将合同是否能够生效的主动权牢牢地掌握在我方手中。

例 2 2002 年 5 月,我国某省的一家进出口公司 A 公司与日本一家重型汽车制造商 B 厂签订了一份总价值为 150 万美元的自卸车进口合同,设备拟用于当地一项重要水利工程项目,交货方式为 CIF 中国口岸,付款方式为不可撤销信用证。货物保修期为到货后一年内,在此期限内如果有质量问题,国外厂家负责维修或更换部件。订约后,中方于 6 月通过中国银行开出了以 B 厂为受益人,金额为 150 万美元的即期信用证。10 月外方的 30 辆自卸车按时到货。中方会同商检局对车辆情况进行检验,未发现有任何情况。第二年 3 月,用户在使用过程中,发现一辆车的底盘有异常响声,随即组织维修人员进行检修,发现底盘车架的焊接处出现了较大的裂缝。于是,中方组织对其他车辆进行全面检查,发现有 5 台车辆的底盘也出现了不同程度的裂缝。中方便同国外 B 厂取得联系,告知车辆出现的情况并希望对方提出解决问题。B 厂对货物出现的问题表示遗憾,同时表示对出现的质量问题一定负责维修到底,并在最短时间内派员前来检验维修。中方对此提出,认为不能简单修理了事,因为自己买的是新车,用了4个月就出现这样问题,不是一般故障,当属严重质量缺陷,提出两点处理意见:一是考虑退货,二是退还部分货款,然后再由B厂负责维修。B厂的答复称,发生的质量问题属于质量问题保修范围内的问题,对方对保修范围内的问题承担全部责任,并负责免费维修到底。但对中方的赔偿意见不能接受,更不能接受中方的退货要求,因为这批货物已经由中方商检局检验证明合格,所出问题与车辆在工程的使用也有一定的关系,路面条件不好也是造成目前状况的原因之一。

双方对此难以取得一致意见,双方同意将争议提交仲裁。仲裁机构最后的仲裁结论是:此案不以退货的方式解决,主要是退货理由不充分。因为到货时货物已经由中方商检部门出具了合格证明,问题的发生原因是多方面的,与车辆在工程使用过程中的道路也有一定的关系,由B厂负责维修并进行一定的补偿较为合理,同时在维修后应当适当延长质量期。对此意见,双方均表示接受。使用过程中发现质量问题及时向外方提出了索赔要求,最后经仲裁机构仲裁,由外方进行维修并进行一定的补偿,在原来的基础上适当延长了质保期,维护了中方的合法权益。

从这些案例可以看出,在实际的经济交往中,订立和履行合同的事务是比较复杂的,一方面要坚持订立合同的基本原则,另一方面在不违背我国法律、政策规定的前提下,也可作一些必要的变通,以利于交易的顺利进行。因此,进口贸易不仅要重视国际惯例,还应重视我国的管理规定,更要重视合同履行的具体情况。

复习思考题

1.进口交易前须做哪些准备工作?

2.进口调研的内容包括哪些?

3.如何进行比价和还盘?

4.进口人在申请开立信用证时应注意什么问题?在进口业务中,对于信用证的修改,又应注意什么问题?

5.我国内地某市的A公司委托沿海城市的B公司进口特种缝纫机一台,合同规定买方对货物品质不符合同的索赔期限为货到目的港30天内。货到港口后,B公司即将货转到A公司。由于A公司的厂房尚未建好,机器无法安装,半年后,待厂房完工,机器装好,经商检机构检验,发现该机器均系旧货,不能很好运转,遂请B公司向外提出索赔,外商置之不理。对此,应该如何处理?

6.我某进出口公司与某外商磋商进口一批服装,经往来电传磋商,已就合同的基本条款初步达成协议,但在我方事后所发表示接受的电传中提出“以签订确认书为准”的要求,之后,外商拟就合同书电传我方予以确认。但由于某些条款的措辞尚待进一步商讨,同时又发现该种商品价格趋降,因此未及时答复。外商又连续电催我方迅速开证,我方拒绝开证。问:我方公司的行为是否违反合同?是否应承担违约责任?

第十二章 服装国际贸易方式

服装国际贸易方式是指在不同的国家和地区间的服装买卖过程中所采取的各种具体做法和流通形式。服装国际贸易中除了常见的逐笔售定的单边进出口方式外,还有诸如经销、代理、加工贸易和电子商务等做法。

第一节 经 销

经销(distribution)是国际贸易中常见的一种出口推销方式。一个出口商将自己的商品销到国外市场后,必须通过适当的渠道,才能及时有效地销售自己的商品,在当地市场上站稳脚跟,巩固并不断扩大市场份额。要达到这一目的,他可以选择一个或几个适当的客户,通过订立经销协议与该客户建立一种长期稳定的购销关系,利用国外经销商的销售渠道和促销手段来推销商品,以促进其产品的出口。

一、经销的含义和类型

经销是指经销商(distributor)与生产厂家或供货商(supplier)达成书面协议,在规定的期限和地域内购销指定商品的一种贸易方式。经销又称分销,就是说,产品从生产厂家到消费者手中至少要有一家中间商介入。中间商从厂家购得货物,再利用其销售渠道分散销售给其他商家或消费者。

经销是相对于直销而言的。在直销方式下,生产厂家或供货商将产品直接卖给消费者,而没有中间商的介入。这可以采取由厂家设立门市部、零售商店的方式,直接面对消费者;也可以采取邮购方式、网上交易等方式,如厂家在广播、电视、报刊杂志或互联网上做广告,宣传自己的商品,消费者如有意购买,可通过电话、传真、E-mail 等手段进行订购,再由厂家送货上门。

在国际贸易中,经销主要有以下两种方式:

1. 独家经销

独家经销(sole distribution),亦称包销(exclusive sales),是指经销商在协议规定的期限和地域内,对指定的商品享有独家专营权的一种经销方式。采用独家经销方式时,在经销协议的期限内和指定的经销区域内,供货商只能指定一家经销商经营指定的商品。也就是说,这种经销商(包销商)享有排他性的经营权。

2.一般经销

一般经销是指供货商可在经销协议的期限内,在同一经销区域内委派一个以上的经销商来经营同类商品。在这种经销方式下,经销商与国外供货商之间的关系同一般进口商和出口商之间的关系并无本质区别,即都是买卖关系。所不同的是,在经销方式下,经销商和供货商之间确立了相对长期和稳固的购销关系。而在一般的进出口贸易中,进口商和出口商之间往往是逐笔售定的关系。当一笔交易结束后,双方之间就不存在法律上的必然联系。

二、经销的特点

经销业务中的供货商是卖方,经销商是买方,双方是一种买卖关系,但又与通常的单边逐笔售定的交易方式不同,当事人双方除签有买卖合同外,还须事先签有经销协议,规定相应的权利和义务。经销人是以自己的名义购进货物,以自己的名义进行销售,自负赢亏。购买商品的当地客户与供货人之间不存在合同关系。

三、经销协议

经销协议是供货商和经销商为规定双方的权利和义务而订立的确立双方法律关系的契约。在服装贸易业务中,许多经销协议只原则地规定双方当事人的权利、义务和一般交易条件,以后每批货物的交付依据经销协议再订立具体买卖合同,明确价格、数量、交货期以及支付方式等具体交易条件,或由供货商根据经销商发出的订单来交付货物。一般经销协议大致包括以下内容:

(1)当事人的名称和双方的关系

用明确无误的文字说明双方当事人的名称,各自的办公地址、电话和传真号码等信息,要确定该协议的性质是经销协议,还是代理或其他协议,也要说明协议的双方当事人之间是买卖关系。另外,对于经销权还应明确是一般经销还是独家经销。

(2)经销商品的范围

在协议中要明确规定商品的范围,以及同一类商品的不同牌号和规格。确定经销商品的范围时,除了要考虑经销人的经营能力、资信状况、商品特点和市场情况外,还要根据对方是老客户或新客户等情况,采取不同的策略。

(3)经销商品的区域

经销地区是指经销商行使经营权的地理范围。它可以是一个或几个城市,也可以是一个甚至是几个国家,其范围大小的确定,除应考虑经销人的规模、经营能力及其销售网络外,还应考虑地区的政治区域划分、地理和交通条件以及市场差异程度等因素。在包销协议中,供货商在包销区域内不得再指定其他经销商经营同类商品,以维护包销人的专营权。为维护供货人的利益,包销协议也常常规定包销商不得将包销商品越区销售。

(4)经销数量或金额

经销协议还应规定经销人在一定时期内的经销数量或金额,这在包销协议中更是必不可少的内容之一。最低经销额的大小,原则上以经销商经过努力可以达到的为宜。最低经销额的确定,有以金额计数的,也有以商品数量计数的。此项数量或金额的规定对协议双方均有约束力,它既是经销商在一定时间内应承购的数额,也是供货商应保证供应的数额。

(5)作价方法

经销商品一般采用分批作价的方法,也可由双方先在协议中规定一个作价原则,然后再根据市场情况加以商定,还可以在协议的附件中规定作价办法或原则。

(6)经销期限

经销期限即协议的有效期,可规定为自签字生效之日起一年或若干年。一般还要规定延期条款,可以经双方协商后延期,也可规定在协议到期前若干天如果没有发出终止协议的通知,则可延长一期。

(7)经销商的其他义务

为了有利于出口商品的销售,协议中一般规定经销商除了应按期完成规定的承购数额外,往往还规定应尽的其他责任和义务,例如经销商有维护供货商权益、促进销售和开展广告宣传、承担市场调研并提供有关情报、提供售后服务的义务等。

四、采用经销方式出口应注意的问题

经销方式是服装出口业务中常见的方式之一。但是在实际业务中,采用经销方式出口时也应注意以下问题:

1.要慎重选择经销商

在采用经销方式出口时,供货商与经销商之间存在着一种相对长期的合作关系。如果经销商选择得当,对方信誉好、重合同守信用,而且经营能力强,即使市场情况不好时,也能充分利用自己的经验和手段,努力完成推销定额,则业务会越做越大,供销双方都会受益。这一问题在独家经销方式下尤为突出。有些包销商在市场情况不利时,拒绝完成协议中规定的承购数额,结果使供货商原定的出口计划无法完成,还可能失掉其他客户。也有的包销商凭借自己独家专营的特殊地位,反过来在价格及其他条件上要挟供货商,为自己谋利,损害了供货商的利益。为了防止这类情况发生,作为出口商,在选择经销商时,应先做认真的资信调查,了解对方的信誉和经营能力。

2.要注意订好经销协议

经销协议是在经销方式下,确定供货商和经销商之间的权利和义务的法律文件,对双方均有约束力。协议规定得好坏关系到这项业务的成败,因此,一定要认真对待。比如,在独家经销方式下,要慎重选择包销的商品种类,合理确定包销的地理范围,适当规定包销商在一定期限内的承购数额以及完不成承购额或超额完成如何处理等。这些都是至关重要的内容。当事人对条款的文字必须认真推敲,正确理解其含义,并对将来市场情况一旦发生变化可能带来的后果应有较充分的估计。对广告促销、市场调研以及其他义务,这些都应在协议中以明确的文字加以规定。另外,协议中应合理规定商品检验条款、不可抗力条款、仲裁条款和协议期限及终止条款。

第二节 代 理

代理(agency)是指代理人(agent)按照委托人(principal)的授权,代表委托人与第三人订立合同或实施其他法律行为,而由委托人直接负责由此产生的权利和义务。《中华人民共和

国民法通则》规定:“代理人在代理权限内,以被代理人的名义实施民事法律行为,被代理人对代理人的代理行为,承担民事责任。”

在国际服装贸易中,代理是指货主或生产厂商(委托人)授权代理人代表他在规定的地区和期限内,向第三人招揽生意、订立合同或办理合同交易及其他有关事宜,同时对代理人支付佣金作为报酬的一种贸易方式。代理人和委托人是一种委托与被委托的关系,不是买卖关系。

一、代理的种类

按委托人授权范围的大小,代理可分为总代理(general agency)、独家代理(exclusive agency; sole agency)和一般代理(agency)。

1.总代理

总代理人是委托人在指定地区的全权代表,他除了有权代表委托人从事代理协议规定的一般商务活动外,还有权在当地指派若干分代理人。分代理人与总代理人的业务关系可以在代理合同中具体规定。一般来讲,总代理人有权分享分代理人的佣金。例如××品牌服装驻美国总代理。

2.独家代理

独家代理是指代理人在约定的地区和一定期限内,单独代表委托人从事代理协议中规定的有关业务。委托人在该地区和协议期限内,不得再委派第二人代理同样的业务。在出口业务中,采用独家代理方式时,作为委托人的出口商给予国外代理人在规定地区和规定期限的独家专营权。委托人自己不能在该地区同第三人直接达成交易,只能委托独家代理人来完成。

3.一般代理

与独家代理相比,一般代理不享有独家专营权,同总代理相比,一般代理无权设立分代理,不能分享分代理的佣金。在出口业务中,委托人可以在同一地区、相同的时间内委托几个一般代理为他服务,推销同类产品。在这种方式下,委托人自己直接同第三方达成交易时,也不必付给一般代理人佣金。

按照行业性质和代理的职责划分,代理可以分为销售代理(selling agency)、购货代理(purchasing agency)、运输代理(shipping agency)、保险代理(insurance agency)等。

1.销售代理

销售代理是指被代理人或委托人授予代理商以“销售代理权”,在代理权限内为委托人收集订单、介绍客户,或者代表委托人与客户谈判,甚至代表委托人签订合同,以及办理与商品销售有关的其他事务。

2.购货代理

购货代理是代理人按照代理协议的规定,为委托人在其所在地采购商品、原材料或者其他物资而服务。这种代理人与国外委托人之间是一种委托代理关系;而他同当地出口人之间的关系,则取决于他在购货合同中以什么身份出现。

3.运输代理

运输代理包括货运代理和船方代理。前者是以托运人的受托人身份为货主办理租船订舱、检验、仓储、报关等项业务。后者是作为承运人的受托人,为船方兜揽运以及办理其他相关事项。

4.保险代理

国际保险业务中的代理主要有两大类,一类是为保险人兜揽业务并提供各种辅助服务的代理人;另一类是代表被保险人的利益,为保险双方当事人穿针引线的代理人。这后一种又称保险经纪人(insurance broker)。

二、代理的特点

代理业务中的两个基本当事人——委托人和代理人之间存在着一种契约关系,但这种契约关系不是买卖关系,而是通过订立代理协议或合同而建立的委托代理关系。

在代理活动中,代理人在对外进行宣传、磋商、订约和履约时,通常是以委托人的名义进行的。代理人在代理权的范围内从事代理活动,其行为所产生的法律后果也由委托人来承担。但代理人的行为不能超过授权范围,在他没有得到委托人的授权为其签订合同时,买卖合同只能由委托人与客户订立,合同签订之后,代理人的义务即告完成。而在代理人得到授权可以代表委托人签订合同的情况下,只要他在与当地客户签约时公开了自己的代理身份,那么,该合同所产生的权利和义务即对委托人发生效力。

三、代理协议

代理协议又称代理合同,是用以确立委托人和代理人之间的权利和义务的法律文件。协议的内容由双方当事人按照契约自由的原则,根据双方达成的一致意见加以规定。代理的种类不同,其协议的形式和内容也有区别。业务中常见的销售代理协议主要包括以下内容:

1.代理的商品和区域

协议要明确规定代理商品的品名、规格以及代理权行使的地理范围。在独家代理的情况下,其规定方法与包销协议大体相同。

2.代理人的权利与义务

(1)明确代理人的权利范围,以及是否享有专营权。

(2)规定代理人在一定时期内应推销商品的最低销售额。

(3)代理人应在代理权行使的范围内,保护委托人的合法权益。

(4)代理人应承担市场调研和广告宣传的义务。

3.委托人的权利与义务

委托人的权利主要体现在对客户的订单有权接受,也有权拒绝,对于拒绝订单的理由,可以不作解释,代理人也不能要求佣金。但对于代理人在授权范围内按委托人规定的条件与客户订立的合同,委托人应保证执行。委托人有义务维护代理人的合法权益,保证按协议规定的条件向代理人支付佣金。在独家代理的情况下,委托人要尽力维护代理人的专营权。如果由于委托人的责任给代理人造成损失,委托人应予以补偿。

4.佣金的支付

佣金是代理人为委托人提供服务所获得的报酬。代理协议要规定在什么情况下代理人可以获得佣金,在独家代理的协议中,常常规定如委托人直接与代理区域内的客户签订买卖合同,代理人仍可获取佣金。协议中还要规定佣金率、佣金的计算基础、佣金的支付时间和方法等内容。

除上述基本内容外,还可在协议中规定不可抗力条款、仲裁条款以及协议的期限和终止办法等条款。这些条款的规定办法与包销协议的做法大致相同。

第三节 服装加工贸易

服装加工贸易是我国实施对外开放政策的产物,是相对于一般贸易的一种贸易方式。目前仍然是一种重要的贸易方式。

加工贸易的贸易双方是委托加工关系,协议(合同)中明确委托方要返销加工后的产品,承接方无产品销售义务,而只按约定的标准收取工缴费,与日后产品销售的赢亏无关,尽管获利较低,但没有什么经营风险。

加工贸易的核心问题是工缴费。而工缴费应考虑加工人员的工资、企业生产费用、折旧费、税金及其他管理费、手续费、企业登记费或商标登记费等。

一、服装来料加工贸易

服装来料加工贸易指由委托方提供原材料等,在承接方的服装工厂按对方要求加工成服装再交给对方,承接方按约定收取工缴费作为报酬。

1.服装来料加工特点

服装来料加工是一种委托服装加工方式。原材料及成品所有权均由外商控制,它属于劳务贸易的一种形式,是以服装为载体的劳务出口形式,是"两头在外"的加工贸易方式。服装来料加工贸易创汇率一般较低,但是对承接方而言,可以弥补本国生产力过剩而原料不足的矛盾,为国家创汇;可以增加就业机会,繁荣地方经济;有利于引进国外先进技术经验,促进外向型经济发展。

2.服装来料加工成交方式

(1)由外贸公司和从事加工业务的服装工厂联合对外签约。服装工厂负责办理原料进口、组织生产、办理成品交货。外贸公司负责结收工缴费。

(2)外贸公司与外商签订加工合同,将外商提供的原材料交其所联系服装加工厂加工,成品交外贸公司,外贸公司负责交货,收取工缴费。外贸公司另行支付服装工厂加工费用。

(3)外贸公司替服装工厂洽谈、签订加工合同,服装工厂负责加工产品,收取工缴费。外贸公司向服装工厂收取服务费(佣金)。

(4)有外贸经营权的服装工厂直接与外商签订合同,并办理加工业务全过程,自行负责全部手续和费用。

3.服装来料加工注意事项

我国服装来料加工业务起步较晚,但发展很快,从事该业务时应注意如下问题:

(1)防止影响正常出口贸易。

(2)合理确定工缴费,不竞相压价。

(3)尽可能使用国产面料。

(4)提高企业及员工素质。

(5)加强监督管理,严格执行资格审批制度,加强海关监督,严禁以服装来料加工为名,进行走私、偷漏税和套汇违法行为。

二、服装来样加工贸易

服装来样加工是指外商提供成衣纸样,要求承接方按样品加工,对于原材料来源、加工方法等不限,只要在规定的时间及地点提交符合要求的产品即可。

服装来样加工贸易方式与服装来料加工略有不同。服装来料加工也叫进料加工,是利用我国的技术设备和劳动力,先进口原材料(进口时一般附有成品返销协议),制成成品出口。服装来样加工属两笔外贸合同,均发生所有权转移,原料供应者与成品购买者可以没有必然联系。其次,来样加工业务中,由于是自购原料,在我国加工使其价值增值,一般其利润比服装来料加工要高。其他事项与服装来料加工近似。

三、服装补偿贸易

服装补偿贸易(compensation trade)是指在信贷基础上进口设备,以回销产品或劳务所得价款,分期偿还进口设备的价款及利息。

1.服装补偿贸易的种类

我国的服装补偿贸易,按偿付标的不同可分为三类:

(1)直接以服装产品补偿。双方约定,由设备供应商向设备进口商承诺,购买一定数量的由该设备直接生产出来的产品作为设备的价款。这是服装补偿贸易最基本的做法,在我国纺织、服装企业应用广泛。

(2)其他产品补偿。当交易产品(设备)生产出的直接产品非对方所需,或在国际市场上不畅销时,可经双方协商,用回购其他产品来代替设备的价款。

(3)劳务补偿。常用于服装来料、进料加工贸易相结合的中小型服装补偿贸易中。双方协商,对方代我方购进所需技术、设备,货款由对方垫付,我方加工产品后,从应收取的工缴费中扣还所欠款项。

在实际业务中,上述三种方法还可综合运用,即综合服装补偿贸易。据情况,可部分用直接产品、其他产品或劳务服装补偿,部分还可用现汇支付等。

2.服装补偿贸易的条件

(1)服装补偿贸易必经信贷,多为服装信贷,即设备赊销。

(2)设备提供方须承诺回购进口方的产品或劳务,构成服装补偿贸易必备条件。

3.服装补偿贸易的作用

对设备进口方而言,这是一种较好的利用外资形式,可以引进先进技术和设备,发展和提高本国的生产能力,加快企业的技术改造,产品增强竞争能力;通过对方回购、扩大出口的同时,得到一个较稳定的销售市场及渠道。

对设备出口方而言,有利于突破进口方支付能力不足,扩大出口,加强自己的竞争地位,争取贸易伙伴,在回购中取得较稳定的原料或初级产品,可从转售产品中获利等。

第四节 服装电子商务

一、电子商务概念

电子商务(Electronic Commerce)是指企业应用现代信息技术(互联网等),对整个贸易活动实现电子化,而不依靠纸面文件或数据的传输,从而实现商务活动的电子化和虚拟化。从涵盖的内容来看,指交易各方指以电子交易而不是通过当面磋商的任何商业交易方式。从技术来讲,是一种多技术的集合体,包括电子交换数据、电子邮件、共享数据、电子公告牌、自动捕获数据等。是利用信息技术处理商务活动的系统。

二、电子商务的分类

根据电子商务活动的交易双方的特点,电子商务可分为以下几类:

(1)B2C (Business to Customer,商业机构对个人) 指企业对个人的电子商务活动,利用计算机网络使消费者直接参加经济活动。

(2)B2B (Business to Business,商业机构对商业机构) 指企业与企业的电子商务活动,利用计算机网络使企业间在订货、销售、发货等全部交易环节均以电子商务方式进行。

(3)B2A(Business to Administrations,商业机构对行政机构) 指的是商业机构与行政机构之间进行的电子商务活动。

三、电子商务的特点

1.电子商务的支撑体系——现代信息技术服务

现代信息技术服务主要是指与计算机以及相关通讯手段有关的服务体系。它包括计算机软件程序设计、信息处理和传输服务,计算机系统及其网络的建立和维护等。现代信息技术服务之所以成为电子商务活动必不可少的技术支撑体系,因为电子商务的实施要依靠技术服务;特别是随着商务活动的开展,电子商务活动的深入实施,市场对于企业所提供的电子商务服务会提出更高层次的要求,电子商务的完善也要依靠技术服务。

因此,就需要企业对相应的软件和信息处理程序不断优化,以便更加适应市场的需要。由于电子商务就是这样一个动态的发展过程,而在不断优化过程中,信息技术服务的优劣,就成为企业能否继续保持竞争优势的重要手段。

2.电子商务的运作空间——电子虚拟市场

电子虚拟市场(electronic market place)指的是商务活动中的生产者、中间商和消费者在某种程度上以数字方式进行交互式商业活动的市场。电子虚拟市场是传统实物市场的虚拟形态。所谓“数字化经济”(digital economy)指的就是在电子虚拟市场上所从事的经济活动的总称。电子虚拟市场与传统实物市场相比,其不同之处在于,就电子虚拟市场上的上述内容,其全部或部分的实现形式演变成电子化(electronic),或数字化(digital),或虚拟化(virtual)等等。

3. 电子商务的市场范围——全球市场

电子商务的市场范围与传统市场不同。传统的市场受到国界的限制,按地域范围被分为国内市场和国外市场两个市场。而电子商务的市场范围从概念和实现形式来看,却是全球市场。电子商务的开展使企业从一开始就面对全球市场。这是因为,国际商务的主要媒体——国际互联网从本质上讲就是全球性的。无论在哪个国家,你只要能够接入国际互联网络,就可以方便地使用国际互联网所提供的各种服务,就可以随时收发电子邮件和使用互联网的其他功能。因此,国际互联网使电子商务真正实现了全球化。

4. 电子商务的渗透范围——全社会参与

电子商务最终会逐渐改变人们经济、社会生活的各个方面。我们社会上的每一个人,既是消费者群体的一分子,同时也是社会劳动者,面对数字时代,电子商务将改变我们的消费和工作方式。

作为数字时代的消费者,电子商务正在改变我们的消费习惯。作为数字时代的劳动者,电子商务正在改变我们的工作方式。

由于信息技术的不断发展,在家办公已经成为可能,企业可节省办公空间,虚拟运作使企业生产率提高,完成工作的时间缩短,社会资源配置更科学、更合理。

四、服装外贸企业电子商务的发展层次

鉴于目前对电子商务的不同层次的理解和服装企业各自不同的情况,我们可以根据企业电子商务的运作程度,将其划分为三个层次。这三个层次也可以反映企业实施电子商务的不同发展阶段:

1. 初级层次

初级层次是指企业开始在传统贸易活动中的一部分引入计算机网络信息处理与交换,代替企业内部或对外部分传统的信息储存和传递方式。例如,企业建立内部电脑网络进行信息共享和一般商务资料的储存和处理(如建立企业自己的内联网 Intranets);通过国际互联网传输电子邮件;在国际互联网上建立网页,宣传企业形象等等。企业实施初级层次的电子商务投资成本低,易于操作,不涉及复杂的技术问题和法律问题,我国许多服装企业已开展此层次的电子商务活动。

2. 中级层次

中级层次是指企业利用电脑网络的信息传递部分地代替了某些合同成立的有效条件,或者构成履行商务合同的部分义务。例如,企业实施网上交易系统,网上有偿信息的提供,贸易伙伴之间约定文件或单据的传输等。在某种程度上,中级层次的电子商务使企业走上建立外联网(extranets)的道路。

在中级层次,企业实施电子商务的程度有所加深,特别是,电子商务的操作要涉及交易成立的实质条件,或已构成商务合同履行的一部分。因此,这一层次的电子商务就要涉及一些复杂的技术问题(如安全)和法律问题(如法律有效性)等。

这一层次电子商务的实施,需要社会各界相互配合,特别是政府机构和商业团体应该为电子商务创造良好的发展环境,这一层次的电子商务是世界各国近期主要发展的目标。

3. 高级层次

高级层次是电子商务发展的理想阶段。它是将企业商务活动的全部程序,用电脑网络

的信息处理和信息传输所代替，最大程度消除了人工干预。在企业内部和企业之间，从交易的达成，到产品的生产、原材料供应，贸易伙伴之间单据的传输、货款的清算、产品提供的服务等，均实现了一体化的电脑网络信息传输和信息处理。一笔交易所涉及的信息由相关人员一次性录入，并得到电脑网络的自动处理后，按照交易的流程自动生成适应内部或与外部交流的相关单据或文件。目前许多企业都在尝试实施 ERP，就是在企业内部，外部厂商间实现全方位的计算机管理。

复习思考题

1. 以经销方式出口服装应注意哪些问题？

2. 如何签订服装代理协议？

3. 与服装一般贸易相比，服装加工贸易有哪些特点？

4. 日本甲公司与中国乙公司签订了一份独家代理协议，指定乙公司为甲公司在中国的独家代理。不久，甲公司推出指定产品的改进产品，并指定中国丙公司作该改进产品的独家代理。甲公司有无这种权利？

5. 我国某公司和外商洽谈一笔补偿贸易，外商提出以信贷方式向我提供一套设备，并表示愿意为我代销产品。根据补偿贸易的要求，你认为这些条件我们能接受吗？为什么？

参考文献

[1] 万晓兰.新编国际货物贸易实务与操作.北京:经济科学出版社,2004
[2] 马雁.国际贸易实务.北京:机械工业出版社,2004
[3] 黎孝先.国际贸易实务.北京:对外经济贸易大学出版社,2002
[4] 童宏祥.国际贸易实务.上海:华东理工大学出版社,2003
[5] 赵承璧.国际货物贸易实务.北京:中国对外经济贸易出版社,2001
[6] 李定安.成本管理研究.北京:经济科学出版社,2002
[7] 杨以雄.顾庆良.服装市场营销.上海:中国纺织大学出版社,1998
[8] 杨以雄.服装生产管理.上海:上海科学技术出版社,2003
[9] 范福军,钟建英.服装外贸学.北京:中国纺织出版社
[10] 项义军.国际贸易理论与实务.北京:中国物资出版社,2002
[11] 陈永富.国际贸易实务.北京:科学出版社,2003
[12] 董瑾.国际贸易理论与实务.北京:北京理工大学出版社,2001
[13] 吴百福.进出口贸易实务教程.上海:上海人民出版社,2003
[14] 徐景霖.国际贸易实务.大连:东北财经大学出版社,2002
[15] 赵建娜.国际贸易.北京:人民邮电出版社,2003